AF339858

CODE

DES BREVETS D'INVENTION

DES

DESSINS ET DES MARQUES DE FABRIQUE OU DE COMMERCE

EN FRANCE ET A L'ÉTRANGER.

CORBEIL, typographie de CRÉTÉ.

CODE

DES

BREVETS D'INVENTION,

DESSINS ET MARQUES DE FABRIQUE OU DE COMMERCE,

EN FRANCE ET A L'ÉTRANGER,

renfermant

LE COMMENTAIRE DE LA LOI FRANÇAISE SUR LES BREVETS ;

LE TEXTE DE CETTE LOI AVEC LES INSTRUCTIONS MINISTÉRIELLES ;

LE TEXTE, AVEC UN SOMMAIRE, DE LA LÉGISLATION SUR LES DESSINS DE FABRIQUE ;

LE TEXTE, AVEC UN SOMMAIRE, DE LA **NOUVELLE** LOI FRANÇAISE

SUR LES MARQUES DE FABRIQUE OU DE COMMERCE ;

LE TEXTE, AVEC SOMMAIRE, DE TOUTES LES LOIS ÉTRANGÈRES CONNUES

SUR LES BREVETS ET LES MARQUES.

PAR N. M. LE SENNE

Avocat à la Cour impériale de Paris, Docteur en droit.

⤜⧫⤛

Ancien Comptoir
DES IMPRIMEURS-UNIS.

PARIS

Ancienne Maison
L. MATHIAS (Augustin).

LIBRAIRIE SCIENTIFIQUE, INDUSTRIELLE ET AGRICOLE

DE LACROIX-COMON,

Quai Malaquais, 15.

—

1858.

veloppé que le premier, un code des brevets d'invention, des dessins et des marques de fabrique ou de
commerce, en France et à l'étranger.

Ce nouveau traité réunit les textes de toutes les
lois connues sur cette double matière des brevets,
dessins et marques de fabrique ou de commerce ; j'y
ai joint un commentaire de la loi française actuellement en vigueur, sur les brevets d'invention, avec
renvoi aux principaux arrêts et aux opinions des auteurs, un sommaire ou résumé des lois françaises sur
les dessins et marques, et un sommaire de chaque loi
étrangère ; en un mot, je me suis efforcé de donner
une sorte d'encyclopédie pratique, un recueil général
de la législation connue sur la propriété industrielle.

En sens inverse de ce que je fis en 1844, en écrivant un livre purement théorique, je tiens aujourd'hui à ne point m'écarter de la pratique dans ce nouveau traité, dont le but est de mettre les inventeurs et
les commerçants à même de connaître le caractère
juridique des inventions, des dessins et des marques,
la faculté de se faire breveter, les formalités à remplir
pour prendre un brevet, pour conserver la propriété

d'une marque ou d'un dessin, le chiffre de la taxe et des droits à payer, les moyens de réprimer la contrefaçon, etc...

J'ose espérer que le public me saura gré de mes nouveaux efforts, et qu'il accueillera ce traité aussi favorablement qu'il a reçu mes autres ouvrages.

N. M. LE SENNE.

LISTE DES NOMS D'AUTEURS

MM. Baume et Blanc,
Blanc et Baume,
Calmels,
Dalloz,
Delorme et Rendu,
Duranton,
Huguet et Pataille,
Le Senne,
Loyseau et Verger,
Merlin,
Nouguier,
Pataille et Huguet,
Rendu et Delorme,
Renouard,
Troplong,
Verger et Loyseau.

CODE
DES BREVETS D'INVENTION,

DES

DESSINS ET MARQUES DE FABRIQUE OU DE COMMERCE,

EN FRANCE ET A L'ÉTRANGER.

LIVRE PREMIER.
LÉGISLATION FRANÇAISE.

CHAPITRE PREMIER.

COMMENTAIRE DE LA LOI DU 5 JUILLET 1844 SUR LES BREVETS D'INVENTION.

§ 1. — Étendue des brevets d'invention.

1. *Qu'est-ce qu'un brevet d'invention ?*

C'est le titre que le Gouvernement délivre à l'auteur d'une invention, d'une importation ou d'un perfectionnement industriel, pour lui en assurer l'exploitation exclusive à son profit. Ce titre se compose d'un arrêté du ministre de l'agriculture et du commerce, auquel est annexé un double du mémoire descriptif de la découverte, avec un double du dessin quand il en a été déposé (art. 1 et 11).

2. *Que prouve le brevet d'invention ?*

Que le ministre a admis la demande de ce brevet, qu'il en a trouvé toutes les pièces régulières en la forme ; mais il ne prouve pas que l'invention ou l'importation soit de nature à être brevetée (art. 2).

3. *Que garantit le brevet ?*

Il est délivré « sans examen préalable, aux risques « et périls des demandeurs, et sans garantie, soit de « la réalité, de la nouveauté ou du mérite de l'in- « vention, soit de la fidélité ou de l'exactitude de la « description (art. 11). » — Il se peut donc, malgré la délivrance de ce brevet, que l'invention décrite dans la demande soit imaginaire, que la découverte soit déjà connue du public, qu'une autre personne ait été brevetée antérieurement, ou bien que la des- cription soit incomplète, insuffisante ou inexacte ; ce sont là des questions du fond, que le ministre n'examine point et dont il laisse la responsabilité à qui demande le brevet. — Ce qu'il lui garantit, c'est la protection de la loi et de la justice contre tous empiétements et usurpations de contrefacteurs ou autres, si son brevet est réellement valable au fond.

4. *Étendue des droits des brevetés en général.*

« Toute nouvelle découverte ou invention dans tous « les genres d'industrie confère à son auteur, sous les « conditions et pour le temps ci-après déterminés, « le droit exclusif d'exploiter à son profit la dite dé- « couverte ou invention (art. 1er). » — Par consé- quent le breveté a seul le droit de fabriquer, vendre, faire fabriquer et vendre, débiter les produits du

brevet, soit en entier, soit divisément par parties (1),
de concéder les mêmes droits à autrui en tout ou
partie, de mettre son brevet en société, de le louer,
vendre, donner, échanger contre quelque autre
chose ; en un mot, tous les avantages à retirer du
brevet lui appartiennent, et quiconque en userait
sans son consentement serait contrefacteur (art. 40
et 41).

5. *Extension des droits du breveté pour un produit à tous ses usages et applications.*

Celui qui a obtenu un brevet pour un produit jusqu'alors inconnu, par exemple pour le caoutchouc
durci, a le privilége exclusif d'exploitation et d'*application* à tous usages, bien que le mémoire descriptif
ne spécifie point les applications (2).

6. *Limites du droit du breveté pour un procédé aux seules applications spécifiées.*

Quand vous avez obtenu un brevet pour une machine de votre invention, que vous avez déclarée
propre à coudre, vous avez le privilége de fabriquer
et vendre cette machine et de l'appliquer à la couture ; mais vous n'avez pas de privilége pour une
autre application, parce que vous ne l'avez pas demandé. Si donc quelqu'un sollicite à son tour un
brevet pour l'application de la même machine au tis-
sage, il l'obtiendra ; mais, pendant la durée de votre
brevet, il ne pourra employer cette machine sans

____

(1) Orléans, 24 avr. 1855 (S., V. 55, 2, 601); Nouguier, *Brev.
d'inv.*, 14.

(2) Renouard, *Brev. d'inv.*, n. 22.

votre consentement; puis quand elle sera tombée dans le domaine public, lui seul aura lē privilége de tisser et faire tisser avec, tant que durera son brevet.

7. *Différence dans le droit du breveté pour un procédé qui donne un produit* nouveau *ou un produit déjà* connu.

Celui qui a obtenu un brevet pour un produit jusqu'alors inconnu, par exemple le caoutchouc durci, et pour un procédé propre à sa fabrication, peut empêcher tous autres de fabriquer ce même produit, n'importe par quels moyens; mais celui qui est breveté pour un procédé propre à fabriquer un produit déjà connu, ne peut empêcher autrui de fabriquer ce même produit à l'aide d'un autre procédé, qu'il fait breveter ou non (1).

§ 2. — Qui peut se faire breveter ?

8. *Tout individu.*

Ainsi un brevet peut être demandé par un homme;

Une fille; une femme mariée, régulièrement autorisée (alors le brevet appartient à la communauté, s'il y en a une) (2) ;

Un majeur; un mineur, représenté par son tuteur;

Celui qui est soumis à un conseil judiciaire, avec l'assistance de son conseil;

Un interdit, représenté par son tuteur;

Un failli réhabilité ou non; et le brevet profite à la

______

(1) Cassation, 26 mars 1846 (S. V., 48, 1, 671).

(2) Duranton, *Droit civ. fr.*, t. XIV, n. 131; Massé, *Droit com.*, t. III, n. 229, 230.

masse des créanciers, si le failli n'a point recouvré ses droits (1);

Par plusieurs individus collectivement, sans être associés (2); et alors chacun des brevetés peut demander immédiatement le partage ou la licitation, s'il n'y a convention contraire (3).

9. *Toute société peut obtenir un brevet.*

Peu importe que l'association soit commerciale ou civile, en commandite, en nom collectif, anonyme ou en participation, pourvu qu'elle ait été constituée légalement, le brevet lui appartient comme à un être moral (4); car, si elle n'a point été fondée régulièrement, le brevet doit être demandé collectivement par tous ceux qui veulent en profiter. — Dans ce dernier cas les brevetés collectifs peuvent toujours demander le partage ou la licitation du brevet. Les associés ont le même droit après la dissolution de la société. Et l'acte de partage ou de licitation au profit de l'un des copropriétaires peut être fait sous signatures privées (5), tandis que, selon nous, il faudrait un acte notarié s'il y avait adjudication du brevet à un tiers (V. n°s 83 et 89).

10. *Toute corporation ou congrégation religieuse ou autre.*

Si la corporation a été autorisée légalement, elle forme un être moral, qui est propriétaire du brevet;

(1) Dalloz, v° *Brev. d'inv.*, n. 99.
(2) Lesenne, *Brev. d'inv.*, n. 218.
(3) Armengaud jeune, *Guide-manuel de l'invent.*, p. 42.
(4) Nouguier, *Brev. d'inv.*, 49, 50.
(5) Paris, 27 mai 1856 (*le Droit*, 30 mai); Dalloz, v° *Brev. d'inv.*, n. 180.

si elle n'a pas été autorisée, le brevet doit être demandé par tous les membres qui veulent en profiter. Puis, quant au partage et à la licitation, le droit est le même que pour les associés (n° 9).

11. *Français ou étranger.*

Pour la demande et l'obtention d'un brevet, les étrangers sont assimilés aux Français d'une manière absolue (art. 27, 28), sans même qu'ils aient besoin de résider ni d'être admis à la jouissance des droits civils en France.

12. *Inventeur, importateur, modificateur, cessionnaire ou même usurpateur; État, officier, maître, ouvrier.*

En France, tous les brevets pour découverte, importation ou perfectionnement, engendrent les mêmes droits et les mêmes obligations ; tous s'appellent *brevet d'invention*, excepté qu'un breveté peut obtenir des *certificats d'addition* tant que dure son brevet principal (art. 1, 11, 16 à 19, 27 à 29).

L'inventeur est celui qui a, le premier, conçu l'idée industrielle brevetable, lors même qu'il s'est fait aider par autrui dans la réalisation et l'exécution.

Est aussi inventeur celui qui, à l'aide de travaux et d'études salariés par lui, a fait une découverte industrielle brevetable ; par exemple, l'État, à raison de découvertes faites par les officiers attachés aux écoles de tir (1), le maître ou patron, à raison d'une décou-

(1) Amiens, 25 avr. 1856 (Pataille et Huguet, *Ann. propr. industr.,* 1856, p. 99).

verte née de travaux qu'un ouvrier exécute sur ses indications et sous sa direction (1).

Vous pouvez acheter une invention qui n'est pas encore brevetée et obtenir un brevet à votre nom. Mais celui qui se ferait breveter pour une découverte qu'il aurait prise à autrui, serait exposé à la revendication de cet inventeur.

13. *Précaution et information préalables à la demande d'un brevet.*

Il n'est pas rare que deux personnes se rencontrent sur la même idée industrielle ; aussi arrive-t-il quelquefois que deux personnes, à l'insu l'une de l'autre, demandent chacune un brevet pour la même invention, et nous verrons tout à l'heure que c'est le premier demandeur qui a la priorité. Pour éviter l'inconvénient et même le danger qui résulte de cette situation, nous conseillons à celui qui veut se faire breveter de consulter auparavant les catalogues publics, qui sont déposés tant au ministère de l'agriculture et du commerce qu'au Conservatoire des arts et métiers, à Paris, et au siége de la préfecture dans chaque département (2).

14. *Justification et légitimité du monopole du breveté.*

Tout travail mérite une récompense. C'est en se fondant sur ce principe, que la société propose de garantir le privilége temporaire de l'exploitation de son invention à quiconque l'enrichira d'une découverte nouvelle ; et la société y trouve aussi un intérêt,

____

(1) Paris, 11 août 1841 (S. V., 41, 2, 583).
(2) Truffaut, *Guide pratique de l'inv.*, n. 21.

car, sans cet encouragement et cette récompense, l'inventeur ou l'importateur pourrait cacher sa découverte ou s'abstenir de faire des recherches laborieuses; de manière que la délivrance du brevet se justifie par la communication franche et loyale que le breveté fait au public d'une découverte industrielle qui n'était pas encore connue.

§ 3. — Objets susceptibles d'être brevetés.

15. *Caractères légaux d'une chose pour qu'elle soit brevetable : industrie, nouveauté, légitimité.*

« Toute nouvelle découverte ou invention dans tous les genres d'industrie peut être brevetée, quelque peu importante qu'elle soit (1) , à moins de prohibition légale (art. 1, 3). Et la loi considère « comme inventions ou découvertes nouvelles : l'invention de nouveaux produits industriels, l'invention de nouveaux moyens, ou l'application nouvelle de moyens connus pour l'obtention d'un résultat ou d'un produit industriel (art. 2). »

16. *Qu'est-ce qu'un produit industriel brevetable ?*

C'est un objet propre à l'industrie, au commerce, à l'agriculture ou aux arts, qui, n'existant point dans la nature primitive, a été nouvellement composé ou fabriqué par l'homme.

Il ne suffit donc pas, pour être brevetable, qu'un produit naturel, jusqu'alors inconnu, soit découvert par un individu ; la loi veut qu'un produit ait été inventé, c'est-à-dire composé par le breveté.

____

(1) Cass , 9 fév. 1853 (S. V., 53, 1, 193).

Il faut compter parmi les produits brevetables par eux-mêmes, indépendamment du moyen propre à les obtenir : — un nouveau jouet d'enfant ; — une nouvelle chaussure ; — une nouvelle pâte alimentaire ; — un nouveau tissu ; — une nouvelle forme de moule à pâtisserie.

17. *Qu'est-ce qu'un moyen industriel brevetable?*

C'est un procédé mécanique, physique, chimique ou autre, qui donne un produit ou un résultat industriel ; — en d'autres termes, c'est un corps nouvellement composé par l'homme, ou une combinaison de plusieurs corps, qui, mis en action, donne un produit ou un résultat industriel. — Tels sont :

Un nouveau système de locomotive ;

Une nouvelle arme à feu ;

Un nouveau fermoir ;

Un alliage pour raffiner les sucres ou rectifier les alcools (1) ;

Un nouveau système pour préparer les étoffes (2) ;

Un compteur à gaz ou d'omnibus ;

Un procédé de coloration des fleurs artificielles (3) ;

Un instrument de chirurgie ou appareil orthopédique (4) ;

Une combinaison géométrique, propre à réduire proportionnellement le dessin à imprimer sur le

---

(1) Cass., 19 fév. 1853 (S., V. 53, 1, 662).
(2) Douai, 30 mars 1846 (S. V., 47, 2, 211).
(3) Paris, 21 fév. 1856.
(4) Cass., 20 mars 1853 (S. V., 53, 1, 264).

fond d'une étoffe, en donnant à ce dessin un aspect multiple (1) ;

Une combinaison chimique, telle que la fabrication de la soude avec du warech.

18. *Est également brevetable l'application nouvelle de moyens connus pour l'obtention d'un résultat ou d'un produit industriel.*

C'est ce qui a lieu quand on fait d'un moyen connu un usage industriel inusité jusqu'alors ; par exemple, lorsqu'un instrument, tombé dans le domaine public, vient à être appliqué à une industrie qui diffère de celle primitive (2).

Mais, lorsqu'un brevet est obtenu pour l'application nouvelle d'un instrument ou autre procédé déjà breveté, celui qui a le nouveau brevet ne peut faire usage de cet instrument qu'avec le consentement de l'inventeur ou après l'expiration du premier brevet (V. n° 6).

On peut aussi se faire breveter pour un appareil ou instrument composé de pièces empruntées à divers objets tombés dans le domaine public, pourvu que cette combinaison donne un produit ou un résultat industriel (3). Il en est de même quand les pièces agencées ensemble sont empruntées à des objets brevetés au profit d'autrui ; mais alors le nouveau breveté ne peut exploiter sa découverte sans le

---

(1) Cass., 21 avr. 1854 (S. V., 54, 1, 490).

(2) Rouen, 4 mars 1841 (S. V., 41, 2, 365); Dalloz, v° *Brev. d'inv.*, n. 49, note 2.

(3) Paris, 10 mai 1856 (3ᵉ ch.).

consentement des premiers brevetés ou qu'après l'extinction de leurs brevets.

19. *Nécessité de spécifier une à une les diverses applications du moyen qu'on fait breveter. Chacun peut se faire breveter pour les applications omises dans le premier brevet.*

Quand vous demandez un brevet pour un procédé propre à donner divers produits ou résultats industriels, vous pouvez obtenir le privilége exclusif de l'exploitation de ce procédé pour tous les produits et résultats qu'il est propre à fournir ; il faut pour cela les prévoir et les indiquer tous nominativement dans la description ; alors autrui ne pourra, pendant la durée du brevet, employer ce procédé sans votre consentement. Mais si quelque résultat ou produit a été omis dans la description, vous pourrez encore vous faire breveter additionnellement, ou bien un autre que vous pourra obtenir ce résultat par un procédé différent du vôtre, ou enfin faire breveter cette nouvelle application de votre procédé pour l'exploiter exclusivement après l'expiration de votre brevet.

20. *Perfectionnements brevetables. — Exemples.*

Il y a perfectionnement toutes les fois qu'un changement, addition, suppression ou modification imprime à un produit breveté un certain degré de perfection, ou communique à un moyen breveté un résultat plus avantageux.

Celui qui, en ajoutant quelque nouvelle pièce à une voiture ordinaire, empêcherait cette voiture de verser, ferait un perfectionnement brevetable.

Bien que la matière et l'étendue ne soient pas brevetables parce qu'elles existent dans la nature primitive, on pourra faire breveter la substitution d'une matière à une autre, quand cette substitution donnera un produit ou un résultat industriel nouveau, par exemple, en fabriquant, à la place de plumes métalliques, des plumes végétales plus flexibles et plus économiques, ou en faisant des brosses en matière nouvelle.

On peut aussi faire breveter un changement dans les proportions d'un instrument ou d'un mécanisme quelconque, quand ce changement donne un résultat ou un nouveau produit industriel.

On peut encore faire breveter non-seulement une forme nouvelle, telle que celle d'un moule à pâtisserie, mais aussi un changement dans la forme d'un procédé, quand ce changement donne un nouveau résultat industriel, comme il arrive quelquefois dans les instruments de musique (1) ou d'optique (2).

21. *Importation d'inventions, de perfectionnements et d'applications étrangères brevetables.*

L'auteur, français ou étranger, d'une invention déjà brevetée en pays étranger, peut encore obtenir en France un brevet, dont la durée n'excédera pas celle des brevets antérieurement pris à l'étranger (art. 29).

A plus forte raison l'inventeur peut-il prendre en France un brevet pour une découverte faite à l'étranger sans y avoir été breveté (3).

(1) Cass., 9 fév. 1853 (S. V., 53, 1, 193).
(2) Renouard, *Brev. d'inv.*, n. 67.
(3) *Contra*, Nouguier, *Brev. d'inv.*, 376.

Il en est de même des perfectionnements à une invention étrangère, déjà brevetée ou non en pays étranger.

Peu importe que l'importateur soit inventeur, cessionnaire ou autre; mais il faut toujours que l'invention, le perfectionnement ou l'application importée en France, soit industrielle et licite; il faut, en outre, qu'elle n'ait point perdu le caractère de nouveauté, c'est-à-dire qu'elle n'ait reçu en France ni à l'étranger une publicité suffisante pour pouvoir être exécutée.

§ 4. — Objets non susceptibles d'être brevetés.

22. *Qu'est-ce qu'un résultat industriel, et pourquoi n'est-il pas brevetable* (art. 24) ?

Le résultat industriel est l'effet, attaché à un moyen industriel, de modifier un corps ou une loi de la nature.

A la différence du produit et du moyen industriel, qui sont des objets corporels, pour ainsi dire, créés par l'homme, le résultat industriel est toujours immatériel (1), il existe toujours dans la nature d'une manière plus ou moins sensible, il n'ajoute rien à la création, il ne fait que changer l'état des corps, en les améliorant, façonnant, déplaçant, ou en leur faisant subir une autre métamorphose (2). Toujours privé du cachet de l'invention, le résultat n'est jamais

(1) Nouguier, *Brev. d'inv.*, 392.
(2) Cass., 19 fév. 1853 (S. V., 53, 1, 662).

brevetable (1) ; ce qui peut être breveté, c'est le procédé propre à obtenir ce résultat.

25. *Exemples des résultats industriels non brevetables.*

Celui qui a découvert le moyen d'extraire le sucre de la canne n'a pas inventé le sucre, non plus que celui qui, le premier, l'a blanchi ; il a obtenu un résultat ; et s'il pouvait se faire breveter, c'était pour les nouveaux moyens qu'il employait, mais non pour avoir montré plus visiblement un produit de la nature. Par conséquent il n'a pu traiter de contrefacteur celui qui, après lui, s'est servi de nouveaux procédés, ni celui qui a réussi à extraire le sucre de la betterave.

Il en est de même, réciproquement, de tous ceux qui s'exercent à rectifier les alcools ; le premier entré dans cette industrie n'a de privilége que pour ses procédés brevetés et non pour le résultat.

De même encore celui qui invente un moyen de faire fermer une porte par un instrument articulé, à l'aide d'un ressort en caoutchouc souple, n'obtiendrait pas un brevet en se contentant d'indiquer ou de décrire ce résultat ; il doit décrire l'instrument dont il se sert, et alors il a l'exploitation privilégiée de cet instrument ; mais il ne saurait empêcher autrui de rechercher le même résultat par un autre fermoir, parce que ce dernier serait une nouvelle combinaison de moyens, un nouveau mécanisme brevetable (2).

(1) Cass., 18 mai 1848.

(2) Cass., 26 mars 1846 (S. V., 48, 1, 671); 20 déc. 1851 (S. V., 52, 1, 595).

24. *Choses imbrevetables par leur nature, matière, dimensions, phénomènes naturels.*

On ne saurait faire breveter la matière, même en découvrant que l'emploi d'un agent purement naturel produit un phénomène naturel inconnu jusqu'alors, par exemple la substitution d'un métal à un autre dans un instrument aratoire, l'emploi de l'alun pour clarifier l'eau ; mais une combinaison chimique, telle que l'alun allié à un autre sel, serait brevetable si elle produisait un résultat industriel (1).

N'est pas non plus brevetable un système plus ou moins heureux, plus ou moins économique de coupe des étoffes, parce que cette opération tient à l'adresse, à la mode, à la fantaisie et au calcul, qui ne peuvent constituer une invention industrielle (2) ; mais un instrument propre à donner une coupe particulière serait brevetable.

Enfin on ne saurait breveter une méthode pour l'enseignement, qui révèle des moyens purement intellectuels et non industriels (3); tandis que cette méthode serait brevetable, si elle se manifestait par un procédé mécanique ou seulement physique, destiné à aider la mémoire ou la vue.

25. *Choses imbrevetables par la prohibition de la loi : Combinaisons pharmaceutiques, plans et combinaisons de crédit ou de finances.*

L'article 3 déclare imbrevetables : « 1° Les com-

---

(1) Cass., 20 déc. 1851 (S. V., 52, 1, 595). V. n. 19.
(2) Cass., 21 avr. 1840 (S. V., 40, 1, 599).
(3) Cass., 22 août 1844 (S. V., 44, 1, 861).

positions pharmaceutiques ou remèdes de toute espèce, les dits objets demeurant soumis aux lois et ré-
glements spéciaux sur la matière, et notamment au
décret du 18 août 1810, relatif aux remèdes secrets ;
2° les plans et combinaisons de crédit ou de finances.»

26. *Imbrevetabilité des principes, méthodes, systèmes, découvertes et conceptions théoriques ou purement scientifiques, dont on
n'a pas indiqué les applications industrielles.*

L'article 30 3° déclare ces choses imbrevetables ; et
cette disposition est d'accord avec la nature, qui ne
peut voir une invention industrielle dans une théorie
dont on n'indique point l'application.

27. *Imbrevetabilité des inventions ou applications contraires à
l'ordre ou à la sûreté publique, aux bonnes mœurs ou aux lois
françaises.*

Non-seulement ces découvertes ne sont point brevetables, mais encore les inventeurs ou importateurs
pourraient encourir des peines pour la fabrication ou
le débit d'objets prohibés (art. 30 4°).

28. *Imbrevetabilité pour défaut de nouveauté.*

Pour obtenir un brevet valable, il ne suffit pas
d'inventer, d'appliquer, de perfectionner ou d'importer un produit, un procédé industriel, il faut encore
que l'invention, l'application ou le perfectionnement
n'ait point perdu le caractère de nouveauté. Et la
loi considère comme n'étant pas nouvelle toute découverte, invention ou application qui, en France ou
à l'étranger, antérieurement à la date du dépôt de la
demande d'un brevet, aura reçu une publicité suffisante pour pouvoir être exécutée (art. 30 1°, 31). Ce

qui a lieu toutes les fois qu'il y a eu description publique de l'invention, ou que son objet a été exposé
ouvertement à la vue, à moins que ce n'ait été à titre
d'essai et confidentiellement ; question qui dépendra
toujours des faits et des circonstances, dout l'appréciation souveraine appartient aux juges.

29. *Imbrevctabilité des dessins et marques de fabrique ou de commerce. — Dépôt aux conseils des prud'hommes et aux tribunaux de commerce.*

En demandant un brevet d'invention pour un dessin ou une marque de fabrique, on ne réussirait pas
à s'en assurer l'exploitation privilégiée. A raison de
leur caractère particulier et dans des vues d'économie, la loi prescrit le dépôt d'un échantillon du dessin de fabrique au secrétariat du conseil des pru-
d'hommes, ou au greffe du tribunal de commerce, et
le dépôt de deux exemplaires du modèle de la marque
de fabrique ou de commerce au greffe du tribunal de
commerce, de son domicile, si l'on veut s'en réserver
la propriété exclusive. Mais, comme il est parfois dif-
ficile de distinguer si un objet est dessin de fabrique
ou un produit brevetable, nous conseillons, dans le
doute, de déposer aux prud'hommes et de demander
un brevet *le même jour* (1).

30. *Les objets d'art sont imbrevetables.*

Une législation et des règlements particuliers régissent les productions des beaux-arts, qu'on a voulu
séparer complétement des productions industrielles.

____

(1) Voir plus loin la législation française sur les *dessins* et les *marques de fabrique ou de commerce*.

C'est ainsi que, pour le privilége de la reproduction, le peintre, le dessinateur, le sculpteur et l'architecte l'acquièrent par cela seul qu'ils sont les auteurs de l'ouvrage principal ; les graveurs par le dépôt de deux copies au ministère de l'intérieur.

§ 5. De la demande des brevets d'invention.

31. *Forme générale de cette demande. — Pièces à déposer.*

« Quiconque voudra prendre un brevet d'invention devra déposer, sous cachet, au secrétariat de la préfecture, dans le département où il est domicilié, ou dans tout autre département en y élisant domicile :

« 1° Sa demande au ministre de l'agriculture et du commerce ;

« 2° Une description de la découverte, invention ou application faisant l'objet du brevet demandé ;

« 3° Les dessins ou échantillons qui seraient nécessaires pour l'intelligence de la description ;

« Et 4° un bordereau des pièces déposées (art. 5). »

32. *Forme particulière de la demande. — Elle doit mentionner la durée et le titre.*

Cette première pièce est une pétition ou lettre, écrite et adressée au ministre de l'agriculture et du commerce (1), dans laquelle le postulant explique sommairement qu'il « sollicite du gouvernement un

---

(1) Le public est toujours admis à consulter, au ministère de l'agriculture et du commerce, les brevets d'invention qu'il lui plaît de parcourir, et le catalogue annuel des brevets délivrés dans les quinze dernières années par nature d'invention et par nom de brevetés. Il peut également consulter, au Conservatoire des arts et métiers, le catalogue des brevets et les brevets qui datent de plus de quinze ans.

brevet d'invention pour une durée de ....., à raison de la découverte d'une ....., qui est décrite dans les pièces déposées à l'appui de la demande. » Le vœu de la loi est atteint quand on s'est servi de ces termes ou d'un contexte analogue.

La demande doit mentionner la durée que l'inventeur veut assigner à son brevet, 15, 10 ou 5 ans, c'est-à-dire une de ces périodes à son choix. Elle ne doit contenir ni condition, ni restriction, ni réserve. Elle doit enfin indiquer un titre renfermant la désignation sommaire et précise de l'objet de l'invention, telle que *tissu-buffle* ou *bougie stéarine* (art. 6, § 1, 2, 3).

33. *Absence de durée dans la demande. — Absence de titre; titre inexact ou frauduleux. — Conditions et réserves.*

Si, contrairement aux prescriptions légales, la demande ne mentionnait point la durée; si elle contenait quelque condition ou réserve; si elle n'indiquait point le titre de la découverte, l'administration qui s'en apercevrait devrait rejeter cette demande; mais, si néanmoins le brevet était délivré, il serait purgé du vice et à l'abri de la nullité de ce chef (art. 11, 12, 30, 32 (1). Nous pensons que, dans ce cas, la durée à assigner au brevet devrait être de 15 ans.

Le ministre n'est point juge de l'exactitude et de la sincérité du titre donné à l'objet brevetable; il doit accepter ce titre tel qu'il est indiqué; seulement ce brevet serait nul et attaquable en justice, si le titre indiquait frauduleusement, avec intention de trom-

____

(1) Nouguier, *Brev. d'inv.*, 90.

per, un objet autre que le véritable objet de l'invention (art. 30 5°).

34. *Limitation de la demande à un seul objet principal.*

Pour éviter toute confusion, « la demande sera limitée à un seul objet principal avec les objets de détail qui le constituent et les applications qui auront été indiquées (art. 6, § 1ᵉʳ). » C'est-à-dire qu'un inventeur ne doit pas demander un seul brevet pour la découverte du *tissu buffle* et pour la découverte de la *bougie stéarine*; mais il serait admis à n'en demander qu'un pour le *tissu buffle* et le *procédé* propre à le fabriquer, parce que ce procédé est l'objet principal et que le tissu est le produit de son application.

Du reste, le ministre a l'appréciation souveraine de cette question. S'il reconnaît deux objets principaux dans la demande, il doit la rejeter; mais si, malgré ce double objet, le brevet est délivré, il ne peut être annulé pour ce vice, qui se trouve couvert. C'est ce qui résulte de la combinaison des art. 11, 12, 30, 32 (1).

35. *Rédaction de la description. Duplicata.*

« La description ne pourra être écrite en langue étrangère. Elle devra être sans altération ni surcharges. Les mots rayés comme nuls seront comptés et constatés, les pages et les renvois paraphés. Elle ne devra contenir aucune dénomination de poids ou de mesures autres que celles qui sont portées au tableau annexé à la loi du 4 juillet 1837 (art. 6, § 4). »

(1) Cass., 4 mai 1855, S., V., 55, 1, 682.

La description doit être faite double : une restera au ministère, tandis que l'autre sera renvoyée, régularisée, au breveté (§ 6).

56. *Emploi d'une langue étrangère ; surcharges et mots rayés non approuvés ni paraphés. — Dénominations non décimales de poids et mesures. — Conséquences de l'une ou l'autre de ces infractions à l'art. 6 § 4.*

Règle générale, l'administration devra rejeter la demande (art. 12). Mais si, sans remarquer ces infractions ou sans y avoir égard, elle délivrait le brevet, il serait valable, attendu qu'on ne trouve, pour ces cas, aucune action en nullité dans l'art. 30 et dans les autres dispositions de la loi. Il se pourrait cependant qu'alors le brevet fût attaquable pour défaut de clarté, parce que la description serait jugée insuffisante pour l'exécution de l'invention ou n'indiquerait pas d'une manière complète et loyale les véritables moyens de l'inventeur, conformément à l'art. 30 6°.

57. *Que doit être la description? Claire, complète, loyale. — Ses termes, son contenu.*

La description n'est pas seulement la dénomination du produit ou du procédé brevetable ; elle doit en être la désignation détaillée, elle doit en indiquer un à un tous les éléments constitutifs.

Pour faire cette description, la loi ne prescrit à l'inventeur aucune expression sacramentelle (1). Elle ne l'oblige même pas à signaler nominalement ce qui est nouveau, à le distinguer de ce qui est déjà

____

(1) Rendu et Delorme, *Droit industr.*, n. 349.

connu ; mais nous ne saurions trop recommander de faire cette distinction pour éviter toute confusion.

Ce que la loi veut impérativement, c'est que l'inventeur décrive son produit, son procédé, son résultat (1), d'une manière claire et suffisante pour que tout homme du métier puisse exécuter et pratiquer l'invention, à la lecture de la description (2), et qu'il indique tous les moyens d'exécution d'une manière complète et loyale, sans dissimulation ni réticence (3).

58. *Effet d'une description obscure, incomplète ou déloyale.*

Malgré ces vices de la description, le brevet sera délivré, parce que le ministre n'est pas juge de cette question et qu'il n'a point à l'examiner. Mais alors ce brevet sera nul et pourra toujours être attaqué comme tel (art. 30 6°), parce que le public n'aura point reçu, en échange de ce brevet, la communication franche et complète d'une invention nouvelle, et qu'il ne sera pas certain de pouvoir en profiter à l'expiration du brevet, comme le lui a promis tacitement l'inventeur.

59. *Absence de description. — Conséquences.*

L'administration devra, sans hésiter, rejeter toute demande qui ne sera pas accompagnée de description (art. 12) ; et si, par inadvertance, elle délivrait un brevet, il serait nul, aux termes de l'art. 30 6°, sans qu'aucune autre pièce pût en corriger le vice (4).

(1) Rép. du Pal., v. *Brev. d'inv.*, n. 336.
(2) Rouen, 28 juin 1854, S., V., 55, 2, 31.
(3) Douay, 30 mars 1846, S. V., 47, 2, 211.
(4) Paris, 30 juin 1852.

40. *De la forme des dessins.—Echelle métrique.—Duplicata.*

Ils doivent être tracés à l'encre et d'après une échelle métrique (art. 6, § 5); de même que la demande, la description et le bordereau doivent aussi être inscrits à l'encre, c'est-à-dire manuscrits, autographiés ou imprimés. — Ces dessins sont faits en double partie, dont une restera au ministère, tandis que l'autre sera renvoyée, régularisée, au breveté (§ 6).

41. *Les dessins, quelquefois utiles, ne sont jamais indispensables.*

La loi recommande à l'inventeur de déposer, avec sa demande, les dessins ou échantillons qui seraient nécessaires pour l'intelligence de la description (art. 5 3°). La loi laisse donc l'inventeur juge de la nécessité des dessins, en lui rappelant que toujours la description doit être claire et suffisante pour l'exécution de l'invention. Si donc l'inventeur reconnaît que des dessins peuvent aider à la clarté de la description, par exemple, en mécanique, il devra en joindre à sa demande, sur la même feuille, et préférablement sur une feuille distincte, en adaptant des lettres ou chiffres aux différentes figures, et en les faisant correspondre par renvoi au texte de la description.

42. *Absence de dessins. — Conséquences.*

Le dépôt de dessins n'étant jamais prescrit à peine de nullité, il en résulte que l'omission de cette pièce n'est point directement et par elle seule une cause dirimante du brevet; mais il pourra arriver que ce brevet soit annulable pour défaut de clarté ou insuffisance de la description, tandis que cette nullité n'aurait pas existé si un dessin eût rendu la description plus claire, plus complète et plus satisfaisante. Nous devons même reconnaître que la loi a, chose étrange, conféré au ministre le droit de rejeter la demande, lorsqu'elle n'est pas accompagnée de dessins et qu'il juge que ces dessins seraient nécessaires à l'intelligence de la description (art. 5 3°, art. 12).

Mais c'est là un droit exorbitant, qui n'est plus une simple vérification matérielle, et dont le ministre n'usera peut-être jamais ; aussi ne pouvons-nous aller jusqu'à lui reconnaître le droit de rejeter la demande parce qu'il jugerait insuffisants les dessins déposés, à moins que ce ne fût pour absence d'échelle métrique (art. 6, 12).

43. *Résumé. — Pièces à déposer. — Sur papier non timbré. — Qui doit les signer ?*

On peut mettre sur papier libre la demande au ministre, la description et le duplicata, les dessins et le duplicata, puis le bordereau qui en contient l'indication détaillée.

Toutes ces pièces, y compris le bordereau, seront signées, les mots rayés comptés, les pages et les renvois paraphés par le demandeur ou par un mandataire, dont le pouvoir restera annexé à la demande (art. 6, §§ 4, 7).

Ce pouvoir peut être sous seing-privé, pourvu que la signature du mandant soit légalisée (1). — Mais quand le brevetable ne sait point signer, il faut tou-

(1) Circul. du min. de l'agr. et du com. 1er octobre 1844.

jours qu'il donne un pouvoir, devant notaire, à un mandataire qui sache signer, pour qu'il signe à sa place, puisque la loi veut que les pièces soient ainsi certifiées.

Les signataires de ces pièces doivent être :

L'homme qui a l'exercice de ses droits pour lui-même ;

La femme non mariée pour elle-même ;

La femme mariée et son mari avec elle ;

Le tuteur pour le mineur ou l'interdit ;

Le mineur émancipé et son curateur ;

Celui qui est soumis à un conseil judiciaire et ce conseil ;

L'un des associés ayant la signature pour la société ;

Les administrateurs d'une corporation.

44. *Où et comment doit être déposée la demande ?*

Toutes ces pièces, excepté le pouvoir et le récépissé de versement de la première annuité, doivent être placées sous une même enveloppe, que l'on revêt d'un nombre de cachets en cire, avec lettres, suffisants pour en assurer la fermeture complète. — Puis le demandeur dépose le paquet, ainsi cacheté, au secrétariat de la préfecture du département où il est domicilié, ou bien, à son choix, au secrétariat de la préfecture de tout autre département, en y élisant domicile (art. 5). Puis si le déposant est un mandataire, il remet son pouvoir à découvert.

45. *Dépôt du récépissé de versement de la première annuité.*

En même temps que le demandeur dépose sa demande et les pièces à l'appui, il doit produire à découvert un récépissé du receveur public, constatant le versement d'une somme de 100 francs à valoir sur le montant de la taxe du brevet. S'il ne fait d'avance cette justification de versement, le dépôt de sa demande sera refusé (art. 7, § 1).

46. *Procès-verbal de ce double dépôt.*

Immédiatement un procès-verbal dressé sans frais par le secrétaire général de la préfecture, sur un registre à ce destiné, et signé par le demandeur, constate le dépôt, en énonçant le jour et l'heure de la remise des pièces. Le déposant peut se faire remettre une expédition de ce procès-verbal moyennant le remboursement des frais de timbre; mais dans l'usage à Paris, le rédacteur du procès-verbal lui délivre sur-le-champ un bulletin, qui fait mention du dépôt et qui rappelle qu'aux termes de la loi la durée du brevet court du jour de ce dépôt.

47. *Faculté de retirer la demande et de la rectifier ou modifier tant que l'arrêté ministériel n'est point rendu.*

C'est un retrait auquel l'administration se prête gracieusement; de manière qu'il suffit à l'inventeur, qui s'aperçoit que sa demande est irrégulière, incomplète ou insuffisante, d'adresser au ministre, *sur papier timbré,* une demande en nullité de la première, en restitution de ses pièces et en remise des 100 fr. payés. Et immédiatement l'inventeur peut, sans attendre cette double restitution, envoyer une nouvelle demande régulière et suffisante, en y joignant un autre récépissé de versement de 100 fr. Il pourra ainsi éviter la perte de la nouveauté de son invention ; mais il aura à craindre qu'un autre n'ait, dans l'intervalle, demandé pour la même invention un brevet, qui alors aurait la priorité sur le sien.

§ 6. De la délivrance des brevets d'invention.

48. *Transmission et ouverture des pièces au ministère de l'agriculture et du commerce.*

« Aussitôt après l'enregistrement des demandes et dans les cinq jours de la date du dépôt, les préfets transmettront les pièces, sous le cachet de l'inventeur, au ministre de l'agriculture et du commerce, en y joignant une copie certifiée du procès-verbal de dépôt, le récépissé constatant le versement de la taxe, et, s'il y a lieu, le pouvoir mentionné dans l'article 6 (art. 9). » — « A l'arrivée des pièces au ministère de l'agriculture et du commerce, il sera procédé à l'ouverture, à l'enregistrement des demandes et à l'expédition des brevets, dans l'ordre de la réception des dites demandes (art. 10). »

49. *Les brevets sont délivrés sans examen préalable et sans garantie du gouvernement.*

« Les brevets, dont la demande aura été régulièrement formée, seront délivrés sans examen préalable aux risques et périls des demandeurs, et sans garantie, soit de la réalité, de la nouveauté ou du mérite de l'invention, soit de la fidélité ou de l'exactitude de la description (art. 11, § 1). » — C'est-à-dire que le ministre se contente de faire une vérification matérielle, de constater que la demande est régulière en la forme et non que l'invention est de nature à être brevetée. Il n'examine pas le fond de cette demande ; par conséquent il ne garantit pas que l'invention n'est point brevetée au profit d'un autre, qu'elle n'est point ancienne ou immorale, que la description n'est point insuffisante (1) ; ce qu'il lui garantit, c'est la protection de la justice contre tous contrefacteurs, si la découverte est industrielle, nouvelle, licite et morale, si la description est claire et complète, en un mot si la demande réunit toutes les conditions propres à la rendre brevetable au fond et à lui assurer la validité du brevet (n° 3).

50. *Obligation d'annoncer qu'on est breveté* SANS GARANTIE DU GOUVERNEMENT.

« Quiconque, dans des enseignes, annonces, prospectus, affiches, marques ou estampilles, prendra la qualité de breveté sans posséder un brevet conformément aux lois, ou après l'expiration d'un brevet antérieur, ou qui, étant breveté, mentionnera sa qualité de breveté ou son brevet sans y ajouter ces mots : *sans garantie du gouvernement,* sera puni d'une amende de 100 fr. à 1,000 fr. — En cas de récidive, l'amende pourra être portée au double (art. 33). »

51. *Priorité au premier demandeur.* — *Inefficacité des oppositions à la délivrance d'un brevet.*

La loi n'admet personne à s'opposer à la délivrance d'un brevet ; le ministre qui reconnaît les pièces déposées parfaitement régulières, doit expédier le brevet à celui qui en a, le premier, fait la demande,

(1) Calmels, *Propr. et contref.,* n. 255.

quand bien même des oppositions seraient pratiquées sous prétexte que le demandeur est incapable, que l'invention ne lui appartient point, qu'elle n'est pas brevetable, etc.; le moindre retard pourrait entraîner de nombreux dangers, compromettre le secret et la nouveauté, etc.; tandis que cette expédition n'offre aucun danger sérieux, puisque le mineur ou autre incapable ne pourra exploiter son brevet sans le concours de son tuteur, puisqu'un inventeur spolié est admis à revendiquer en justice le brevet usurpé (1). La meilleure marche à suivre par ce dernier, c'est de faire mentionner son action en revendication au secrétariat de la préfecture du département où le brevet a été demandé et au ministère de l'agriculture et du commerce (art. 21, 22).

52. *En quoi consiste le brevet ?*

« Un arrêté du ministre, constatant la régularité de la demande, sera délivré au demandeur, et constituera le brevet d'invention.—A cet arrêté sera joint le duplicata certifié de la description et des dessins, mentionné dans l'article 6, après que la conformité avec l'expédition originale en aura été reconnue et établie au besoin. — La première expédition des brevets sera délivrée sans frais. — Toute expédition ultérieure, demandée par le breveté ou ses ayants cause, donnera lieu au payement d'une taxe de 25 fr. — Les frais de dessin, s'il y a lieu, demeureront à la charge de l'impétrant (art. 11). »

(1) Dalloz, V. *Brev. d'inv.*, n. 97.

53. *Publication trimestrielle des brevets.*

Un décret, inséré au *Bulletin des lois*, proclamera, tous les trois mois, les brevets d'invention qui auront été délivrés (art. 14).

§ 7. Du rejet de la demande.

54. *Rejet pour irrégularité de forme. — Causes diverses.*

Toute demande dans laquelle n'auraient pas été observées les formalités prescrites par les n°s 2 et 3 de l'article 5 et par l'article 6, sera rejetée, porte l'art. 12. Le ministre a donc la mission et le devoir de rejeter toute demande qui n'est pas accompagnée d'une description ou bien de dessins ou échantillons nécessaires à son intelligence; celle qui n'indique point de durée ou qui n'est point limitée à un seul objet principal; celle qui contient des conditions ou réserves; celle qui manque d'un titre renfermant la désignation sommaire de l'objet brevetable; celle dont la description est en langue étrangère; celle qui renferme des surcharges, mots rayés ou altérations non approuvés, des dénominations de poids et mesures non décimales; la demande dont les dessins ne sont pas à l'encre *et d'après une échelle métrique*; celle qui n'est point accompagnée d'un duplicata de la description et du dessin; quand quelque pièce manque de la signature du demandeur ou de son mandataire; quand un pouvoir régulier n'est pas joint à la demande, ou enfin quand on ne produit point le récépissé de versement de la première annuité (V. n°s 32 à 45).

55. *Rejet d'une demande de brevet pour combinaisons pharmaceutiques, remèdes de toute espèce, plans et combinaisons de crédit
ou de finances.*

Nous avons vu (n° 25) qu'une découverte de cette
nature est textuellement déclarée imbrevetable par
l'art. 3 ; nous devons ajouter ici que l'art. 13 enjoint au ministre de rejeter une semblable demande.
Mais nous ne voyons nulle part que la loi autorise
le ministre à entrer dans l'examen des autres causes
d'imbrevetabilité, telles que le défaut de moralité ou
le défaut d'application industrielle d'une conception
purement théorique (n°s 25 à 29).

56. *Pourvoi en conseil d'État contre le rejet d'une demande de
brevet.*

L'examen de la demande, son admissibilité ou son
rejet, sont des questions purement administratives ;
mais il y a le ministre juge en premier ressort, et
le conseil d'État juge en dernier ressort. Par conséquent l'inventeur, dont la demande a été rejetée par
le ministre, a la faculté de se pourvoir en conseil
d'État après la notification qui lui est faite de l'arrêté
de rejet, et de demander la réformation de cet arrêté et
la délivrance du brevet (1). Réciproquement, le conseil d'État peut évoquer le pourvoi contre un arrêté
de délivrance de brevet et l'infirmer.

57. *Au cas de rejet, restitution de tout ou partie de la taxe payée.*

Toutes les fois que la demande est rejetée pour
compositions pharmaceutiques, remèdes d'une espèce quelconque, plans et combinaisons de crédit

_____

(1) Rendu et Delorme, *Droit industr.*, n. 385.

ou de finances, la taxe de cent francs est restituée en totalité à l'inventeur ou à l'importateur, n'importe qu'il forme ou non une nouvelle demande en délivrance de brevet (art. 13). Mais au cas de rejet de sa requête pour toute autre cause, cette taxe ne lui est restituée en totalité que s'il renouvelle cette demande dans les trois mois de la date de la notification du rejet ; il ne reçoit que moitié de cette taxe s'il ne la renouvelle qu'après les trois mois ou s'il ne la renouvelle pas du tout, tandis que l'autre moitié est acquise au trésor (art. 12).

58. *Renouvellement de la demande en cas de rejet. — Conséquences.*

Lorsque la première demande a été rejetée, l'inventeur ou l'importateur a la faculté, à toute époque, de la renouveler en remplissant toutes les formalités ci-dessus détaillées. Mais il a à craindre que sa découverte n'ait perdu le caractère de la nouveauté, ou bien qu'un autre ait, dans l'intervalle, demandé un brevet pour la même idée industrielle. Dans tous les cas, nous pensons que sa nouvelle demande prend le rang de la date de son dépôt, et non rétroactivement de la date du dépôt de la première demande, quand même la notification de l'arrêté de rejet remonterait à moins de trois mois.

§ 8. Des certificats d'addition et des brevets pour perfectionnements, changements, etc.

59. *Perfectionnements faits par le breveté primitif ou ses cessionnaires.*

Pendant toute la durée du brevet, le breveté, ses

cessionnaires et autres ayants-droit peuvent apporter à l'invention principale des changements, perfectionnements ou additions, et ils sont admis à faire breveter ces modifications, en demandant dans tous les cas un deuxième brevet principal, ou bien un certificat d'addition quand l'acte de cession a été enregistré à la préfecture (art. 16, 17, 20).

60. *Demande de certificat d'addition par le breveté primitif.— Durée, effets, taxe.*

Cette demande doit être faite de la même manière et dans les mêmes formes que celles du brevet principal. Le certificat d'addition est délivré dans les mêmes formes que le brevet principal ou refusé pour les mêmes causes; excepté qu'il est permis de comprendre dans une seule demande deux ou plusieurs changements qui se rattachent à ce brevet principal.

Chaque certificat a l'avantage de ne donner lieu qu'à une taxe de vingt francs une fois payée; mais ce qui peut devenir désavantageux, c'est que son sort est attaché à celui du brevet principal : il vit et dure comme lui, il finit et tombe avec lui, par les mêmes causes de temps, de nullité, de déchéance (1).

Enfin, lors même qu'un certificat d'addition serait pris par un seul des ayants-droit au brevet primitif, il profite toujours à tous (art. 16).

61. *Demande d'un certificat d'addition par un cessionnaire.*

Quand un brevet a été cédé en totalité, le droit de demander des certificats d'addition appartient, comme

____

(1) Cass., 5 fév. 1852 (S. V. 52, 1, 599).

accessoire de ce brevet, au cessionnaire seul ; quand il a été cédé en partie, ce droit appartient à chacun des cessionnaire et cédant; à la condition, dans l'un et l'autre cas, que le cessionnaire ait préalablement fait enregistrer son titre à la préfecture (n° 84). A moins de convention contraire, le cédant, c'est-à-dire le breveté primitif, conserve toujours le droit de prendre des brevets pour perfectionnement ; mais ils ne pourront lui être délivrés qu'après la première année du brevet principal, de même qu'à toute autre personne du public (n° 64).

62. *Que doit être un changement pour que le certificat d'addition soit valable?*

Il faut qu'il se rattache au brevet primitif, qu'il soit l'accessoire de la découverte principale, qu'il ait le même objet, le même résultat, quoique modifié. Le certificat d'addition serait annulable, si l'invention nouvelle n'avait pas un rapport direct et intime avec le brevet principal (art. 30 7°). Dans le cas où il y aurait le moindre doute sur l'existence de ce rapport, l'inventeur devrait, sans hésiter, demander un *brevet* pour sa nouvelle découverte industrielle.

63. *Demande d'un brevet pour perfectionnement par le breveté primitif.*

Au lieu d'un certificat d'addition , le breveté peut demander un autre brevet, en remplissant les formalités ci-dessus déterminées. Ce brevet n'est pas attaché au sort du premier ; il a une existence propre ; il a l'avantage de durer autant qu'un brevet principal ordinaire, c'est-à-dire 5, 10 ou 15 ans, comme le demandera l'inventeur ; il pourra donc continuer d'exister après l'expiration et malgré la nullité ou la déchéance du brevet primitif ; il commencera le jour du dépôt de la demande ; mais il oblige au paiement d'une taxe annuelle de 100 francs. (art. 17).—Ce droit de prendre un brevet pour perfectionnement appartient au breveté primitif, même après avoir cédé son premier brevet. — Puis, lorsqu'il y a plusieurs brevetés primitifs, le brevet pour perfectionnement est la propriété de celui-là seul qui l'a pris, à la différence du certificat d'addition, qui est la propriété de tous, suivant l'article 16.

64. *Privilége pour le breveté principal ou ses cessionnaires, pendant un an, de faire breveter des perfectionnements, et faculté pour le public de demander provisoirement un brevet.*

Pour encourager et stimuler les inventeurs, la loi décide que nul autre que le premier breveté ou ses ayants-droit ne pourra, pendant une année à partir du jour où le brevet primitif produit effet, prendre valablement un brevet pour un changement, perfectionnement ou addition.

Néanmoins, toute personne qui voudra prendre un brevet pour changement, addition ou perfectionnement, pourra, dans le cours de la dite année, former une demande, qui sera transmise et restera déposée sous cachet au ministère de l'agriculture et du commerce ; puis, à l'expiration de l'année, le cachet sera brisé et le brevet délivré. Seulement la loi, penchant toujours en faveur du breveté primitif, donne encore à lui ou à son cessionnaire la préférence pour les changements, perfectionnements et additions à raison desquels il aurait lui-même, pendant ladite année, demandé un certificat d'addition ou un brevet (art. 18).

Celui qui a fait un changement à l'invention déjà brevetée au profit d'autrui, a donc un immense intérêt à déclarer, dans le procès-verbal de dépôt de sa demande, qu'il sollicite un brevet pour perfectionnement, puis à garder ce perfectionnement secret, à ne le faire connaître ni par l'exploitation ni autrement, jusqu'à l'expiration de la première année du brevet primitif. Mais aussi, selon nous, la durée du brevet qui lui sera accordé commencera du jour de la délivrance réelle, à la différence du brevet pour perfectionnement délivré au propriétaire du brevet primitif, qui commence toujours à la date du dépôt de la demande (nᵒ 70).

65. *Que doit être un perfectionnement pour que le breveté principal ait, pendant une année, le privilége de le faire breveter?*

Il faut, comme pour le certificat d'addition, que le changement se rattache au brevet primitif, qu'il soit l'accessoire de la découverte principale, qu'il ait le même objet, le même résultat, qu'il ait, en un mot, un rapport direct et intime avec l'objet du brevet principal, qu'il en soit le développement (nᵒˢ 59, 60).

66. *Concours de deux demandes entre le breveté primitif et une autre personne. — Délivrance de deux brevets. — Concurrence.*

Lorsque l'administration est saisie de deux demandes pour perfectionnements relatifs à un même brevet principal déjà délivré, le ministre n'a pas à exa-

miner si ces deux demandes sont identiques ou non :
il doit toujours délivrer, sans retard, un brevet pour
perfectionnement au propriétaire du brevet primitif
qui lui en fait la demande; puis à l'expiration de l'année du brevet primitif, il doit aussi délivrer un brevet
pour perfectionnement à toute autre personne dont
la demande est régulière, sans considérer s'il y a ou
non ressemblance avec le perfectionnement fait par
le breveté primitif. Alors, si le perfectionnement du
breveté primitif a un rapport direct avec la découverte principale, il aura la préférence ; mais si ce perfectionnement ne se rapporte pas directement à la
découverte principale, l'autre perfectionnement se
trouvera valablement breveté (1). Dans tous les cas,
nous pensons que la question de priorité, si elle est
soulevée, devra être soumise aux tribunaux civils,
sans regarder aucunement l'administration. — Enfin
le demandeur pour perfectionnement, qui n'est pas
propriétaire du brevet primitif, obtiendra encore un
brevet valable quand son perfectionnement, se rattachant directement à la découverte principale, diffé-
rera du perfectionnement fait par l'inventeur principal, ou bien quand son perfectionnement ne se rat-
tachera pas à la découverte principale.

67. *Faculté absolue pour le public de faire breveter des perfectionnements après l'année.*

Lorsqu'une année s'est écoulée depuis la date du
brevet primitif, le public rentre dans le droit commun

(1) Paris, 4 mai 1855.

de se faire breveter immédiatement pour perfectionnements et changements : les brevets ainsi obtenus ont effet du jour du dépôt de la demande et sont assujettis à la taxe ordinaire. Mais le public ne peut, à aucune époque, se faire délivrer de certificats d'addition (1).

68. *Concurrence et concours entre le brevet primitif et un brevet pour perfectionnement délivré à autrui.*

« Quiconque aura pris un brevet pour une découverte, invention ou application se rattachant à l'objet d'un autre brevet, n'aura aucun droit d'exploiter l'invention déjà brevetée ; et réciproquement le titulaire du brevet primitif ne pourra exploiter l'invention objet du nouveau brevet (art. 19). » C'est-à-dire que chaque breveté doit s'abstenir de faire usage des moyens et procédés décrits dans l'autre brevet, tant que ce brevet n'est pas expiré, ou bien tant que son concurrent ne l'a pas autorisé à s'en servir.

§ 9. — Taxe et durée des brevets et des certificats d'addition.

69. *Durée du brevet primitif. — Point de départ.*

La durée des brevets sera de 5, 10 ou 15 années, dit l'article 4. — Le maximum de cette durée est donc de 15 ans et le minimum de 5 ans. — Dans sa lettre de demande au ministre, l'inventeur choisit entre ces trois périodes individuelles, sans pouvoir étendre ni restreindre aucune d'elles ; de sorte qu'il ne serait pas admis à demander un brevet de 8 ou 12 ans (art. 6, § 2). — Dans tous les cas, la durée du brevet

____

(1) Renouard, *Brev. d'inv.*, n. 72.

commence à courir du jour du dépôt dé la demande au secrétariat de la préfecture (art. 8). C'est la date de ce dépôt qui fixe la priorité du droit et le point de départ des effets utiles attachés au brevet principal (art. 10.)

70. *Durée des brevets pour perfectionnement.—Point de départ.*
La durée des brevets pour perfectionnement est aussi de 5, 10 ou 15 ans, au choix du demandeur, qu'il soit ou non le breveté principal (art. 17, 18). Cette durée commence à la date du dépôt de la demande, quand le nouveau brevet est accordé au breveté primitif, sans considérer le point de départ du premier brevet. Mais, à notre avis, la durée ne commence que le jour de la délivrance réelle, quand le brevet est accordé à un autre qu'au breveté primitif, par la raison que ce nouveau breveté a dû garder ce perfectionnement sous le secret, sans pouvoir l'exploiter avec sécurité durant la première année du brevet principal (n° 64). Si l'on décidait que le nouveau brevet part du dépôt de la demande, non-seulement on priverait le breveté d'une partie du bénéfice de son perfectionnement, mais encore on l'exposerait à n'avoir qu'une année pour commencer l'exploitation, lorsque l'article 2 2° lui accorde deux ans.

71. *Durée des certificats d'addition. — Point de départ.*
Les certificats d'addition au profit du breveté principal commencent le jour du dépôt de la demande, et finissent toujours avec le brevet principal (art. 16, § 2).

72. *Durée des brevets pour importation. — Point de départ.*
Tout brevet pour une invention importée d'un pays

étranger en France, prend rang du jour du dépôt de la demande au secrétariat de la préfecture. Mais la durée n'est pas toujours la même : quand l'invention n'est pas brevetée à l'étranger, cette durée est de 5, 10 ou 15 ans, au choix de l'importateur ; quand, au contraire, elle est brevetée en pays étranger, la durée du brevet français ne peut excéder celle du plus long brevet pris à l'étranger (1), sans jamais dépasser 15 années, le plus long terme d'un brevet français (art. 29).

73. *Taxe des brevets d'invention et des certificats d'addition.*

Chaque demande de certificat d'addition donnera lieu au paiement d'une taxe unique de 20 fr. (art. 16, § 3).

« Chaque brevet donnera lieu au paiement d'une taxe, qui est fixée ainsi qu'il suit, savoir : — 500 fr. pour un brevet de cinq ans ; — 1,000 fr. pour un brevet de dix ans ; — 1,500 fr. pour un brevet de quinze ans. — Cette taxe sera payée par annuités de cent francs, sous peine de déchéance si le breveté laisse écouler un terme sans l'acquitter (art. 4). »

74. *Où et quand se paie la taxe ? — En prendre note.*

N'importe dans quel département a été déposée sa demande, le breveté aura toujours le droit de payer chaque annuité où il voudra : si c'est à Paris, il versera dans la caisse du receveur central ; partout ailleurs, à la caisse du receveur général du département. Le paiement de la première annuité doit se faire

____

(1) Rép. du Pal., v° *Brev. d'inv.*, n. 141.

avant le dépôt de la demande du brevet primitif ou du brevet pour perfectionnement. Chacune des autres annuités doit être payée avant le commencement de l'année du brevet à laquelle elle correspond (art. 4, § 4), c'est-à-dire qu'une demande ayant été déposée le 4 mars 1857, à dix heures, il faut payer la deuxième annuité au plus tard le 4 mars 1858, à dix heures, et ainsi de suite pour les autres annuités (n°. 119). — Nous conseillons à l'inventeur de prendre note exacte de la date du dépôt de sa demande, et même de payer d'avance plusieurs annuités quand ses facultés et l'importance de la découverte le lui permettent.

75. *Faculté pour le breveté de ne pas acquitter les annuités. — Déchéance pour simple retard.*

Le breveté est en demeure légale d'acquitter chaque annuité à l'échéance ; il ne doit pas attendre de l'administration un avertissement qu'elle n'est point obligée de lui donner et qu'en fait elle lui donne rarement ; mais c'est pour lui une faculté plutôt qu'une obligation (1), et il n'est jamais exposé aux poursuites de l'administration. Il est donc libre d'acquitter ou de ne pas acquitter les annuités ; mais s'il néglige d'en payer une seule dans le délai légal, il sera déchu de son brevet et des certificats d'addition qui y sont attachés (art. 4, § 4, art. 16), sans pouvoir s'en faire relever par les tribunaux ni par l'administration, et sans que celui-ci puisse en aucun cas lui accorder un délai (2).

(1) Lesenne, *Brev. d'inv.*, 249.
(2) Nouguier, *Brev. d'inv.*, 223.

76. *Obligation d'acquitter toutes les annuités avant de céder un brevet.*

« La cession totale ou partielle d'un brevet, soit à titre gratuit, soit à titre onéreux, ne pourra être faite que par acte notarié, et après le paiement de la totalité de la taxe déterminée par l'article 4 (art. 20, § 2). » — Mais notons que la loi ne prononce ni la nullité de la cession ni la déchéance du brevet, dans le cas où l'on n'aurait pas acquitté d'avance toute la taxe (1).

77. *Impossibilité d'abréger la durée du brevet à moins de le laisser choir.*

En cessant de payer une annuité, le breveté laisse choir le brevet, qui alors prend fin immédiatement ; mais il n'a point le droit de faire une renonciation directe aux effets de ce brevet, soit pour toute sa durée, soit pour une partie ; spécialement il ne serait pas admis à déclarer qu'il en réduit la durée en vue de la cession à autrui, pour avoir moins d'annuités à payer par anticipation (2).

78. *Prolongation de la durée par une loi.*

La durée des brevets ne pourra être prolongée que par une loi, porte l'article 15. D'où il résulte que toute demande de prolongation doit être adressée au pouvoir législatif, qui a la faculté de prolonger un brevet autant qu'il le veut, lors même que la première durée a été de quinze années, tandis que l'administration n'a aucun pouvoir à cet égard.

(1) Cass. 1er sept. 1855 (S. V., 56, 1, 280).
(2) Nouguier, *Brev. d'inv.*, 260.

§ 10. — De la transmission des brevets et certificats d'addition.

79. *De quelles manières un brevet peut-il se transmettre à autrui?*

Une fois délivré, le brevet est, comme les autres biens du breveté, transmissible, soit à titre gratuit par donation, testament ou succession, soit à titre onéreux par cession, vente, mise en société, apport en mariage; spécialement la cession entre-vifs de la totalité ou de partie de la propriété d'un brevet est soumise à des formalités et à des conditions particulières, qui sont obligatoires (art. 20, 21, 22).

80. *Quand y a-t-il cession entre-vifs de la totalité ou de partie de la propriété d'un brevet ?*

La cession est totale toutes les fois que le breveté vend, donne ou abandonne autrement tous ses droits à autrui, qui devient breveté à sa place. La cession est partielle quand le breveté se réserve une part de propriété de son brevet, en donnant, vendant l'autre part, ou bien en la mettant en société ou en communauté conjugale. Alors le cessionnaire est substitué au breveté pour les charges comme pour les avantages du brevet en totalité ou en partie (V. n° 89; V. aussi n° 9).

81. *Droit du cédant et du cessionnaire quant aux certificats d'addition obtenus ou à obtenir.*

A moins de convention contraire, la cession du brevet primitif comprend les brevets d'addition déjà obtenus, comme accessoire. Puis « les cessionnaires d'un brevet et ceux qui auront acquis d'un breveté ou de ses ayants-droit la faculté d'exploiter la découverte ou l'invention, profiteront de plein droit des certificats d'addition qui seront ultérieurement délivrés au breveté ou à ses ayants-droit. Réciproquement le breveté ou ses ayants-droit profiteront des certificats d'addition qui seront ultérieurement délivrés aux cessionnaires. — Tous ceux qui auront le droit de profiter des certificats d'addition pourront en lever une expédition au ministère de l'agriculture et du commerce, moyennant un droit de 20 fr. (art. 22). »

82. *Droits du cédant et du cessionnaire quant aux brevets pour perfectionnement obtenus ou à obtenir.*

La cession du brevet d'invention primitif ne comprend point de plein droit les brevets pour perfectionnement déjà délivrés, parce qu'ils ne sont point des accessoires du premier ; il est besoin d'une convention expresse pour que ces derniers brevets soient aussi transmis. De même le cessionnaire n'acquiert point le droit exclusif de prendre à l'avenir des brevets pour perfectionnement ; le cédant conserve aussi cette faculté (1). Mais le cessionnaire, dont le titre a été enregistré à la préfecture, a le privilége exclusif, tant qu'il se trouve dans la première année du brevet primitif, de demander des certificats d'addition et des brevets pour perfectionnement, qui passeront avant toutes demandes semblables faites par d'autres (n° 84).

____

(1) Loiseau et Verger, *Com. de la loi du 5 juillet 1844,* note sur l'article 17.

83. *De la forme des cessions de propriété d'un brevet vis à-vis des tiers. — Acte notarié ; enregistrement au secrétariat de la préfecture ; paiement anticipé de la taxe entière.*

« Tout breveté pourra céder la totalité ou partie de la propriété de son brevet. — La cession totale ou particlle d'un brevet, soit à titre gratuit, soit à titre onéreux, ne pourra être faite que par acte notarié et après le paiement de la totalité de la taxe déterminée par l'article 4. — Aucune cession ne sera valable à l'égard des tiers qu'après avoir été enregistrée au secrétariat de la préfecture du département dans lequel l'acte aura été passé.—L'enregistrement des cessions et de tous autres actes emportant mutation sera fait sur la production et le dépôt d'un extrait authentique de l'acte de cession ou de mutation (art. 20). »— Remarquez que la loi ne fait pas de distinction entre les cessions volontaires et les cessions judiciaires ou forcées : elle veut pour toutes un acte authentique, l'enregistrement à la préfecture et le paiement anticipé de toute la taxe (1).

84. *Effet de l'enregistrement. — Conséquence du retard.*

Il n'y a que l'enregistrement qui rende le cessionnaire propriétaire incommutable du brevet, qui l'investisse et lui assure la priorité sur tous autres ; sans cette formalité, le cessionnaire n'a pas encore le droit de poursuivre les contrefacteurs (2), ni de demander des certificats d'addition (n° 61).

---

(1)*Contra*, Nouguier, *Brev. d'inv.*, 350.

(2) Pardessus, *Cours de droit comm.*, n. 110; Cass., 2 mai 1857 (Pataille et Huguet, 1857, p. 135).

C'est le notaire, rédacteur de l'acte de cession, qui se charge ordinairement de faire opérer cet enregistrement. Pour y parvenir, il dépose un extrait authentique de cet acte, le récépissé de paiement de la dernière annuité échue et le récépissé de versement pour solde de la taxe. La loi ne fixe point de délai ; d'où il suit que l'enregistrement peut être fait à toute époque ; mais il ne faut point oublier que cette formalité est on ne peut plus urgente, puisqu'elle seule consolide la transmission au regard des tiers, et qu'un deuxième cessionnaire l'emporterait sur le premier, s'il faisait enregistrer sa cession avant la première (n° 83).

85. *Inscription des cessions de brevets sur un registre au ministère de l'agriculture et du commerce. — Publicité.*

« Une expédition de chaque procès-verbal d'enregistrement, accompagnée de l'extrait de l'acte ci-dessus mentionné, sera transmise par les préfets au ministre de l'agriculture et du commerce, dans les cinq jours de la date du procès-verbal (art. 20 *in fine*). »

« Il sera tenu, au ministère de l'agriculture et du commerce, un registre sur lequel seront inscrites les mutations intervenues sur chaque brevet ; et tous les trois mois un décret impérial proclamera, dans la forme déterminée par l'article 14, les mutations enregistrées pendant le trimestre expiré (art. 21). »

Malgré le silence de la loi, toute personne est admise gratuitement à prendre communication de ce registre.

86. *Le paiement anticipé de la taxe et l'enregistrement sont-ils indispensables au cas de cession en pays étranger?*

Tout acte fait devant l'autorité du pays où il est rédigé est authentique ; cependant l'administration française demande ordinairement qu'un acte de cession fait à l'étranger soit déposé devant un notaire français, et qu'un extrait de l'acte déposé soit remis au secrétariat de la préfecture, pour y être enregistré, en même temps que le récépissé de versement de la dernière annuité échue et le récépissé de la taxe soldée au plus tard au moment où le notaire a dressé l'acte de dépôt.

87. *Le paiement anticipé de la taxe et l'enregistrement ne sont point prescrits au cédant et au cessionnaire entre eux.*

Quand le breveté vend la propriété de son brevet, ou bien quand il le met en société, la convention est obligatoire entre le cessionnaire et lui, lors même qu'ils ne rédigeraient qu'un acte sous signatures privées, ou qu'ils ne donneraient aucune publicité à l'écrit par eux fait, car l'article 20 n'ordonne l'enregistrement qu'à l'égard *des tiers*, et il ne demande pas un acte notarié à peine de nullité (1) ; à tel point que le vice d'un acte sous seing privé serait, à notre avis, couvert par la formalité de l'enregistrement à la préfecture. Mais la donation entre-vifs de la propriété totale ou partielle d'un brevet doit toujours être faite devant notaire, « *sous peine de nullité,* » conformément à l'article 931 du Code Napoléon.

(1) Cass. 20 nov. 1822 (*Journ. du Pal.*, 17, 672) ; trib. comm. de Paris, 14 déc. 1854 (*Journ. des trib. de com.*, 1855, p. 142).

88. *Ces formalités doivent-elles être remplies au cas de legs d'un brevet par testament?*

Bien que ce mode de transmission ne paraisse pas rentrer textuellement dans les cessions prévues par l'article 20, nous conseillons au légataire à titre particulier d'un brevet de faire enregistrer un extrait du testament au secrétariat de la préfecture du lieu où réside le notaire qui l'a rédigé ou qui l'a reçu en dépôt, pour éviter qu'un breveté de mauvaise foi ne dispose de ce brevet en le cédant à un tiers, qui acquerrait la priorité en faisant le premier enregistrer son titre. Mais il est à craindre que, pour opérer l'enregistrement du testament, l'administration n'exige la représentation du récépissé de paiement du solde de la taxe.

89. *La concession de licence diffère de la cession de brevet. — Concession à une société. — Conséquences.*

Sans aller jusqu'à abandonner la propriété du brevet, le titulaire peut, *en se réservant cette propriété,* concéder à autrui, à un individu ou à une société, le droit d'exploiter son invention, par exemple l'autoriser à fabriquer pendant un temps ou lui faire une location moyennant une redevance périodique; alors ce breveté primitif reste propriétaire et soumis à toutes les charges que la loi impose aux brevetés; il conserve le droit de poursuivre les contrefacteurs, tandis que le concessionnaire n'acquiert point ce droit (1).

______

(1) Cass., 8 mai 1852 (S. V., 52, 1, 454); Rép. du Pal., v° *Brev. d'inv.,* n. 231.

Quoique les actes de cette nature ne nous semblent point tomber directement sous les prescriptions de l'article 20, le concessionnaire a intérêt à faire connaître son droit aux tiers, pour prévenir toute contestation de leur part ; aussi lui conseillons-nous de prendre la voie de l'acte notarié et de l'enregistrement à la préfecture. Mais ici encore l'administration exigera probablement la preuve que toute la taxe est payée (1).

90. *Au cas de mutation par le décès du breveté, il n'est pas besoin de payer toute la taxe d'avance ni de faire enregistrer à la préfecture.*

Les héritiers, les légataires à titre universel et tous ceux qui succèdent à l'ensemble des biens, ne diffèrent guère du breveté dont ils prennent la place ; ils se personnifient avec lui, ils sont d'autres lui-même, et ils ne sont pas astreints au paiement anticipé de la taxe ni à l'enregistrement préfectoral, par la raison qu'ils ne peuvent point passer avant celui qui aurait acheté le brevet, soit d'eux, soit du breveté, lors même que ce cessionnaire n'aurait pas fait enregistrer sa cession (V. n° 87).

91. *Au cas de partage ou de licitation, ces formalités n'ont pas besoin d'être remplies.*

Un brevet peut appartenir à une société de commerce, parce qu'il a été pris au nom de cette société ou qu'il y a été apporté ; de même qu'un brevet appartient à une communauté entre époux, quand il a

____

(1) Voir Cass., 2 mai 1857 (Pataille et Huguet, *Ann. propr. industr.* 1857, p. 143).

été pris pendant sa durée ou qu'il y a été apporté. A la dissolution de cette société ou communauté, le brevet se trouve indivis entre tous les ex-associés, de même qu'il est indivis lorsqu'il a été pris au nom de plusieurs individus collectivement. Dans tous ces cas, chaque copropriétaire a le droit de provoquer le partage ou la licitation du brevet, parce que nul n'est tenu de rester dans l'indivision. Si alors il est attribué à l'un des copartageants ou colicitants, il n'y a lieu ni de payer la taxe ni de faire enregistrer à la préfecture, parce que le partage et la licitation ne sont point des actes transmissifs (1) ; mais ces formalités doivent être remplies quand l'attribution a lieu au profit d'un tiers, parce que cette attribution devient une cession proprement dite (art. 815, 1872 C. Nap.).

92. *Mise en gage d'un brevet.*

Pour conférer un droit de gage sur un brevet d'invention, indépendamment d'un acte soumis à l'enregistrement fiscal, il faut, à notre avis, que cet acte soit enregistré au secrétariat de la préfecture du département dans lequel est domicilié le breveté, et sur les registres des mutations du ministère de l'agriculture et du commerce.

93. *Saisie-exécution d'un brevet. — Vente forcée.*

Un brevet d'invention peut être saisi et vendu, en suivant les règles tracées pour la saisie-exécution. Pour se conformer au vœu de la loi nouvelle, il est bon que le procès-verbal d'adjudication soit dressé

---

(1) Cass., 10 août 1849 (S. V., 49, 1, 783).

par un notaire qui, du reste, a bien caractère pour cela (1). Nous conseillons même de faire notifier cette saisie au préfet du département où est domicilié le breveté, ainsi qu'au ministre de l'agriculture et du commerce, afin que l'enregistrement de la saisie révèle aux tiers qui consulteront le registre des mutations, que le brevet est sous le coup d'une expropriation (2).

§ 11. — Publicité et communication des brevets.

94. *Copie des descriptions et dessins.*

Toute personne pourra obtenir, à ses frais, copie des descriptions et dessins, suivant les formes déterminées dans le règlement rendu en exécution de l'article 50 (art. 23, 52).

95. *Communication des descriptions, dessins, échantillons et modèles de brevets délivrés.*

Tous ces objets « resteront, jusqu'à l'expiration des brevets, déposés au ministère de l'agriculture et du commerce, où ils seront communiqués, sans frais, à toute réquisition (art. 23, § 1). » De manière qu'à partir du moment où le brevet est délivré jusqu'à ce qu'il soit tombé dans le domaine public, toute personne est admise à en prendre communication, sans frais.

96. *Publication des brevets et des descriptions.— Catalogue des titres de brevets.*

« Un décret impérial, inséré au *Bulletin des Lois*, proclamera, tous les trois mois, les brevets délivrés

----

(1) Cass., 16 févr. 1826 (S. V., 26, 1, 271).
(2) Voir jugem. trib. civ. de la Seine (2e ch.), 20 févr. 1850.

(art. 14). » — « Après le paiement de la deuxième annuité, les descriptions de dessins seront publiées, soit textuellement, soit par extrait. — Il sera, en outre, publié, au commencement de chaque année, un catalogue contenant les titres des brevets délivrés dans le courant de l'année précédente (art. 24). »

97. *Communication des recueils de descriptions et dessins, ainsi que des catalogues de titres.*

Ces recueils et catalogues « seront déposés au ministère de l'agriculture et du commerce et au secrétariat de la préfecture de chaque département, où ils pourront être consultés sans frais (art. 25). »

98. *Dépôt au Conservatoire des arts et métiers.— Communication au public.*

« A l'expiration des brevets, les originaux des descriptions et dessins seront déposés au Conservatoire national des arts et métiers (art. 26). » Et le public est admis non-seulement à se faire communiquer ces pièces, mais encore à voir les échantillons et modèles qui sont exposés dans les galeries du Conservatoire.

§ 12. — De la nullité des brevets et certificats d'addition.

99. *Qu'est-ce que la nullité d'un brevet ?*

C'est l'état d'un brevet qui est mis au néant, tombe et est censé n'avoir jamais existé, à cause d'un vice inhérent ou antérieur à sa délivrance. Règle générale, quand un brevet est nul, c'est parce qu'il a été pris contrairement à quelque disposition de la loi, comme nous allons le voir.

100. *Cas divers de nullité des brevets.*

« Seront nuls et de nul effet les brevets délivrés dans les cas suivants, savoir :

« 1° Si la découverte, invention ou application n'est pas nouvelle ;

« 2° Si la découverte, invention ou application n'est pas, aux termes de l'art. 3, susceptible d'être brevetée ;

« 3° Si les brevets portent sur des principes, méthodes, systèmes, découvertes et conceptions théoriques ou purement scientifiques dont on n'a pas indiqué les applications industrielles ;

« 4° Si la découverte, invention ou application est reconnue contraire à l'ordre ou à la sûreté publique, aux bonnes mœurs ou aux lois du royaume, sans préjudice, dans ce cas et dans celui du paragraphe précédent, des peines qui pourraient être encourues pour la fabrication ou le débit d'objets prohibés ;

« 5° Si le titre sous lequel le brevet a été demandé indique frauduleusement un objet autre que le véritable objet de l'invention ;

« 6° Si la description jointe au brevet n'est pas suffisante pour l'exécution de l'invention, ou si elle n'indique pas d'une manière complète et loyale les véritables moyens de l'inventeur ;

« 7° Si le brevet a été obtenu contrairement aux dispositions de l'article 18.

« Seront également nuls et de nul effet les certificats comprenant des changements, perfectionne-

54 LÉGISLATION FRANÇAISE.

ments ou additions qui ne se rattacheraient pas au brevet principal (art. 30). »

101. *Nullité pour défaut de nouveauté.*

La cause essentielle d'un brevet, c'est la nouveauté, parce qu'elle procure à la société une découverte, un avantage qu'elle n'avait pas encore ; mais du moment où la société a été mise en possession de cet avantage d'un autre côté, comme elle ne reçoit rien d'un inventeur, elle ne doit point de brevet en récompense. Du reste, la nouveauté est le principe, la publicité est l'exception : c'est à celui qui prétend qu'il y a eu publicité à le prouver (1).

102. *Quand une invention a-t-elle perdu le caractère de la nouveauté ?*

Ne sera pas réputée nouvelle, dit l'article 31, toute découverte, invention ou application, qui, en France ou à l'étranger, et antérieurement à la date du dépôt de la demande, aura reçu une publicité suffisante pour pouvoir être exécutée.

Ainsi, pour qu'une invention ait cessé d'être nouvelle, il faut que la publicité soit antérieure au dépôt de la demande au secrétariat de la préfecture, alors le brevet obtenu est nul ; tandis qu'on obtiendrait un brevet valable malgré la publicité donnée à l'invention un instant après le dépôt, puisque le privilége du breveté date du moment de ce dépôt.

Puis une simple indication du procédé brevetable ou une publicité sans révéler les moyens d'exécution,

(1) Cass., 23 mai 1857 (Pataille et Huguet, 1857, p. 181).

n'ôte pas à l'invention sa nouveauté , tant que cette publicité ne suffit point pour mettre le public à même d'exécuter la découverte ; mais la nouveauté aurait disparu par une publicité complète, quand même l'exécution n'aurait pas eu lieu avant le dépôt de la demande.

103. *Indication, dans un imprimé, d'une découverte industrielle qui n'a point reçu d'application pratique.*

Lorsque le principe d'une découverte a été posé dans un écrit imprimé ancien ou moderne, sans indication des moyens d'exécution, ce fait isolé n'a point enlevé la nouveauté de l'invention, et un brevet peut encore être délivré à la personne qui, plus tard, donne à cette idée un développement et une application industrielle (1). Mais il en serait autrement, si l'écrit avait spécifié les moyens pratiques, de manière que la publicité ait été suffisante pour que l'invention pût être exécutée, à moins cependant que cet écrit ne fût assez ancien et assez peu connu pour que la découverte fût considérée comme nouvelle (2).

104. *Usage confidentiel à titre d'essai ou usage secret de l'invention.*

Il n'y a pas publicité dans l'usage fait confidentiellement à titre d'essai, ni lorsqu'un inventeur a fait un usage réitéré de sa découverte chez lui sans témoins, ou même devant le public, si les moyens d'exécution ont échappé à la vue, parce que le pro—

______

(1) Circul. du min. de l'agr. et du comm. du 24 déc. 1854.

(2) Cass., 13 févr. 1839 (S. V., 39, 1, 81); 13 août 1845 (S. V., 45, 1, 689).

cédé était renfermé dans un compartiment où l'œil n'a pu pénétrer (1).

105. *Divulgation frauduleuse.*

La loi s'arrête au seul fait de publicité accompli, sans rechercher dans quel pays ou dans quel idiome il a eu lieu, ni quelle en est la cause, ni quel en est l'auteur. Que la publicité vienne de l'inventeur ou d'un tiers, qu'elle résulte d'une indiscrétion ou de la fraude d'un co-intéressé ou d'un ouvrier infidèle, elle ôte à l'invention sa nouveauté par cela seul qu'elle suffit à porter à la connaissance du public cette découverte avec ses moyens (2).

106. *Nullité des brevets pour compositions pharmaceutiques ou remèdes de toute espèce.*

Ces compositions ne sont pas susceptibles d'être brevetées, peu importe qu'elles soient plus ou moins composées, plus ou moins chimiques, dès qu'elles ont un caractère médicinal, médical ou vétérinaire, elles rentrent dans la classe des remèdes (art. 30 2°), et elles demeurent soumises aux lois et règlements spéciaux sur la matière. Ainsi, aux termes du décret du 18 août 1810, tout individu qui découvre un remède et désire qu'il en soit fait usage, doit en remettre la recette au ministre de l'intérieur, qui forme une commission à l'effet d'en examiner la composition et

----

(1) Trib. civ. de la Seine, 6 oct. 1827 (*Gazette des trib.*, 9 oct. 1827); Paris, 13 août 1840 (*Journ. Pal.*, 1840, 2, 692); Cass., 19 août 1853 (S. V., 54, 1, 152); Poitiers, 17 févr. 1855 (S. V., 55, 2, 539).

(2) Cass.. 20 mai 1844, S., V., 44, 1, 193; Devilleneuve et Massé Dict., v° *Brev. d'inv.*, n. 15.

d'en reconnaître les propriétés. Puis, suivant la loi du 21 germinal an XI, nul autre qu'un pharmacien ne peut préparer, vendre ou débiter un médicament, et un pharmacien même ne peut vendre de remèdes secrets.

107. *Les comestibles, pâtes, bonbons, liqueurs et les cosméti-ques, ne sont point des remèdes.*

Par conséquent on peut faire breveter un chocolat composé de substances purement nutritives; mais le brevet serait annulable, si le chocolat était additionné d'une substance qui le rendît médicamenteux.

108. *Nullité des brevets pour plans et combinaisons de crédit ou de finances.*

La raison qui fait que ces brevets sont annulables, c'est que les plans de crédit ou de finances n'ont point le caractère industriel (art. 30 2°).

109. *Nullité des brevets pour conceptions théoriques dont on n'a pas indiqué les applications industrielles.*

Ce qui est brevetable, c'est un produit industriel, un procédé industriel et l'application nouvelle d'un procédé; il faut donc l'indication, *dans la description* même, de l'application industrielle d'une idée; par conséquent la loi déclare nuls et de nul effet les brevets qui portent sur des principes, méthodes, systèmes, découvertes et conceptions théoriques, dont on n'a pas indiqué les applications industrielles (art. 30 3°).

110. *Nullité des brevets pour conceptions dont on a indiqué les moyens, mais non industriels.*

Pour la validité du brevet, il ne suffit pas que la description indique les moyens d'action, il faut encore que ces moyens appartiennent à l'industrie. Ainsi serait annulable le brevet qui aurait été obtenu pour une méthode d'enseignement, par la raison que ces moyens seront toujours du domaine de l'intelligence et non de l'industrie (1).

111. *Nullité d'un brevet pour invention ayant un caractère illicite.*

Les inventions contraires aux bonnes mœurs, aux lois ou à la sûreté publique, ne sauraient être brevetées valablement, malgré leur caractère industriel et leur nouveauté (art. 30, § 4).

112. *Nullité du brevet pour titre frauduleux.*

La loi voit avec peine les inexactitudes qui s'introduisent dans les descriptions, lors même qu'elle ne les punit pas ; et nous avons reconnu (n° 33) qu'elle va jusqu'à annuler le brevet délivré, toutes les fois que, dans la description, le demandeur a sciemment, avec intention de tromper, donné un titre qui indique un objet autre que le véritable objet de l'invention (art. 30, § 5).

113. *Nullité du brevet pour description insuffisante, incomplète ou déloyale.*

Ainsi que nous l'avons vu (n°ˢ 35 à 42), la loi veut impérativement que l'inventeur décrive son produit, son procédé, son résultat, d'une manière claire et suffisante pour que tout homme de l'art puisse exécuter et pratiquer l'invention à la lecture de la description ; elle veut également qu'il indique tous ses

___

(1) Cass., 22 août 1844 (S. V., 44, 1, 831).

moyens d'exécution d'une manière complète et loyale, sans en dissimuler ni retenir aucun. En cas d'infraction de l'une de ces deux prescriptions, le brevet est entaché de nullité (art. 30 6°).

114. *Nullité du brevet pour perfectionnement délivré à un autre qu'au breveté principal avant l'expiration de la première année du brevet primitif.*

Si par erreur ou par fraude un brevet pour perfectionnement était délivré à un autre qu'au breveté principal, avant l'expiration de la première année du brevet primitif, il y aurait nullité. Et ce résultat montre combien il importe à celui qui sollicite un brevet de déclarer que c'est pour perfectionnement, en déposant la demande (art. 30 7°).

115. *Nullité des certificats d'addition comprenant des changements, perfectionnements ou additions qui ne se rattachent pas au brevet principal. — Nullité pour les mêmes causes que le brevet principal.*

Avant tout, l'objet d'un certificat d'addition doit se rattacher à l'objet du brevet principal ; en outre le changement doit être nouveau, industriel et licite ; puis il faut encore que le titre de la demande soit exempt de fraude, que la description soit suffisante pour l'exécution et qu'elle indique loyalement tous les moyens de l'inventeur ; le défaut d'une de ces conditions annulerait le certificat (art. 30, § *ult.*).

116. *Il n'y a pas d'autres causes de nullité.*

Quelque grave que soit une infraction à la loi sur les brevets d'invention , les tribunaux ne peuvent en tirer la conséquence qu'un brevet est nul, si cela n'a été écrit positivement, parce qu'il est de principe que les nullités ne se présument pas (1) ; de sorte qu'un brevet , une fois délivré, ne pourrait être annulé pour omission de la durée dans la demande , ni pour renfermer un titre inexact , des conditions et réserves , plusieurs objets principaux , des énoncia-tions en langue étrangère, des surcharges non ap-prouvées, des dénominations non décimales de poids et mesures (n°s 32 à 36).

§ 13. — De la déchéance des brevets et des certificats d'addition.

117. *Qu'est-ce que la déchéance d'un brevet d'invention?*

C'est la chute d'un brevet, qui, obtenu valablement et vivant légalement, cesse d'exister pour une cause prévue par la loi et née depuis sa délivrance. De telle sorte qu'un brevet déchu a existé, tandis qu'un bre-vet nul est mort-né (n° 99).

118. *Cas divers de déchéance des brevets et certificats.*

« Sera déchu de tous ses droits :

« 1° Le breveté qui n'aura pas acquitté son an-nuité avant le commencement de chacune des années de la durée de son brevet ;

« 2° Le breveté qui n'aura pas mis en exploitation sa découverte ou invention, en France, dans le délai de deux ans, à dater du jour de la signature du bre-vet, ou qui aura cessé de l'exploiter pendant deux années consécutives, à moins que, dans l'un ou l'au-

(1) Merlin, v° *Brev. d'inv.*, n. 4 ; Calmels, *Propr. et Contref.*, n. 711.

tre cas, il ne justifie des causes de son inaction (art. 32) ;

« 3° Le breveté qui aura introduit en France des objets fabriqués en pays étranger et semblables à ceux qui sont garantis par son brevet. — Néanmoins, le ministre de l'agriculture, du commerce et des travaux publics pourra y autoriser l'introduction : 1° des modèles de machines ; 2° des objets fabriqués à l'étranger destinés à des expositions publiques ou à des essais faits avec l'assentiment du gouvernement (L. 20 mai-1er juin 1856). »

119. *La déchéance est encourue de plein droit par cela seul qu'on n'a pas payé l'annuité avant le commencement de la nouvelle année (n° 74).*

La nouvelle année d'un brevet commençant au jour et à l'heure anniversaires du dépôt de la demande à la préfecture, chaque annuité doit être acquittée avant cette heure anniversaire, de manière qu'en supposant un brevet demandé le 4 mars 1857, à 10 heures, il ne serait plus temps de payer la deuxième annuité le 4 mars 1858, à 10 heures et 5 minutes (1) ; alors le brevet serait tombé (art. 32 1°). Dans ce cas le tribunal constate la déchéance plutôt qu'il ne la prononce ; et le breveté ne peut ni se faire relever de

______

(1) Cass., 1er sept. 1855 (S. V , 56, 1, 280). — Malgré cette rigueur de la loi, en cas de négligence, le propriétaire du brevet, ou toute autre personne pour lui, pourrait peut-être encore payer utilement l'annuité après la dixième heure, tant que la caisse publique sera ouverte le 4 mars, si, comme cela est probable, les récépissés n'indiquent point l'heure du versement. (V. en ce sens, Déc. du Min. des fin. du 11 déc. 1844 [S. V., 48, 2, 567.])

cette déchéance, ni l'empêcher en sollicitant un délai pour payer ; il faut nécessairement que chaque
annuité soit acquittée d'avance ou que le brevet
tombe avec ses certificats d'addition (1).

120. *Anniversaire, jour férié. — Anniversaire, année bissex-
tile.*

Quand le 4 mars anniversaire est un dimanche
ou une fête légale, c'est-à-dire un jour où la caisse
publique est fermée, l'annuité doit être acquittée le
3 mars au plus tard (2). Et si un brevet a été demandé
le 28 février, nous conseillons de payer chaque annuité au plus tard le 28 du même mois; bien que,
pour les années bissextiles, on puisse soutenir que le
versement fait le 29 est valable, et cela avec raison,
selon nous, parce que l'année accordée par la loi est
l'année civile.

121. *Déchéance du brevet et des certificats d'addition pour
défaut de mise en exploitation ou pour cessation de l'exploitation
pendant deux années consécutives.*

Pour conserver le brevet avec ses effets, le breveté
est obligé de mettre sa découverte en exploitation, en
France, dans le délai de deux années qui suit la signature réelle du brevet par le ministre, autrement
ce brevet tombe. Puis l'exploitation une fois en activité, il faut la continuer ; néanmoins le brevet se sou-
tient malgré les interruptions, pourvu qu'elles ne du-

(1) Cons. d'État, 27 mai 1848 (S. V., 48, 2, 567) ; Cass., 7 juin 1851
(S. V., 52, 1, 68). — Le public est toujours admis au Min. de l'agr. et
du comm. à se faire renseigner sur l'état des paiements des annuités
d'un brevet.

(2) Perpigna, *Manuel des inv.*, p. 235.

rent pas deux années consécutives, car une cessation d'exploitation pendant deux ans ferait tomber le brevet (art. 32 2°). Et cette déchéance est aussi applicable à chaque certificat d'addition pour défaut ou pour cessation d'exploitation de deux années (1).

122. *Causes qui maintiennent le brevet malgré sa non-exploitation pendant deux ans.*

Le breveté qui est resté deux années sans commencer l'exploitation de sa découverte ou sans continuer cette exploitation, conservera néanmoins son brevet s'il justifie des causes de son inaction et en montre la légitimité, en prouvant, par exemple, qu'il a été empêché par une longue et grave maladie, ou bien qu'il n'a pu, malgré ses efforts, réunir les capitaux nécessaires. Du reste, les tribunaux ne se montrent pas exigeants sur ce point, et avec raison (2).

123. *Que l'exploitation soit sérieuse. — Présomption légale. — Preuve contraire.*

Pour empêcher la déchéance, il ne suffirait pas d'essais sans suite ou sans résultats industriels, il faut une exploitation réelle et continue, il faut fabriquer, quand même on ne vendrait pas encore (3). Mais la présomption est en faveur du breveté; c'est à l'adversaire à prouver qu'il n'y a pas eu exploitation ou qu'elle a cessé pendant deux années consécutives (4).

---

(1) Dalloz, v° *Brev. d'inv.*, n. 259.

(2) Trib. corr. Seine, 8ᵉ ch., 18 janv. 1848.

(3) Trib. civ. Seine, 23 juill. 1846 (*le Droit* du 1ᵉʳ août).

(4) Cass., 1ᵉʳ juill. 1852 (*Bull. des arr. crim. de la C. de cass.*, t. 57, p. 394).

124. *Déchéance du brevet pour introduction en France d'objets semblables fabriqués en pays étranger.*

« L'intérêt du pays veut qu'en échange du monopole qui lui est concédé , le breveté fasse profiter le travail national de la main-d'œuvre résultant de l'exploitation de son industrie ; s'il en était autrement, le brevet serait une prime accordée à l'industrie étrangère (1). C'est pour cela que la loi déclare déchu de tous ses droits « le breveté qui aura introduit en France des objets fabriqués en pays étranger et semblables à ceux qui sont garantis par son brevet (art. 32, § 3). »

125. *Faculté exceptionnelle au ministre d'autoriser l'introduction en France de certains objets semblables à celui du brevet français.*

Par exception, sans qu'il y ait déchéance, le ministre de l'agriculture et du commerce, à qui la demande en est faite, peut, suivant son appréciation, autoriser l'introduction sur le territoire français : 1° des modèles de machines fabriqués à l'étranger et semblables aux machines qui sont garanties par un brevet français ; 2° d'objets quelconques semblables à ceux garantis par un brevet français, quand ils sont destinés à des expositions publiques ; 3° des mêmes objets, quand ils sont destinés à des essais approuvés par le gouvernement (loi du 20 mai-1er juin 1856).

126. *De quel moment la déchéance produit-elle effet?*

Quelle qu'en soit la cause, la déchéance n'est jamais encourue sans qu'un jugement l'ait prononcée, et

____

(1) Exp. des motifs à la Ch. des députés.

elle produit effet du moment où cette cause est née ;
de manière qu'un breveté peut poursuivre comme
contrefacteur celui qui a copié son invention avant
qu'il ait cessé de payer les annuités (1).

§ 14. Des actions en nullité ou en déchéance.

127. *La nullité ou la déchéance d'un brevet se demande par
voie principale devant les tribunaux civils, ou par voie d'exception
devant les tribunaux correctionnels.*

Il n'appartient qu'aux tribunaux civils de première
instance de statuer sur la nullité ou la déchéance d'un
brevet ; eux seuls peuvent être saisis directement d'une
question de cette nature, eux seuls peuvent déclarer
un brevet nul ou déchu (art. 34), à l'exclusion des tribunaux administratifs, des tribunaux de commerce et
des tribunaux correctionnels. —Ces derniers peuvent
seulement statuer par voie d'exception, par exemple,
renvoyer un prévenu de contrefaçon, en considérant
que le brevet sur lequel s'appuie le plaignant est entaché de nullité faute de nouveauté, etc... (art. 46).
—Quant aux juges arbitres, ils ne sauraient être chargés d'une action de cette nature, parce qu'il n'y aurait point de ministère public pour user du droit
d'intervention (art. 37), puis à raison de ce que ces
sortes de demandes doivent être communiquées au
ministère public (art. 36), et qu'il n'est pas permis
de compromettre sur les causes communicables
(art. 1004, Pr. civ.).

(1) Cass., 7 juin 1851,)S., V. 52, 1, 68).

128. *Quelle est l'étendue de la chose jugée par voie d'exception en ce qui touche la nullité ou la déchéance d'un brevet ?*

Toutes les fois que le tribunal de police correctionnelle, saisi d'une action en contrefaçon, statue par voie d'exception sur la nullité ou la déchéance d'un brevet, sa décision ne s'étend pas au delà du fait incriminé, objet de la prévention ; par conséquent, le jugement qui renvoie le prévenu des fins de la plainte en contrefaçon, en se fondant sur la nullité ou la déchéance du brevet, ne peut pas être opposé, comme ayant force de chose jugée, dans une nouvelle instance suivie par le breveté contre le *même* individu à raison de nouveaux faits de contrefaçons (1).

129. *Devant le tribunal civil de quel lieu doit être portée la demande en nullité ou en déchéance ?*

C'est, en principe, devant le tribunal du domicile du titulaire, c'est-à-dire du breveté primitif ou bien de celui à qui il a cédé le brevet entier. Si la demande est dirigée en même temps contre le titulaire du brevet et contre un ou plusieurs cessionnaires partiels, elle sera portée devant le tribunal du domicile du titulaire (art. 35). Si le brevet appartient à une société, l'action en nullité ou déchéance sera portée au tribunal du domicile social (art. 59, § 4, Pr. civ.).

130. *Formes de la procédure. — Préliminaire de la conciliation. — Communication au ministère public.*

« L'affaire sera instruite et jugée dans les formes prescrites, pour les matières sommaires, par les arti-

----

(1) Cass., 29 avr. 1857 (Pataille et Huguet, 1857, p. 129).

cles 405 et suivants du code de procédure civile.
Elle sera communiquée au procureur impérial
(art. 36). » Par conséquent ces sortes de demandes
ne sont pas dispensées du préliminaire de la conciliation (art. 48, Pr. civ.), à moins qu'elles ne soient intentées directement par le ministère public (art. 49,
Pr. civ.). Elles sont susceptibles d'appel et de recours
aux voies extraordinaires.

131. *Par qui peut être exercée l'action en nullité ou en déchéance d'un brevet ?*

« Par toute personne y ayant intérêt » (art. 34).
Mais il faut un intérêt réel, sérieux, justifié. Ainsi,
d'après l'opinion générale, la seule qualité de consom-
mateur donne droit d'intenter l'action en nullité ou
en déchéance; on admet aussi que celui qui, poursuivi comme contrefacteur, a succombé dans son exception de nullité ou déchéance, peut encore demander la nullité ou la déchéance du brevet par action
principale devant le tribunal civil (1); bien plus, on
reconnaît le même droit et le même intérêt à celui
qui, poursuivi comme contrefacteur, a réussi dans son
exception (2).

132. *Faculté au ministère public d'intervenir dans les demandes en nullité ou en déchéance portées par les particuliers devant
les tribunaux civils.*

La loi accorde ce droit au ministère public devant
les tribunaux civils de première instance, mais elle

____

(1) Rendu et Delorme, *Droit industr.*, n. 477.
(2) Nouguier, *Brev. d'inv.*, 644.

ne le lui reconnaît pas devant les tribunaux correctionnels (art. 37, 46) (1).

133. *Faculté au ministère public d'exercer l'action principale en nullité dans trois cas.*

A la différence des particuliers, qui sont admis à invoquer toutes les causes de nullité et de déchéance opposables à un breveté, le ministère public ne peut, en agissant directement devant le tribunal civil, demander la nullité d'un brevet que pour trois causes déterminées : 1° lorsque l'invention est imbrevetable parcequ'il s'agit de compositions pharmaceutiques ou remèdes, ou bien de plans et combinaisons de crédit ou de finances ; 2° quand la découverte est contraire, à l'ordre ou à la sûreté publique, aux lois ou aux mœurs ; 3° lorsque le titre donné dans la demande indique frauduleusement un autre que le véritable objet de l'invention (art. 37).

134. *Le ministère public n'a jamais l'action principale en déchéance de brevet.*

L'action directe en déchéance de brevet ne lui ayant pas été donnée par la loi, le ministère public ne peut l'exercer (2), tandis qu'il peut toujours intervenir dans toute instance civile où est engagée la question de déchéance (art. 37).

135. *Obligation de mettre en cause tous les ayants-droit au brevet dont les titres ont été enregistrés régulièrement, quand le ministère public participe à l'instance.*

Dans tout procès civil où le ministère public, par-

----

(1) Douai, 5 août 1851, (S., V. 52, 2, 516).
(2) Renouard, *Brev. d'inv.*, n. 196.

tie principale ou intervenante, demande la nullité ou la déchéance absolue du brevet, on doit appeler en cause tous les ayants-droit au brevet, cessionnaires ou autres, dont les titres ont été enregistrés au ministère de l'agriculture et du commerce (art. 38), tandis que les particuliers, qui demandent la nullité ou la déchéance, ont l'option d'agir contre le breveté et ses cessionnaires partiels ou contre le breveté seul.

136. *Droit pour tout intéressé d'intervenir dans l'instance.*

Lorsqu'une question de nullité ou de déchéance de brevet est engagée devant la juridiction civile, toutes personnes y ayant intérêt peuvent intervenir dans l'instance, conformément aux articles 339 et 466 du Code de procéd. civ.

137. *Est absolue et profitable à tout le monde la nullité ou déchéance prononcée avec le ministère public par le tribunal civil.*

Toutes les fois que, dans une instance civile, où le ministère public était partie principale ou intervenante, le tribunal a prononcé la nullité ou la déchéance, cette décision est souveraine, en d'autres termes, elle peut être invoquée par tout le monde, envers et contre toute personne; le brevet est anéanti et tombe complétement, de telle sorte que le titulaire ne peut plus l'opposer à qui que ce soit (art. 37).

138. *Réciproquement est absolu et opposable à tout le monde le jugement civil rendu avec le ministère public et qui repousse la demande en nullité ou en déchéance.*

Mais après avoir échoué sur un moyen de nullité ou de déchéance, le ministère public pourra encore, dans une nouvelle instance civile, faire valoir les autres moyens de nullité qui n'auront pas été épuisés. Tout particulier aura aussi le droit d'invoquer les autres moyens de nullité, de même qu'il devra, comme le ministère public, s'abstenir d'invoquer le moyen sur lequel ce magistrat aura échoué une première fois (art. 1351, C. N.).

139. *Publication de la nullité ou déchéance absolue des brevets.*

« Lorsque la nullité ou la déchéance absolue d'un brevet aura été prononcée par jugement ou arrêt ayant acquis force de chose jugée, il en sera donné avis au ministre de l'agriculture et du commerce, et la nullité ou la déchéance sera publiée dans la forme déterminée par l'article 14 pour la proclamation des brevets (art. 39). » C'est-à-dire qu'un décret impérial, inséré au *Bulletin des Lois*, proclamera, tous les trois mois, les nullités et déchéances qui auront été jugées définitivement, afin d'annoncer au public que le brevet n'existe plus.

140. *Est relative la nullité ou déchéance prononcée par le tribunal civil sur la demande d'un particulier.*

C'est-à-dire que, si le ministère public n'a pas été partie principale ou intervenante dans l'instance, la décision judiciaire ne peut être invoquée que par l'individu qui l'a obtenue, le brevet n'est tombé que vis-à-vis de lui, tandis qu'il continue d'exister envers le public, auquel il est toujours opposable (art. 1351, C. N.).

141. *Réciproquement est relatif le jugement civil rendu avec*

un particulier et qui repousse la demande en nullité ou en dé-
chéance, — sauf le droit qu'a ce particulier d'invoquer d'autres
moyens de nullité ou de déchéance.

C'est-à-dire que le particulier qui a succombé dans un moyen est lié par la chose jugée, et ne peut plus fonder une nouvelle demande sur le même moyen, bien qu'il puisse renouveler cette demande en invoquant d'autres moyens qui ne seraient pas encore épuisés (1). Puis la chose ainsi jugée contre un particulier, sans la participation du ministère public, n'est opposable qu'à ce particulier seul, de manière que les moyens sur lesquels il a succombé peuvent être renouvelés par d'autres individus, et invoqués par eux dans des instances particulières (art. 1351, C. N.) (2).

142. *A quelle époque commence l'effet de la nullité ou de la déchéance?*

Un brevet annulé n'ayant jamais existé légalement, l'effet de la nullité remonte à l'origine de la demande en délivrance de ce brevet. Quant à la déchéance, le jugement qui la prononce produit effet du moment où la cause de cette déchéance est née (n° 126).

§ 15. De la contrefaçon et du débit de contrefaçon.

143. *Quand y a-t-il contrefaçon? — Bonne ou mauvaise foi.*
Un brevet conférant le droit exclusif d'exploiter l'invention, il n'est permis à personne de faire un

______

(1) Cass., 18 juin 1852.
(2) Goujet et Merger, v° *Invention*, n. 483.

acte qui rentre dans cette exploitation, sans y être autorisé par le breveté. Aussi l'article 40 dit-il que «toute atteinte portée aux droits du breveté, soit par la fabrication de produits, soit par l'emploi de moyens faisant l'objet de son brevet, constitue le délit de contrefaçon. »

Le délit de contrefaçon n'existe donc qu'à la double condition que le fait reproché porte atteinte aux droits du breveté, et que cette atteinte ait été commise en fabriquant les produits brevetés ou en employant les moyens brevetés. De sorte qu'on n'est point contrefacteur quand on fabrique un produit semblable à celui du breveté par des moyens différents, à moins que ce produit ne soit aussi breveté, ni quand on fabrique par les moyens du breveté, mais sans lui causer de préjudice.

Il n'importe pas que celui qui fabrique sache réellement qu'un autre est breveté, il est présumé connaître le brevet ; et, quand même il en ignorerait l'existence, la loi le considère comme contrefacteur par cela seul qu'il a fabriqué, sans l'admettre à invoquer sa bonne foi (1).

144. *Contrefaçon par la reproduction totale de l'objet breveté.*

Le cas le plus frappant de contrefaçon est celui où l'objet breveté a été reproduit en totalité par autrui avec une identité parfaite dans la forme, les dimensions et les moyens.

La contrefaçon n'est pas moins évidente quand on

______

(1) Cass., 20 août 1851 (S. V. 51, 1, 648).

reproduit la forme avec des dimensions proportion-
nelles, ou bien quand on exécute le procédé, les
moyens brevetés, en les cachant sous une forme différente.

Il en est de même, en général, en cas de fabrication d'un produit breveté avec des changements de
forme qui ne touchent pas au fond de l'invention ;
ou bien quand on exécute un procédé breveté avec
de légers changements, qui montrent moins un procédé différent que le désir de dissimuler la contrefaçon.

145. *Contrefaçon par la reproduction partielle de l'objet
breveté.*

On commet aussi le délit de contrefaçon en fabriquant un ou quelques-uns des éléments essentiels
qui composent un procédé breveté au nom d'autrui,
soit qu'on emploie isolément quelques pièces, soit
qu'on les fonde dans une combinaison nouvelle (1),
En cas de difficulté pour la solution de la question, il
faut décider qu'il y a contrefaçon quand on reconnaît que l'emprunt fait à l'objet breveté cause un
préjudice pécuniaire à l'inventeur.

146. *Contrefaçon en fabriquant, même par un moyen différent,
un produit dejà breveté au profit d'autrui.*

Lorsque, inventeur d'un produit jusqu'alors inconnu, vous l'avez fait breveter, vous avez le privilége exclusif de l'exploitation, et vous pourrez pour-

---

(1) Cass., 10 août 1855) Pataille et Huguet, *Ann. de la propr. ind.*,
1855, p. 69).

suivre comme contrefacteur quiconque fabriquera le même produit par votre procédé ou par un procédé différent (1).

147. *Quel est le contrefacteur?*

C'est non-seulement celui qui a fabriqué pour son compte personnel, mais encore celui qui a commandé la fabrication, qu'il l'ait commandée pour son compte personnel ou pour une société dont il est gérant, qu'il l'ait fait exécuter sous sa direction ou en dehors (2). On regarde même comme contrefacteur le breveté primitif, qui, ayant cédé son brevet, fabrique au préjudice du cessionnaire (3).

148. *Fabrication à titre d'expérience sans qu'il y ait contrefaçon.*

Il n'y a point de contrefaçon dans le fait de fabriquer un produit ou un procédé, par exemple un instrument, à titre d'expérience, pour son instruction ou son plaisir, sans aucun mélange d'intérêt pécuniaire. Mais un professeur qui fabriquerait un instrument pour mettre dans les mains de ses élèves, commettrait le délit de contrefaçon, parce qu'en les dispensant d'acheter cet instrument et en recevant d'eux un salaire, il cause un préjudice réel au breveté (4).

(1) Cass., 15 mars 1856 (*ibid.*, 1856, p. 97).

(2) Cass., 30 mars 1853 (S. V. 53, 1, 254); Ét. Blanc, *Contref.*, p. 622.

(3) Rendu et Delorme, *Dr. industr.*, n. 490.

(4) Rép. du Pal., v° *Brev. d'inv.*, n. 435, 440.

149, *Réparation d'un objet breveté sans qu'il y ait contre-façon.*

Le possesseur légitime d'une machine brevetée peut y faire toutes les réparations nécessaires, sans pour cela être répréhensible ; mais s'il a besoin de remplacer, dans cette machine, quelque partie distincte et essentielle qui forme la base du brevet et peut se vendre séparément, il doit s'adresser au breveté et lui acheter la pièce qui manque ; il deviendrait contrefacteur s'il fabriquait cette pièce sans l'autorisation du breveté (1).

150. *Appréciation souveraine des tribunaux quant au fait de contrefaçon.*

En considérant un brevet non déchu ni annulé, pour savoir s'il y a ou non contrefaçon dans le produit ou le procédé incriminé, il faut rapprocher cet objet de la description du brevet, comparer cet objet avec celui décrit dans le brevet ; si l'on reconnaît que c'est la même chose, y eût-il quelques légères différences non essentielles, la contrefaçon existe. C'est là une question de fait dont l'appréciation souveraine appartient au tribunal ou à la Cour saisie de la contestation, sans qu'il puisse y avoir ouverture à cassation.

151. *Quand y a-t-il débit de contrefaçon ? Au cas de recel, vente, exposition ou introduction d'objets contrefaits. — Mauvaise foi.*

Suivant l'article 41, « ceux qui auront sciemment

____

(1) Cass., 10 août 1855 (Pataille et Huguet, 1855, p. 69).

recélé, vendu ou exposé en vente, ou introduit sur le territoire français un ou plusieurs objets contrefaits, seront punis de la même peine que les contrefacteurs. » De sorte que la loi limite les cas de débit de contrefaçon à quatre : recel, vente, exposition en vente, introduction en France ; et encore la loi n'assimile-t-elle ces quatre cas à la contrefaçon que quand le détenteur a « agi *sciemment*, » ce qui signifie, selon nous, quand il a su que l'objet fût contrefait.

152. *Quand une personne a-t-elle « recélé » dans le sens de l'art. 41 ?*

A notre avis, le mot *recélé* est applicable à tous ceux qui auront reçu sciemment des produits de contrefaçon à titre d'achat, d'échange, de don, de louage, de dépôt, de commodat, de paiement, ou même à titre de gage.

153. *Quand une personne a-t-elle « vendu » dans le sens de l'art. 41 ?*

Uniquement quand elle a, sachant qu'une chose était contrefaite, abandonné cette chose à autrui moyennant un prix en argent payé ou à payer, et alors cette personne est punissable comme celle qui a contrefait. Mais nous n'assimilerions pas au contrefacteur celui qui sciemment donnerait à titre de libéralité ou de paiement un objet contrefait, à moins qu'il n'y eût une vente dissimulée, parce qu'il s'agit ici d'un délit correctionnel, qu'en matière pénale tout est de droit étroit et que *donner* n'est pas *vendre* (1).

(1) Nouguier, *Brev. d'inv.*, 806.

154. *Quand une personne a-t-elle « exposé en vente » ?*

Dès qu'elle a sciemment introduit dans sa boutique ou dans son magasin un objet contrefait, de l'espèce des marchandises dont elle fait commerce, quand même elle n'aurait point placé cet objet dans une montre ou directement sous les yeux du public.

155. *Quand un vendeur, un introducteur a-t-il « agi sciemment » dans le sens de l'art. 41 ? — C'est lorsqu'il a su que l'objet était contrefait. Par conséquent présomption de bonne foi. — Preuve contraire réservée au breveté.*

Suivant nous, la loi présume que le recéleur, vendeur, exposant ou introducteur, n'a pas su que l'objet fût contrefait, et elle oblige l'adversaire à prouver qu'il le savait, sinon il n'y a pas délit. Nous pensons ainsi avec les sources de l'article 41 , qui nous montrent que cette dérogation au droit commun sur la contrefaçon a eu pour but de ne pas entraver les opérations commerciales en éloignant les acheteurs au moindre soupçon de contrefaçon , en les tenant continuellement dans la crainte d'une poursuite judiciaire, en les mettant en quelque sorte dans l'obligation de rechercher l'origine des produits fabriqués dont ils ont besoin ; puis encore, parce qu'en règle générale, judiciairement parlant, il n'y a de *recéleur* que celui contre qui l'on prouve qu'il savait que l'objet par lui détenu venait d'une source illicite.

156. *Quand achète-t-on en contrefaçon ? Quand, sans contrefaçon ?*

Celui qui achète pour son usage, même sciemment, n'est coupable ni de contrefaçon ni de débit.

Par conséquent, est à l'abri de toute condamnation le particulier, ou même le restaurateur, qui, ayant traité avec un fabricant pour l'argenture de pièces de vaisselle, persévère dans ce marché et prend livraison, malgré l'avertissement qui lui est donné par un breveté que cette argenture s'exécute en contrefaçon de son brevet (1). Mais il y a délit à acheter sciemment pour revendre ou pour introduire d'un territoire étranger sur le territoire français (art. 41).

157. *La présomption de bonne foi existe, n'importe que le détenteur possède pour son usage personnel ou pour un usage industriel.*

Nous ne pouvons admettre la distinction adoptée par quelques auteurs et par la jurisprudence (2), suivant laquelle celui qui achète pour son compte personnel est présumé de bonne foi, est réputé n'avoir point agi sciemment, et, par conséquent, n'est point un recéleur, tandis que celui qui achète pour une entreprise industrielle et commerciale, est présumé avoir connu l'origine illégitime du produit contrefait et traité comme recéleur; dans l'un comme dans l'autre cas, nous voyons toujours une présomption de bonne foi, contre laquelle il faut prouver.

§ 16. De la poursuite et de l'action en contrefaçon.

158. *A qui appartient l'action en contrefaçon ?*

Suivant l'article 45, « l'action correctionnelle pour l'application des peines ne pourra être exercée par le

(1) Paris, 30 avr. 1847 (*Journ. Pal.*, 1847, t. II, p. 98); Cass., 25 mars 1848 (*Journ. Pal.*, 1849, t. I, p. 436).

(2) Cass., 12 juill. 1851, (S. V., 52, 1, 145); Duvergier, *Coll. des lois*, sur l'art. 41.

ministère public que sur la plainte de la partie lésée. »

Cette action correctionnelle appartient donc au ministère public, quand il y a *plainte* portée par la partie lésée, c'est-à-dire par le propriétaire régulier du brevet, lors même que ce dernier demande réparation au contrefacteur devant le tribunal civil.

Elle peut aussi être intentée directement par la partie lésée, c'est-à-dire par le breveté, ou par un seul des brevetés collectifs, ou enfin par le cessionnaire dont le titre a été, antérieurement au délit (1), enregistré à la préfecture du lieu où l'acte de cession a été passé, quand même il n'aurait pas encore été inscrit au ministère du commerce ni publié par la voie du *Moniteur* (2) ; mais (n° 84), tant que cet enregistrement n'a pas été fait, le cessionnaire n'a ni l'action ni la plainte (3).

159. *Devant quel tribunal s'exerce l'action?*

Si la poursuite est intentée devant le tribunal civil de première instance, c'est devant les juges du domicile ou de la résidence du contrefacteur ou de l'un d'eux (art. 59, C. pr. civ.); si elle est intentée devant la juridiction correctionnelle, c'est devant le tribunal du lieu où le délit a été commis, ou du lieu de la résidence du prévenu, ou enfin du lieuoù ce prévenu a été trouvé nanti de l'objet contrefait (art. 23, Inst. crim.). Mais la saisie ou la description (n° 161 et suiv.) ne suffit pas pour déterminer la juri-

---

(1) Cass., 6 avr. 1850 (S. V., 51, 1, 76).
(2) Dalloz, *Brev. d'inv.*, n. 211.
(3) Paris, 11 août 1853.

diction ; par conséquent, vous ne pouvez poursuivre un contrefacteur devant le tribunal du lieu où vous avez fait saisir quand ce contrefacteur est domicilié hors du ressort, à moins que le lieu de la saisie ne soit aussi le lieu de la fabrication, de la vente, de la détention ou du recel (1).

160. *A partir de quel moment et jusqu'à quelle époque l'inventeur peut-il poursuivre les contrefacteurs ?*

Il a ce droit du moment du dépôt de la demande d'un brevet ; mais ce n'est qu'un droit éventuel, suspensif, subordonné à l'obtention du brevet ; il ne sera réellement breveté que par l'arrêté ministériel de concession, il ne pourra donc se dire contrefait et agir qu'à dater de cet arrêté. Mais alors il pourra exercer l'action même contre ceux qui auront contrefait son invention dans l'intervalle du dépôt de sa demande à la date de l'arrêté de concession. Et nous sommes d'avis que, dans cet intervalle, il a la faculté, non pas de faire saisir les produits de ses imitateurs, mais de faire tous actes conservatoires, même de faire dresser des procès-verbaux descriptifs.

Puis, quand un brevet est expiré ou déchu, le breveté peut encore agir pour la répression des faits de contrefaçon accomplis avant cette expiration, ou avant la date de la demande judiciaire qui a précédé le jugement de déchéance (nos 126, 142).

161. *Comment prouver et constater la contrefaçon. — Saisie, description, etc.*

C'est à celui qui se plaint d'avoir été contrefait à le

(1) Paris, 28 mars 1855 (Pataille et Huguet, 1855, p. 26).

prouver, et il est admis à établir cette preuve par tous les moyens légaux, spécialement par un procès-verbal de saisie ou de description. Du reste, si la saisie ou la description est, par événement, déclarée nulle, le plaignant peut encore user des autres moyens de preuve.

162. *Conditions et formes de la saisie et de la description. — Ordonnance du président.*

Avant tout, il faut présenter, par le ministère d'un avoué, une requête au président du tribunal de première instance du lieu où l'on veut saisir. Sur la production du brevet, des factures et autres pièces qui sont de nature à établir la contrefaçon, le président autorise ou non à faire procéder par tous huissiers, ou par un huissier qu'il commet, à la description et désignation détaillée de tout ou de partie des objets prétendus contrefaits ; et il décide, en même temps, si cette description sera accompagnée ou non de saisie. —Lorsqu'il y aura permission de saisir, l'ordonnance pourra nommer un expert pour aider l'huissier dans la description. — Enfin, il sera laissé copie au détenteur des objets décrits ou saisis, tant de l'ordonnance que de l'acte constatant le dépôt du cautionnement, le cas échéant, le tout à peine de nullité et de dommages-intérêts contre l'huissier (art. 47).

163. *Cautionnement imposé au saisissant. — Dommages-intérêts.*

Malgré l'ordonnance qui permet de saisir, malgré les circonstances qui rendent la contrefaçon vraisemblable, celui qui fait pratiquer une saisie le fait à ses

risques et périls, et il s'expose à des dommages-intérêts, si la contrefaçon n'est pas prouvée (1) ou bien si la
saisie est jugée vexatoire ou nulle. Dans la prévision
de ces dommages-intérêts, l'ordonnance qui autori-
sera la saisie pourra imposer au requérant un cautionnement, qu'il sera tenu de consigner avant d'y
faire procéder. Ce cautionnement sera toujours imposé à l'étranger breveté qui requerra la saisie
(art. 47).

164. *Obligation d'agir dans la huitaine contre le contrefacteur,
à peine de nullité de la saisie ou description. — Option entre le
tribunal civil et le tribunal correctionnel.*

« A défaut par le requérant de s'être pourvu, soit
par la voie civile, soit par la voie criminelle, dans le
délai de huitaine, outre un jour par trois myriamètres de distance entre le lieu où se trouvent les objets
saisis ou décrits et le domicile du contrefacteur, recéleur, introducteur ou débitant, la saisie ou description sera nulle de plein droit, sans préjudice des
dommages-intérêts qui pourront être réclamés, s'il
y a lieu, dans la forme prescrite par l'article 36. »
Telle est la disposition de l'article 49, qui laisse ainsi
le choix au breveté de poursuivre les contrefacteurs
devant la juridiction correctionnelle ou civile, et qui
n'empêche pas l'exercice de l'action en contrefaçon
lorsque la nullité de la description est prononcée (2).

(1) Paris, 1ʳᵉ ch., 12 déc. 1856.
(2) Douai, 5 août 1851 (S. V., 2, 1, 516).

§ 17. Des peines et des dommages-intérêts en matière de contrefaçon.

165. *Confiscation des objets contrefaits et des instruments de fabrication. — Remise au breveté. — Dommages-intérêts au profit du breveté.*

« La confiscation des objets reconnus contrefaits, et, le cas échéant, celle des instruments ou ustensiles destinés spécialement à leur fabrication , seront, même en cas d'acquittement, prononcées contre le contrefacteur, le recéleur, l'introducteur ou le débitant. — Les objets confisqués seront remis au propriétaire du brevet, sans préjudice de plus amples dommages-intérêts et de l'affiche du jugement, s'il y a lieu (art. 49). » — De sorte que le tribunal civil ou correctionnel, qui constate l'existence de la contrefaçon, est obligé de prononcer la confiscation des objets, instruments ou ustensiles, et leur remise au breveté, quand même il n'y aurait pas de condamnation pénale prononcée, comme il arrive quand un débitant est de bonne foi.

166. *Condamnation à l'amende.*

Celui qui, devant la juridiction correctionnelle, est convaincu du délit de contrefaçon, de recel, de vente, exposition ou introduction, est condamné à une amende de 100 fr. à 2,000 fr., à moins que le tribunal, en admettant des circonstances atténuantes, ne réduise l'amende à un chiffre, qui peut alors être même inférieur à 16 fr. (art. 40, 41, 44, L. 1844 ; 463, C. p.).

167. *Peine de l'emprisonnement contre un contrefacteur ou un débitant.*

L'emprisonnement d'un mois à six mois peut être prononcé, outre l'amende, dans le cas de récidive, c'est-à-dire lorsqu'il a été rendu contre le prévenu, dans les cinq années antérieures, une condamnation pour un des délits de contrefaçon, vente, recel, exposition ou introduction (art. 43).

168. *Peine de l'emprisonnement contre un ouvrier ou un employé contrefacteur. — Révélation de procédé brevetable.*

Indépendamment de l'amende, la peine de l'emprisonnement d'un mois à six mois peut aussi être prononcée, si le contrefacteur est un ouvrier ou un employé qui a travaillé dans les ateliers ou dans l'établissement du breveté, ou si le contrefacteur, s'étant associé avec un ouvrier ou un employé du breveté, a eu connaissance par ce dernier des procédés décrits au brevet ; et dans ce dernier cas l'ouvrier ou l'employé peut être poursuivi comme complice (article 42).

169. *Le tribunal n'est jamais obligé de condamner à l'emprisonnement. — Pas de cumul des peines.*

La condamnation à l'emprisonnement n'est ordonnée impérativement pour aucun cas, pas même pour celui de récidive : lorsque cette condamnation est autorisée, le tribunal peut toujours réduire l'emprisonnement, ou ne condamner qu'à une amende, ou bien condamner à l'amende ou à la prison. — Il est vrai que, suivant l'article 42, les peines édictées en matière de contrefaçon ne peuvent être cumulées ;

la peine la plus forte doit seule être prononcée pour tous les faits antérieurs au premier acte de poursuite; ce qui signifie que, si, dans une même poursuite, on reproche plusieurs faits de contrefaçon à une personne, ces faits réunis ne pourront donner lieu qu'à une seule pénalité, qui pourra être l'amende et l'emprisonnement.

§ 18. De la prescription des actions.

170. *Durée et prescription de l'action en nullité ou en déchéance du brevet ou du certificat d'addition.*

Aucune disposition n'ayant abrégé la durée de cette action, elle se trouve régie par le droit commun, c'est-à-dire par l'article 2262 du Code Napoléon ; par conséquent, cette action peut toujours être intentée tant que le brevet existe.

171. *Durée et prescription de l'action en contrefaçon.*

La contrefaçon étant un délit complexe et successif, la prescription ne commence à courir que du jour de l'achèvement de la fabrication, ou au plus tôt du jour où la fabrication commencée a été suspendue. Au contraire, la prescription a son point de départ à chaque fait spécial pour le délit de débit, de recel, d'exposition ou d'introduction , qui est toujours simple. Dans tous les cas, l'action civile et l'action publique résultant de la contrefaçon se prescrivent par trois ans écoulés depuis le jour où le délit a été commis, sans que, dans l'intervalle, il ait été fait aucun acte d'instruction ni de poursuite ; plus tard le contrefacteur ne peut plus être poursuivi (art. 637, 638, Instr. crim.).

172. *Durée et prescription de l'action civile en dommages-intérêts.*

Ainsi toute action qui, s'appuyant sur un fait constitutif du délit de contrefaçon ou de débit, est intentée devant le tribunal de police correctionnelle, peut être écartée par la prescription de trois ans, sans que le plaignant puisse se soustraire à l'exiguïté de ce délai, en demandant l'application de l'article 1382 du Code Napoléon pour prolonger la durée de l'action, et en portant sa demande en dommages-intérêts devant le tribunal civil de première instance, parce qu'il est d'ordre public que, du moment où l'action pénale est prescrite, l'action civile l'est aussi (art. 67, Instr. crim.).

173. *Interruption de la prescription.*

Mais toutes les fois qu'il a été fait, dans les trois ans du délit, quelque acte d'instruction ou de poursuite, il y a interruption de la prescription, et le délai de l'action en contrefaçon ne court plus que du dernier acte, même à l'égard des personnes qui n'ont pas été comprises dans ce dernier acte (art. 637, Instr. crim.).

APPENDICE.

§ 19. De la concurrence déloyale.

174. *Qu'est-ce que la concurrence déloyale ?*

On appelle ainsi tout fait par lequel un commerçant ou un fabricant fait ouvertement au public une annonce mensongère, dans le but d'augmenter son débit en diminuant celui de ses voisins.

175. *Exemples de concurrence déloyale touchant à la contrefaçon.*

Pourrait être poursuivi pour concurrence déloyale le breveté qui, dans des annonces ou circulaires, exagérerait l'étendue de ses droits par rapport à l'objet de son brevet ; ainsi celui qui annoncerait être breveté pour une ou plusieurs applications, lorsqu'il sait que ces applications ne sont pas indiquées dans son brevet, ou même celui qui, n'ayant qu'un brevet expiré ou déchu, continuerait à s'annoncer comme breveté, ou enfin celui qui donnerait à une découverte un nom similaire au nom de la découverte de son voisin breveté, avec l'intention d'induire le public en erreur (1).

176. *Fréquence de la concurrence déloyale.*

Le plus souvent cette question se présente à l'occasion d'une contrefaçon de brevet ; mais elle peut aussi se présenter isolément sans connexité avec la contrefaçon ; c'est ce qui arrive quand un commerçant emploie des étiquettes en tous points semblables à celles de son voisin, ou ayant une grande similitude, ou bien quand il suspend une enseigne, qui a les mêmes dimensions, la même forme, les mêmes couleurs que celles du voisin (2).

---

(1) Jugem. du trib. de comm. de la Seine, du 14 mars 1853.

(2) V. jug. du trib. de comm. de Rouen, 22 mars 1854 (*Gaz. des trib.*, 1854, 5 avr.) ; jug. du trib. civ. de la Seine, 15 févr., 19 oct. 1854 (*Gaz. des trib.*, 19 févr., 22 oct.).

177. *Compétence du tribunal de commerce.*

Du moment où une question de concurrence déloyale s'agite entre deux commerçants, elle donne lieu à une action commerciale, qui est de la compétence des tribunaux de commerce, aux termes de l'article 631 du Code de commerce ; à la différence de la poursuite en contrefaçon, qui doit toujours être portée devant la juridiction correctionnelle ou devant la juridiction civile ordinaire (V. n° 158).

DEUXIÈME APPENDICE.

MODÈLE DE POUVOIR SOUS SEING PRIVÉ,

A DONNER PAR UN INVENTEUR, A L'EFFET DE DEMANDER UN BREVET
D'INVENTION EN FRANCE.

Je soussigné (*nom, prénoms, qualité, demeure*),

Donne par ces présentes plein pouvoir à M.   ,
demeurant à   , de demander en mon nom (ou
au nom de la Société   dont j'ai la signature) un
brevet d'invention de   ans, pour (indiquer ici le *titre* de
l'invention). A cet effet faire la description, les dessins s'il y a
lieu, les signer et déposer avec toutes autres pièces; faire toute
élection de domicile; signer tous procès-verbaux; retirer le
brevet et toutes autres pièces; demander même le retrait et la
nullité d'une première demande s'il y a lieu, et renouveler cette
première demande, recevoir de tous payeurs toute prime versée à
cette occasion, en un mot faire généralement tout ce qui sera
nécessaire, même une demande de certificat d'addition et la
suivre jusqu'à la fin, retirer ce certificat.

Fait à   le   18

Nota. Ce pouvoir doit être écrit sur papier timbré, et la signature légalisée par le maire de la commune où est domicilié le signataire, puis par le
sous-préfet. Quand ce pouvoir vient de l'étranger, il peut être donné dans la

langue du pays, sauf à être traduit en France, et il doit être revêtu des légalisations usitées, y compris celle du consul.

Lorsque le brevet doit être demandé au nom d'une société, il faut, à l'appui de la pétition, représenter l'original de l'acte de société, une copie ou un extrait, revêtu des légalisations qui en prouvent la sincérité ainsi que la régularité.

Et, quand l'inventeur est déjà breveté à l'étranger, il doit indiquer dans le pouvoir la date et la durée du brevet étranger ; le plus souvent même il doit représenter l'original ou une copie authentique de ce brevet.

CHAPITRE II.

TEXTE

DE LA LOI DU 5 JUILLET 1844 SUR LES BREVETS D'INVENTION.

TITRE PREMIER.

DISPOSITIONS GÉNÉRALES.

Article 1er.—Toute nouvelle découverte ou invention dans tous les genres d'industrie confère à son auteur, sous les conditions et pour le temps ci-après déterminés, le droit exclusif d'exploiter à son profit ladite découverte ou invention.

Ce droit est constaté par des titres délivrés par le gouvernement, sous le nom de brevets d'invention.

Art. 2. — Seront considérées comme inventions ou découvertes nouvelles :

L'invention de nouveaux produits industriels ;

L'invention de nouveaux moyens ou l'application nouvelle de moyens connus, pour l'obtention d'un résultat ou d'un produit industriel.

Art. 3. — Ne sont pas susceptibles d'être brevetés :

1° Les compositions pharmaceutiques ou remèdes de toute espèce, lesdits objets demeurant soumis aux lois et règlements spéciaux sur la matière, et notamment au décret du 18 août 1810, relatif aux remèdes secrets ;

2° Les plans ou combinaisons de crédit ou de finance.

Art. 4.—La durée des brevets sera de cinq, dix ou quinze années.

Chaque brevet donnera lieu au paiement d'une taxe, qui est fixée ainsi qu'il suit, savoir :

Cinq cents francs pour un brevet de cinq ans ;

Mille francs pour un brevet de dix ans ;

Quinze cents francs pour un brevet de quinze ans.

Cette taxe sera payée par annuités de cent francs, sous peine de déchéance, si le breveté laisse écouler un terme sans l'acquitter.

TITRE II.

DES FORMALITÉS RELATIVES A LA DÉLIVRANCE DES BREVETS.

SECTION PREMIÈRE.

Des demandes de brevets.

Art. 5. — Quiconque voudra prendre un brevet d'invention devra déposer, sous cachet, au secrétariat de la préfecture, dans le département où il est domicilié, ou dans tout autre département en y élisant son domicile :

1° Sa demande au ministre de l'agriculture et du commerce ;

2° Une description de la découverte ou application faisant l'objet du brevet demandé ;

3° Les dessins ou échantillons qui seraient nécessaires pour l'intelligence de la description ;

Et 4° un bordereau des pièces déposées.

Art. 6. — La demande sera limitée à un seul objet principal, avec les objets de détail qui le constituent, et les applications qui auront été indiquées.

Elle mentionnera la durée que les demandeurs entendent assigner à leur brevet dans les limites fixées par l'art. 4, et ne contiendra ni conditions ni réserves.

Elle indiquera un titre renfermant la désignation sommaire et précise de l'objet de l'invention.

La description ne pourra être écrite en langue étrangère. Elle devra être sans altération ni surcharges. Les mots rayés comme nuls seront comptés et constatés; les pages et les renvois, paraphés. Elle ne devra contenir aucune dénomination de poids ou de mesures, autres que celles qui sont portées au tableau annexé à la loi du 4 juillet 1837.

Les dessins seront tracés à l'encre et d'après une échelle métrique.

Un duplicata de la description et des dessins sera joint à la demande.

Toutes les pièces seront signées par le demandeur ou par un mandataire, dont le pouvoir restera annexé à la demande.

Art. 7. — Aucun dépôt ne sera reçu que sur la production d'un récépissé constatant le versement d'une somme de cent francs à valoir sur le montant de la taxe du brevet.

Un procès-verbal, dressé sans frais par le secrétaire général de la préfecture, sur un registre à ce destiné, et signé par le demandeur, constatera chaque dépôt, en énonçant le jour et l'heure de la remise des pièces.

Une expédition dudit procès-verbal sera remise au déposant, moyennant remboursement des frais de timbre.

Art. 8. — La durée du brevet courra du jour du dépôt prescrit par l'art. 5.

SECTION II.

De la délivrance des brevets.

Art. 9. — Aussitôt après l'enregistrement des demandes, et dans les cinq jours de la date du dépôt, les préfets transmettront les pièces, sous le cachet de l'inventeur, au ministre de l'agriculture et du commerce, en y joignant une copie certifiée du procès-verbal de dépôt, le récépissé constatant le versement de la taxe, et, s'il y a lieu, le pouvoir mentionné dans l'art. 6.

Art. 10. — A l'arrivée des pièces au ministère de l'agriculture et du commerce, il sera procédé à l'ouverture, à l'enregistrement des demandes et à l'expédition des brevets, dans l'ordre de la réception desdites demandes.

Art. 11. — Les brevets dont la demande aura été régulièrement formée seront délivrés, sans examen préalable, aux risques et périls des demandeurs, et sans garantie, soit de la réalité, de la nouveauté ou du mérite de l'invention, soit de la fidélité ou de l'exactitude de la description.

Un arrêté du ministre, constatant la régularité de la demande, sera délivré au demandeur, et constituera le brevet d'invention.

A cet arrêté sera joint le duplicata certifié de la description et des dessins, mentionné dans l'art. 6, après que la conformité avec l'expédition originale en aura été reconnue et établie au besoin.

La première expédition des brevets sera délivrée sans frais.

Toute expédition ultérieure, demandée par le breveté ou ses ayants-cause, donnera lieu au paiement d'une taxe de vingt-cinq francs.

Les frais de dessins, s'il y a lieu, demeureront à la charge de l'impétrant.

Art. 12. — Toute demande dans laquelle n'auraient pas été observées les formalités prescrites par les numéros 2 et 3 de l'art. 5, et par l'art. 6, sera rejetée. La moitié de la somme versée restera acquise au trésor, mais il sera tenu compte de la totalité de cette somme au demandeur s'il reproduit sa demande dans un délai de trois mois, à compter de la date de la notification du rejet de sa requête.

Art. 13.—Lorsque, par application de l'art. 3, il n'y aura pas lieu à délivrer un brevet, la taxe sera restituée.

Art. 14. — Une ordonnance royale, insérée au Bulletin des lois, proclamera, tous les trois mois, les brevets délivrés.

Art. 15. — La durée des brevets ne pourra être prolongée que par une loi.

SECTION III.

Des certificats d'addition.

Art. 16.—Le breveté ou les ayants-droit au brevet auront, pendant toute la durée du brevet, le droit d'apporter à l'invention des changements, perfectionnements ou additions, en remplissant, pour le dépôt de la demande, les formalités déterminées par les art. 5, 6 et 7.

Ces changements, perfectionnements ou additions seront constatés par des certificats délivrés dans la même forme que le brevet principal, et qui produiront, à partir des dates respectives des demandes et de leur expédition, les mêmes effets que ledit brevet principal, avec lequel ils prendront fin.

Chaque demande de certificat d'addition donnera lieu au paiement d'une taxe de vingt francs.

Les certificats d'addition, pris par un des ayants-droit, profiteront à tous les autres.

Art. 17. — Tout breveté qui, pour un changement, perfectionnement ou addition, voudra prendre un brevet principal de cinq, dix ou quinze années, au lieu d'un certificat d'addition expirant avec le brevet primitif, devra remplir les formalités prescrites par les art. 5, 6 et 7, et acquitter la taxe mentionnée dans l'art. 4.

Art. 18. — Nul autre que le breveté ou ses ayants-droit, agissant comme il est dit ci-dessus, ne pourra, pendant une année, prendre valablement un brevet pour un changement, perfectionnement ou addition à l'invention qui fait l'objet du brevet primitif.

Néanmoins, toute personne qui voudra prendre un brevet pour changement, addition ou perfectionnement à une découverte déjà brevetée, pourra, dans le cours de ladite année, former une demande qui sera transmise, et restera déposée sous cachet, au ministère de l'agriculture et du commerce.

L'année expirée, le cachet sera brisé et le brevet délivré.

Toutefois, le breveté principal aura la préférence pour les changements, perfectionnements ou additions pour lesquels il aurait lui-même, pendant l'année, demandé un certificat d'addition ou un brevet.

Art. 19. — Quiconque aura pris un brevet pour une découverte, invention ou application se rattachant à l'objet d'un autre brevet, n'aura aucun droit d'exploiter l'invention déjà brevetée, et réciproquement le titulaire du brevet primitif ne pourra exploiter l'invention, objet du nouveau brevet.

SECTION IV.

De la transmission et de la cession des brevets.

Art. 20. — Tout breveté pourra céder la totalité ou partie de la propriété de son brevet.

La cession totale ou partielle d'un brevet, soit à titre gratuit, soit à titre onéreux, ne pourra être faite que par acte notarié, et après le paiement de la totalité de la taxe déterminée par l'art. 4.

Aucune cession ne sera valable, à l'égard des tiers, qu'après avoir été enregistrée au secrétariat de la préfecture du département dans lequel l'acte aura été passé.

L'enregistrement des cessions et de tous autres actes emportant mutation sera fait sur la production et le dépôt d'un extrait authentique de l'acte de cession ou de mutation.

Une expédition de chaque procès-verbal d'enregistrement, accompagnée de l'extrait de l'acte ci-dessus mentionné, sera transmise, par les préfets, au ministre de l'agriculture et du commerce, dans les cinq jours de la date du procès-verbal.

Art. 21. — Il sera tenu, au ministère de l'agriculture et du commerce, un registre sur lequel seront inscrites les mutations intervenues sur chaque brevet, et, tous les trois mois, une ordonnance royale proclamera, dans la forme déterminée par l'article 14, les mutations enregistrées pendant le trimestre expiré.

Art. 22. — Les cessionnaires d'un brevet, et ceux qui auront acquis d'un breveté ou de ses ayants-droit la faculté d'exploiter la découverte ou l'invention, profiteront de plein droit des certificats d'addition qui seront ultérieurement délivrés au breveté ou à ses ayants-droit. Réciproquement, le breveté ou ses ayants-droit profiteront des certificats d'addition qui seront ultérieurement délivrés aux cessionnaires.

Tous ceux qui auront droit de profiter des certificats d'addition pourront en lever une expédition au ministère de l'agriculture et du commerce, moyennant un droit de vingt francs.

SECTION V.

De la communication et de la publication des descriptions et dessins de brevets.

Art. 23. — Les descriptions, dessins, échantillons et modèles des brevets délivrés resteront, jusqu'à l'expiration des brevets, déposés au ministère de l'agriculture et du commerce, où ils seront communiqués, sans frais, à toute réquisition.

Toute personne pourra obtenir, à ses frais, copie desdites descriptions et dessins, suivant les formes qui seront déterminées dans le règlement rendu en exécution de l'article 50.

Art. 24. — Après le paiement de la deuxième annuité, les descriptions et dessins seront publiés, soit textuellement, soit par extrait.

Il sera en outre publié, au commencement de chaque année, un catalogue contenant les titres des brevets délivrés dans le courant de l'année précédente.

Art. 25. — Le recueil des descriptions et dessins et le catalogue publiés en exécution de l'article précédent, seront déposés au ministère de l'agriculture et du commerce et au secrétariat de la préfecture de chaque département, où ils pourront être consultés sans frais.

Art. 26. — A l'expiration des brevets, les originaux des descriptions et dessins seront déposés au Conservatoire royal des arts et métiers.

TITRE III.

DES DROITS DES ÉTRANGERS.

Art. 27. — Les étrangers pourront obtenir en France des brevets d'invention.

Art. 28. — Les formalités et conditions déterminées par la présente loi seront applicables aux brevets demandés ou délivrés en exécution de l'article précédent.

Art. 29. — L'auteur d'une invention ou découverte déjà breveté à l'étranger, pourra obtenir un brevet en France; mais la durée de ce brevet ne pourra excéder celle des brevets antérieurement pris à l'étranger.

TITRE IV.

DES NULLITÉS ET DÉCHÉANCES, ET DES ACTIONS Y RELATIVES.

SECTION PREMIÈRE.

Des nullités et des déchéances.

Art. 30. — Seront nuls et de nul effet les brevets délivrés dans les cas suivants, savoir :

1° Si la découverte, invention ou application n'est pas nouvelle ;

2° Si la découverte, invention ou application n'est pas, aux termes de l'article 3, susceptible d'être brevetée ;

3° Si les brevets portent sur des principes, méthodes, systèmes, découvertes et conceptions théoriques ou purement scientifiques, dont on n'a pas indiqué les applications industrielles ;

4° Si la découverte, invention ou application est reconnue contraire à l'ordre ou à la sûreté publique, aux bonnes mœurs ou aux lois du royaume, sans préjudice, dans ce cas et dans celui du chapitre précédent, des peines qui pourraient être encourues pour la fabrication ou le débit d'objets prohibés ;

5° Si le titre sous lequel le brevet a été demandé indique frauduleusement un objet autre que le véritable objet de l'invention ;

6° Si la description jointe au brevet n'est pas suffisante pour l'exécution de l'invention, ou si elle n'indique pas, d'une manière complète et loyale, les véritables moyens de l'inventeur ;

7° Si le brevet a été obtenu contrairement aux dispositions de l'article 18.

Seront également nuls et de nul effet les certificats comprenant les changements, perfectionnements ou additions qui ne se rattacheraient pas au brevet principal.

Art. 31. — Ne sera pas réputée nouvelle toute découverte, invention ou application qui, en France ou à l'étranger, et antérieurement à la date du dépôt de la demande, aura reçu une publicité suffisante pour pouvoir être exécutée.

Art. 32. — Sera déchu de tous ses droits :

1° Le breveté qui n'aura pas acquitté son annuité avant le commencement de chacune des années de la durée de son brevet ;

2° Le breveté qui n'aura pas mis en exploitation sa découverte ou invention, en France, dans le délai de deux ans, à dater du jour de la signature du brevet, ou qui aura cessé de l'exploiter pendant deux années consécutives, à moins que, dans l'un ou dans l'autre cas, il ne justifie des causes de son inaction ;

3° Le breveté qui aura introduit en France des objets fabriqués en pays étranger et semblables à ceux qui sont garantis par son brevet. — Néanmoins, le ministre de l'agriculture, du commerce et des travaux publics pourra autoriser l'introduction : 1° des modèles de machines ; 2° des objets fabriqués à l'étranger, destinés à des expositions publiques ou à des essais faits avec l'assentiment du gouvernement (1).

Art. 33. — Quiconque dans des enseignes, annonces, prospectus, affiches, marques ou estampilles, prendra la qualité de breveté sans posséder un brevet délivré conformément aux lois, ou après l'expiration d'un brevet antérieur, ou qui, étant breveté, mentionnera sa qualité de breveté ou son brevet sans y ajouter ces mots, *sans garantie du gouvernement*, sera

(1) L'article 32 de la loi du 5 juillet 1844, a été ainsi modifié par l'article unique de la loi du 31 mai 1856.

puni d'une amende de cinquante francs à mille francs. En cas de récidive, l'amende pourra être portée au double.

SECTION II.

Des actions en nullité et en déchéance.

Art. 34. — L'action en nullité et l'action en déchéance pourront être exercées par toute personne y ayant intérêt.

Ces actions, ainsi que toutes les contestations relatives à la propriété des brevets, seront portées devant les tribunaux civils de première instance.

Art. 35. — Si la demande est dirigée en même temps contre le titulaire du brevet et contre un ou plusieurs cessionnaires partiels, elle sera portée devant le tribunal du domicile du titulaire du brevet.

Art. 36. — L'affaire sera instruite et jugée dans la forme prescrite pour les matières sommaires, par les articles 405 et suivants du Code de procédure civile. Elle sera communiquée au procureur du roi.

Art. 37. — Dans toute instance tendant à faire prononcer la nullité ou la déchéance d'un brevet, le ministère public pourra se rendre partie intervenante et prendre des réquisitions pour faire prononcer la nullité ou la déchéance absolue du brevet.

Il pourra même se pourvoir directement, par action principale, pour faire prononcer la nullité dans les cas prévus aux numéros 2, 4 et 5 de l'article 30.

Art. 38. — Dans les cas prévus par l'article 37, tous les ayants-droit au brevet, dont les titres auront été enregistrés au ministère de l'agriculture et du commerce, conformément à l'article 21, devront être mis en cause.

Art. 39. — Lorsque la nullité ou la déchéance absolue

d'un brevet aura été prononcée par jugement ou arrêt ayant acquis force de chose jugée, il en sera donné avis au ministre de l'agriculture et du commerce, et la nullité ou la déchéance sera publiée dans la forme déterminée par l'article 14 pour la proclamation des brevets.

TITRE V.

DE LA CONTREFAÇON, DES POURSUITES ET DES PEINES.

Art. 40. — Toute atteinte portée aux droits du breveté, soit par la fabrication des produits, soit par l'emploi de moyens faisant l'objet de son brevet, constitue le délit de contrefaçon.

Ce délit sera puni d'une amende de cent à deux mille francs.

Art. 41. — Ceux qui auront sciemment recélé, vendu ou exposé en vente, ou introduit, sur le territoire français, un ou plusieurs objets contrefaits, seront punis des mêmes peines que les contrefacteurs.

Art. 42. — Les peines établies par la présente loi ne pourront être cumulées.

La peine la plus forte sera seule prononcée pour tous les faits antérieurs au premier acte de poursuite.

Art. 43. — Dans le cas de récidive, il sera prononcé, outre l'amende portée aux articles 40 et 41, un emprisonnement d'un mois à six mois.

Il y a récidive lorsqu'il a été rendu contre le prévenu, dans les cinq années antérieures, une première condamnation pour un des délits prévus par la présente loi.

Un emprisonnement d'un mois à six mois pourra aussi être prononcé, si le contrefacteur est un ouvrier ou un employé ayant travaillé dans les ateliers ou dans l'établissement du breveté, ou si le contrefacteur, s'étant associé avec un ouvrier ou un employé du breveté, a eu connaissance, par ce dernier, des procédés décrits au brevet.

Dans ce dernier cas, l'ouvrier ou l'employé pourra être poursuivi comme complice.

Art. 44. — L'article 463 du Code pénal pourra être appliqué aux délits prévus par les dispositions qui précèdent.

Art. 45. — L'action correctionnelle, pour l'application des peines ci-dessus, ne pourra être exercée par le ministère public que sur la plainte de la partie lésée.

Art. 46. — Le tribunal correctionnel, saisi d'une action pour délit de contrefaçon, statuera sur les exceptions qui seraient tirées par le prévenu, soit de la nullité ou de la déchéance du brevet, soit des questions relatives à la propriété dudit brevet.

Art. 47. — Les propriétaires de brevets pourront, en vertu d'une ordonnance du président du tribunal de première instance, faire procéder, par tous huissiers, à la désignation et description détaillées, avec ou sans saisie, des objets prétendus contrefaits.

L'ordonnance sera rendue sur simple requête et sur la représentation du brevet; elle contiendra, s'il y a lieu, la nomination d'un expert pour aider l'huissier dans sa description.

Lorsqu'il y aura lieu à la saisie, ladite ordonnance pourra imposer au requérant un cautionnement, qu'il sera tenu de consigner avant d'y faire procéder.

Le cautionnement sera toujours imposé à l'étranger breveté qui requerra la saisie.

Il sera laissé copie au détenteur des objets décrits ou saisis, tant de l'ordonnance que de l'acte constatant le dépôt du cautionnement, le cas échéant; le tout, à peine de nullité et de dommages-intérêts contre l'huissier.

Art. 48. — A défaut par le requérant de s'être pourvu, soit par la voie civile, soit par la voie correctionnelle, dans le délai de huitaine, outre un jour par trois myriamètres de distance, entre le lieu où se trouvent les objets saisis ou décrits, et le domicile du contrefacteur, recéleur, introducteur ou débitant, la saisie ou description sera nulle de plein droit, sans préjudice des dommages-intérêts qui pourront être réclamés, s'il y a lieu, dans la forme prescrite par l'article 36.

Art. 49.—La confiscation des objets reconnus contrefaits, et, le cas échéant, celle des instruments ou ustensiles destinés spécialement à leur fabrication, seront, même en cas d'acquittement, prononcées contre le contrefacteur, le recéleur, l'introducteur ou le débitant.

Les objets confisqués seront remis au propriétaire du brevet, sans préjudice de plus amples dommages-intérêts et de l'affiche du jugement, s'il y a lieu.

TITRE VI.

DISPOSITIONS PARTICULIÈRES ET TRANSITOIRES.

Art. 50. — Des ordonnances royales, portant règlement d'administration publique, arrêteront les dispositions nécessaires pour l'exécution de la présente loi, qui n'aura effet que trois mois après sa promulgation.

Art. 51. — Des ordonnances rendues dans la même forme pourront régler l'application de la présente loi dans les colonies, avec les modifications qui seront jugées nécessaires.

Art. 52. — Seront abrogées, à compter du jour où la présente loi sera devenue exécutoire, les lois des 7 janvier et 27 mai 1791, celle du 29 septembre 1792, l'arrêté du 17 vendémiaire an VII, l'arrêté du 5 vendémiaire an IX, les décrets des 25 novembre 1806 et 25 janvier 1807, et toutes dispositions antérieures à la présente loi, relatives aux brevets d'invention, d'importation et de perfectionnement.

Art. 53. — Les brevets d'invention, d'importation et de perfectionnement actuellement en exercice, délivrés conformément aux lois antérieures à la présente loi, ou prorogés par ordonnance royale, conserveront leur effet pendant tout le temps qui aura été assigné à leur durée.

Art. 54. — Les procédures commencées avant la promulgation de la présente loi seront mises à fin, conformément aux lois antérieures.

Toute action, soit en contrefaçon, soit en nullité ou déchéance de brevet, non encore intentée, sera suivie conformément aux dispositions de la présente loi, alors même qu'il s'agirait de brevets délivrés antérieurement.

La présente loi, discutée, délibérée et adoptée par la chambre des pairs et par celle des députés, et sanctionnée par nous cejourd'hui, sera exécutée comme loi de l'État.

Cette loi, promulguée le 8 juillet 1844, et mise en vigueur le 9 octobre suivant, a motivé, en conformité des articles 50 et 51, deux circulaires ministérielles, une instruction spéciale et un arrêté réglant son application dans les colonies françaises.

CIRCULAIRES

Adressées par M. le Ministre de l'Agriculture et du Commerce à MM. les Préfets, concernant la loi sur les brevets d'invention.

PREMIÈRE CIRCULAIRE.

1er octobre 1844.

Monsieur le Préfet, la loi du 5 juillet 1844, sur les brevets d'invention, promulguée le 8 du même mois, est exécutoire le 9 octobre courant; je viens appeler votre attention sur les principales dispositions de cette loi, qui apporte de notables améliorations dans la position des inventeurs, et qui entraînera quelques changements dans la marche suivie par l'administration pour l'enregistrement et l'expédition des demandes de brevets.

La loi nouvelle, comme les lois des 7 janvier et 25 mai 1791, a posé en principe que les brevets d'invention ne peuvent s'appliquer qu'aux *découvertes relatives aux arts industriels*, et que ces titres doivent être expédiés *sans examen préalable*.

Sur le premier point, la loi du 5 juillet est encore plus explicite que les lois précédentes : aux termes de cette loi, l'invention de *nouveaux produits industriels*, l'invention de nouveaux moyens ou l'application nouvelle de moyens connus pour obtenir *un résultat ou un produit industriel*, peuvent seuls devenir l'objet d'un brevet valable. Les principes, méthodes, systèmes, découvertes ou conceptions théoriques, ou purement scientifiques, ne sont pas susceptibles d'être brevetés valablement, à moins que l'inventeur n'ait donné à l'appui l'indication d'une *application industrielle*.

La législation actuelle a d'ailleurs reproduit l'exclusion qui avait été prononcée par la loi du 20 septembre 1792, contre *les plans et combinaisons de crédit et de finances*, et elle y a ajouté celle des *compositions pharmaceutiques* et remèdes de toute espèce.

Mais ces dispositions restrictives n'ont pas, dans le vœu de la loi, la même portée, et elles ne peuvent avoir les mêmes conséquences dans l'application. Les unes appartiennent au régime préventif, et l'exécution en est confiée au gouvernement; les autres, protégées par la sanction pénale d'une nullité absolue, ont été placées, pour leur observation, sous l'autorité répressive des tribunaux.

Cette distinction, qui résulte des termes exprès de la loi, votre préfecture doit avoir soin, le cas échéant, de la faire bien comprendre aux demandeurs, en leur rappelant :

1° *Qu'il ne peut être délivré de brevets* pour des compositions pharmaceutiques et remèdes de toute espèce, ou pour des plans et combinaisons de crédit et de finances;

2° Que les brevets qui seraient délivrés pour des principes, méthodes, systèmes, découvertes ou conceptions théoriques ou scientifiques, sans application industrielle, *seraient nuls de plein droit.*

Cette explication, bien comprise, portera toujours les inventeurs, je me plais à le croire, à renoncer à une demande qui ne pourrait jamais aboutir qu'à un titre entaché de nullité; mais si, contre mon attente, il en était autrement, votre préfecture ne devrait pas perdre de vue, à l'égard des brevets demandés pour des principes *sans application industrielle*, que le gouvernement n'a pas le droit de les refuser, et doit, dès lors, borner son action à un avertissement officieux; et à l'égard des préparations pharmaceutiques ou des plans de finances, que la loi n'a attribué qu'au ministre de l'agriculture et du commerce, et non aux préfectures, le droit de refus du brevet.

L'on doit donc, dans l'un comme dans l'autre cas, enregistrer les demandes, et remplir à leur égard les formalités prescrites par la loi. Ces formalités, déterminées par le titre II, sont les suivantes :

I. Exiger le récépissé constatant le versement de la somme de 100 fr., à valoir sur le paiement du montant de la taxe ;

II. Faire déclarer le domicile réel ou élu de l'inventeur dans le département, et, si le demandeur n'est pas lui-même l'inventeur, réclamer le pouvoir écrit de ce dernier;

III. Recevoir le *paquet cacheté* contenant la demande au ministre, la description de l'invention, les dessins ou échantillons nécessaires pour l'intelligence de la description, et le bordereau des pièces déposées ;

IV. Dresser et faire signer par le demandeur le procès-verbal constatant le dépôt de la demande ;

V. Remettre au demandeur une expédition du procès-verbal de dépôt, sans autres frais que le remboursement du prix du timbre;

VI. Enfin, expédier au ministre de l'agriculture et du commerce, avec une lettre d'envoi et dans les cinq jours de la date du dépôt, le *paquet cacheté* remis par l'inventeur ou son représentant, et y joindre le récépissé de la taxe, la copie certifiée du procès-verbal de dépôt, et, s'il y a lieu, le pouvoir ci-dessus mentionné.

I. La durée des brevets est fixée comme précédemment à cinq, dix ou quinze années, et le montant de la taxe à 500, à 1,000 et 1,500 francs; la somme à payer d'avance, qui, sous l'ancienne législation, était de la moitié du montant de la taxe, est réduite uniformément à 100 francs, dont la moitié reste acquise au trésor, si la demande vient à être rejetée par une des causes énumérées dans l'article 12 de la loi, et n'est pas reproduite dans le délai de trois mois à compter de la notification de ce rejet.

II. L'élection de domicile a de l'importance, soit pour le paiement ultérieur des annuités de la taxe, soit pour les notifications éventuelles prévues par la loi dans le cas d'instance en nullité absolue du brevet.

La loi n'ayant pas déterminé la forme du pouvoir à exiger des représentants des inventeurs, le mandat sous seing privé peut être admis; mais, dans ce cas, la signature du mandant doit être légalisée.

III. Les demandes de brevets doivent être déposées cachetées, pour n'être ouvertes qu'au ministère de l'agriculture et du commerce; les dessins ou modèles qui pourraient y être joints doivent rester également sous le cachet du demandeur.

La demande ou requête au ministre doit, à peine de nullité, satisfaire à chacune des conditions imposées par l'article 6 de la loi. Il est donc de la plus grande importance que les inventeurs soient bien prévenus de cette circonstance, et j'insiste expressément pour que, avant d'être admis à faire le dépôt de leurs pièces, ils soient invités à prendre connaissance de cet article. Je rappelle particulièrement, en outre, que la requête ne doit comprendre qu'une seule invention avec l'ensemble des détails accessoires qui la constituent ou la complètent, et avec l'indication de ses diverses applications : qu'elle doit déterminer la durée (5, 10 ou 15 ans) que l'inventeur entend assigner à son brevet; qu'elle ne peut contenir aucunes conditions, restrictions ou réserves, comme seraient l'invitation de tenir la description secrète, de ne pas délivrer le brevet avant un délai déterminé, la réserve d'en porter ultérieurement la durée à 10 ou 15 années, etc., etc.; qu'elle doit présenter un titre donnant la désignation sommaire et précise de l'objet de l'invention, en ne perdant pas de vue que toute indication mensongère qui tendrait à dissimuler le véritable objet de l'invention serait une cause de nullité du brevet; que la description doit être, également à peine de nullité, suffisante pour l'exécution de l'invention, et doit exposer d'une manière complète et loyale les véritables moyens de l'inventeur; enfin, qu'il doit être produit un duplicata collationné avec soin et exactement conforme au primata, tant de la description que des dessins ou échantillons y annexés.

IV. Le procès-verbal constatant le dépôt doit être écrit sur un registre spécial ouvert à cet effet, dont les pages, cotées par première et dernière, auront été préalablement paraphées par vous-même. Tous les procès-verbaux y seront inscrits à la suite les uns des autres, sans blanc ni ratures; ils seront dressés en présence des parties intéressées, porteront un numéro d'ordre et indiqueront le jour et l'heure de la remise des pièces.

V. Une expédition du procès-verbal sera remise au déposant, moyennant le remboursement du prix du timbre.

Le droit d'enregistrement de 12 francs, qui avait été établi par la loi du 25 mai 1791, a été supprimé.

VI. Ainsi que je viens de le rappeler, les demandes de brevets déposées dans les préfectures doivent m'être adressées immédiatement; la loi a même voulu que le délai entre le dépôt et la transmission au ministre n'excédât jamais cinq jours. L'observation de cette obligation est d'autant plus importante, que, d'après la loi nouvelle, la durée du brevet court à partir du jour même du dépôt.

Telles sont, Monsieur le Préfet, les formalités à remplir, en vertu de la loi nouvelle, pour obtenir un brevet d'invention. L'accomplissement exact de ces formalités est essentiel, car la loi, par son article 12, a prononcé la nullité des demandes à l'égard desquelles ces formalités n'auraient pas été remplies; il importe donc que les demandeurs en soient bien avertis. Il importe également qu'ils ne perdent pas de vue que dorénavant, par suite de la disposition de la loi qui oblige l'inventeur à fournir sa description en double expédition, il ne s'écoulera qu'un intervalle de quelques jours à peine entre l'arrivée des demandes au ministère et l'expédition des brevets, et qu'ainsi les inventeurs ne se trouveront plus en mesure, soit de demander à prolonger la durée d'un brevet, soit de renoncer à leur demande avant la délivrance du titre.

Les dispositions que je viens de rappeler s'appliquent indistinctement à tous les inventeurs, français ou étrangers ; la loi ne fait aucune différence entre les uns et les autres, et il était digne de la France de donner ainsi l'exemple du respect pour le droit des inventeurs, sans distinction de nationalité. L'étranger qui, comme le Français, remplit les formalités imposées par la loi, doit donc être admis de la même manière à faire constater son droit.

Mais, si l'invention qui fait l'objet du brevet demandé a été déjà brevetée dans un pays étranger, le demandeur doit signaler ce fait dans sa demande au ministre, et indiquer, par une date précise, le terme de la durée du brevet étranger ; en outre, il doit déclarer quel est, dans la limite de cette durée, le nombre d'années qu'il entend assigner au brevet à lui délivrer, et l'inventeur étranger ou français qui prend ainsi un brevet pour sa découverte brevetée en pays étranger ne doit pas oublier que la loi française ne répute pas nouvelle toute découverte, invention ou application qui, en France ou ailleurs, a reçu, antérieurement à la date du dépôt de la demande, une publicité suffisante pour être exécutée. Ces dispositions ont remplacé celles qui, sous la législation antérieure, réglaient ce qui était relatif aux brevets d'importation, désormais supprimés.

Les formalités relatives aux brevets destinés à constater des changements, améliorations, ou perfectionnements, sont, aux termes des articles 16 et 17, les mêmes que celles que je viens d'indiquer. Un seul cas mérite explication : suivant l'article 18, nul autre que le breveté ou ses ayants-droit ne peut, pendant une année, prendre valablement un brevet pour une addition, changement ou perfectionnement à une invention déjà brevetée ; seulement la loi fournit à l'inventeur le moyen de prendre date pour sa découverte, en l'autorisant à déposer une demande de brevet, qui ne doit être ouverte qu'après l'expiration de l'année de privilége accordée à l'inventeur primitif. Les demandes de cette nature seront reçues et enregistrées comme les autres demandes, mais le procès-verbal de dépôt devra indiquer spécialement l'invention à laquelle se rattache l'addition ou le perfectionnement qu'on veut faire breveter.

Ces premières instructions, Monsieur le Préfet, vous mettront en mesure d'arrêter les dispositions nécessaires pour l'exécution immédiate de la loi, et je vous adresse un modèle du procès-verbal destiné à constater le dépôt des demandes de brevets d'invention. Ce procès-verbal a été calculé de manière à satisfaire aux différentes prévisions de la loi, et j'ai fait remplir, à cet effet, quatre exemplaires de ce modèle, des formules à suivre dans les quatre cas qui peuvent se présenter.

Je vous transmettrai successivement des instructions sur les autres parties de la loi, et notamment sur l'enregistrement des cessions de brevets et le paiement des annuités.

Recevez, Monsieur le Préfet, l'assurance de ma considération la plus distinguée.

Le ministre secrétaire d'État de l'agriculture et du commerce,

Signé **L. CUNIN-GRIDAINE.**

DEUXIÈME CIRCULAIRE.

31 octobre 1844.

Monsieur le Préfet, l'article 20 de la loi sur les brevets d'invention est ainsi conçu :

« Tout breveté pourra céder la totalité ou partie de la pro-
« priété de son brevet.

« La cession totale ou partielle d'un brevet, soit à titre gra-
« tuit, soit à titre onéreux, ne pourra être faite que par acte
« notarié et après le paiement de la totalité de la taxe déterminée
« par l'article 4.

« Aucune cession ne sera valable, à l'égard des tiers, qu'après
« avoir été enregistrée au secrétariat de la préfecture du dépar-
« tement dans lequel l'acte aura été passé.

« L'enregistrement des cessions et de tous autres actes empor-
« tant mutation sera fait sur la production et le dépôt d'un extrait
« authentique de l'acte de cession ou de mutation.

« Une expédition de chaque procès-verbal d'enregistrement,
« accompagnée de l'extrait de l'acte ci-dessus mentionné, sera

« transmise par les préfets au ministre de l'agriculture et du
« commerce, dans les cinq jours de la date du procès-verbal. »

Ces dispositions, Monsieur le Préfet, reproduisent en partie
celles de la loi du 25 mai 1791 ; elles posent avec netteté le principe du droit qui appartient au breveté de disposer librement de
la propriété de son brevet, en même temps qu'elles subor-
donnent l'exercice de ce droit à l'accomplissement des formalités
nécessaires pour prévenir les fraudes et garantir les intérêts des
cessionnaires.

Le droit de disposer du brevet étant général et absolu, l'autorité n'a point à intervenir dans l'examen des conventions aux-
quelles l'exercice de ce droit peut donner lieu, en tant qu'elles ne
contiennent rien de contraire à l'ordre public ; le breveté peut
aliéner la propriété de son titre, pour un ou plusieurs départements ou pour la totalité du territoire français ; il peut autoriser
l'usage total ou partiel de sa découverte sans aliéner son droit
de propriété ; il peut, en un mot, adopter toutes les combinaisons que comporte la libre disposition de cette nature de
propriété.

Mais, d'un côté, aux termes de la loi, le breveté est déchu de
tous ses droits s'il n'a pas acquitté à l'échéance chacune des annuités de la taxe de son brevet, et, de l'autre, aucune cession
totale ou partielle ne peut avoir lieu avant le paiement de la totalité de cette taxe. D'autre part, la cession ne peut être faite que
par acte notarié, et l'acte de cession doit être enregistré au secrétariat de la préfecture du département dans lequel l'acte a été
passé. L'autorité doit donc veiller à ce que ces formalités, à l'observation desquelles la loi a subordonné la validité des cessions,
soient exactement accomplies, et je vous prie, Monsieur le Préfet, de vouloir bien, à cet effet, prescrire dans votre préfecture
les dispositions suivantes :

Aucun dépôt de cession ne doit être admis que sur la production et le dépôt : 1° du récépissé établissant le paiement, en temps
utile, de la dernière annuité échue, autre que la première ;
2° d'un récépissé du receveur général, dans les départements,
du receveur central à Paris, constatant le versement intégral du
complément de la taxe du brevet ; et 3° d'un extrait authentique de l'acte notarié, passé devant un notaire du département,

et constatant la cession totale ou partielle du brevet, soit à titre gratuit, soit à titre onéreux.

Toutefois, si le brevet avait été déjà l'objet d'une cession antérieure, l'expédition du procès-verbal d'enregistrement de ladite cession et l'extrait authentique de l'acte notarié dont il vient d'être parlé suffiraient pour l'enregistrement. Cette dernière pièce seule devrait rester annexée au procès-verbal. Un procès-verbal dressé en présence du déposant et signé par lui, constatera le dépôt des pièces ci-dessus mentionnées, et énoncera les noms, qualité et domicile du déposant, s'il est autre que le breveté ; du cédant et du cessionnaire ; la désignation précise du brevet ; la nature des droits conférés au cessionnaire et les conditions de ladite cession qui pourraient affecter la propriété du brevet.

Les procès-verbaux de l'espèce, comme les procès-verbaux relatifs aux demandes de brevets, seront dressés de suite et sans aucun blanc, sur un registre spécial à ce destiné, coté et paraphé comme il a été dit dans mon instruction du 1er octobre courant ; ils porteront un numéro d'ordre et seront rédigés dans la forme du modèle ci-annexé.

La loi n'a pas ordonné qu'il soit délivré expédition du procès-verbal ; mais cette mesure d'ordre peut être adoptée dans l'intérêt des parties, et elle ne doit entraîner d'autres frais que le remboursement du prix du timbre.

Enfin, de même que pour les demandes de brevets, les procès-verbaux d'enregistrement des actes de cession doivent m'être transmis dans les cinq jours de leur date, et ils doivent être accompagnés du récépissé constatant le paiement de la dernière annuité échue, du récépissé du complément de la taxe et de l'extrait ci-dessus mentionné de l'acte de cession. L'accomplissement des autres formalités concerne mon département, et je n'ai besoin de m'y arrêter que pour vous dire qu'aussitôt après l'arrivée des pièces, il vous en sera accusé réception, en attendant la proclamation trimestrielle ordonnée par l'art. 21 de la loi.

J'ai fait remarquer que l'autorité n'était pas juge des conventions particulières intervenues entre les parties ; j'insiste sur cette observation afin que vous vous pénétriez bien de l'obligation de faire procéder, sans délai. à l'enregistrement des actes de cession présentés, sans s'arrêter à l'examen des questions de fônd qui pourraient surgir. L'administration ne manque pas, sans doute, à ce devoir, et elle se montre paternelle en donnant officieusement aux parties les avis qui peuvent les éclairer; mais, si le requérant persiste, l'enregistrement doit être effectué sur-le-champ. Il importe, en effet, que cet acte, auquel la loi a subordonné la validité des cessions envers les tiers, ne soit jamais retardé par la faute de l'administration.

Les observations qui précèdent s'appliquent aux cessions proprement dites, aux cessions partielles comme aux cessions totales, aux cessions à titre gratuit comme aux cessions à titre onéreux; en un mot, à tous actes volontaires par lesquels le breveté transporte ou étend à d'autres la propriété de son titre. Tous ces actes, sans exception, entraînent nécessairement le paiement préalable du complément de la taxe.

Mais la propriété du brevet peut aussi se transmettre par d'autres voies que la cession : la mutation peut résulter d'un jugement, dans le cas d'action en revendication de la propriété de la découverte; elle peut être le résultat d'un décès, d'un partage, d'une séparation d'associés, etc. Dans ces différents cas, il y a lieu à la production et à l'enregistrement de l'extrait de l'acte qui opère la mutation, mais la loi n'a pas subordonné l'enregistrement de cet acte, comme celui des actes de cession, à la condition du paiement préalable du complément de la taxe : votre préfecture n'a donc point à l'exiger, et elle doit se borner à réclamer le récépissé constatant le paiement de la dernière annuité échue. Je me réserve, d'ailleurs, l'examen et la solution des difficultés qui pourraient se produire à l'occasion de l'enregistrement des actes de cession ou de mutation, et je vous recommande, dans le cas de doute, de faire procéder provisoirement à l'enregistrement sans réserve de la décision à intervenir.

Je vous rappelle, en outre, que d'après les dispositions formelles des articles 27 et 28 de la loi, la qualité d'étranger, soit comme cédant, soit comme cessionnaire, ne doit faire apporter aucun obstacle à l'enregistrement des actes de cession ou de mutation des brevets, ni aucun changement dans les formalités prescrites pour cet enregistrement.

Les présentes instructions s'appliquent aux brevets qui auront été délivrés sous l'empire de la loi du 5 juillet dernier, comme aux brevets pris antérieurement ; seulement, à l'égard de ces derniers, auxquels ne s'étend pas le système des annuités, vous n'aurez à demander, avec l'extrait authentique de l'acte de cession ou de mutation, que la preuve du paiement de la seconde moitié de la taxe.

Veuillez, Monsieur le Préfet, donner dans votre préfecture des instructions conformes aux prescriptions de cette Circulaire, dont je vous prie de m'accuser réception.

Recevez, Monsieur le Préfet, l'assurance de ma considération la plus distinguée.

Le ministre, secrétaire d'État de l'agriculture et du commerce,

Signé : L. CUNIN GRIDAINE.

ARRÊTÉ,

RÉGLANT L'APPLICATION DANS LES COLONIES
DE LA LOI DU 5 JUILLET 1844.

Au nom du Peuple français,

Le président du conseil des ministres, chargé du pouvoir exécutif, sur le rapport du ministre de l'agriculture et du commerce ;

Vu l'art. 51 de la loi du 5 juillet 1844 ;

Vu l'avis du ministre de la marine et des colonies ;

Le conseil d'État entendu ;

Arrête :

Article 1er. — La loi du 5 juillet 1844 sur les brevets d'invention recevra son application dans les colonies à partir de la publication du présent arrêté.

Art. 2. — Quiconque voudra prendre dans les colonies un brevet d'invention devra déposer, en triple expédition, les pièces exigées par l'article 5 de la loi précitée, dans les bureaux du directeur de l'intérieur.

Le procès-verbal constatant ce dépôt sera dressé sur un registre à ce destiné, et signé par ce fonctionnaire et par le demandeur, conformément à l'article 7 de ladite loi.

Art. 3. — Avant de procéder à la rédaction du procès-verbal de dépôt, le directeur de l'intérieur se fera représenter :

1° Le récépissé délivré par le trésorier de la colonie, constatant le versement de la somme de cent francs pour la première annuité de la taxe ;

2° Chacune des pièces, en triple expédition, énoncées aux paragraphes 1, 2, 3 et 4 de l'art. 5 de la loi du 5 juillet 1844;

Une expédition de chacune de ces pièces restera déposée sous cachet dans les bureaux de la direction pour y recourir au besoin. Les deux autres expéditions seront enfermées dans une seule enveloppe, scellée et cachetée par le déposant.

Art. 4. — Le gouverneur de chaque colonie devra, dans le plus bref délai, après l'enregistrement des demandes, transmettre au ministre de l'agriculture et du commerce, par l'entremise du ministre de la marine et des colonies, l'enveloppe cachetée contenant les deux expéditions dont il s'agit, en y joignant une copie certifiée du procès-verbal, le récépissé du versement de la première annuité, et, le cas échéant, le pouvoir du mandataire.

Art. 5.—Les brevets délivrés seront transmis dans le plus bref délai aux titulaires par l'entremise du ministre de la marine et des colonies.

Art. 6. — L'enregistrement des cessions de brevets dont il est parlé en l'art. 20 de la loi du 5 juillet 1844 devra s'effectuer dans les bureaux des directeurs de l'intérieur.

Les expéditions des procès-verbaux d'enregistrement, accompagnées des extraits authentiques d'actes de cession et des récépissés de la totalité de la taxe, seront transmises au ministre de l'agriculture et du commerce, conformément à l'art. 4 du présent arrêté.

Art. 7. — Les taxes prescrites par les articles 4, 7, 11 et 22 de la loi du 5 juillet, seront versées entre les mains du trésorier de chaque colonie, qui devra faire opérer le versement au trésor public, et transmettre au ministre de l'agriculture et du commerce, par la même voie, l'état de recouvrement des taxes.

Art. 8. — Les actions pour délit de contrefaçon seront jugées par la cour d'appel dans les colonies.

Le délai des distances, fixé par l'art. 48 de ladite loi, sera modifié conformément aux ordonnances qui, dans les colonies, régissent la procédure en matière civile.

Art. 9. — Le ministre de l'agriculture et du commerce et le ministre de la marine et des colonies sont chargés, chacun en ce qui le concerne, de l'exécution du présent arrêté.

Fait à Paris, le 21 octobre 1848.

Signé : E. CAVAIGNAC.

CHAPITRE III.

SOMMAIRE

DE LA LÉGISLATION FRANÇAISE SUR LES DESSINS, MARQUES DE FABRIQUE OU DE COMMERCE.

§ 1. — L'inventeur ou propriétaire d'un dessin de fabrique peut s'en réserver la propriété, c'est-à-dire, le droit exclusif d'exploitation.

Pour y arriver il doit, avant que ce dessin n'ait reçu aucune publicité, déposer aux archives du conseil des prud'hommes dans le ressort duquel est située sa fabrique, et là où il n'y a pas de conseil, au greffe du tribunal de commerce, un échantillon de ce dessin, revêtu de sa signature et plié sous enveloppe (ou dans une boîte) revêtue de son cachet.

En faisant ce dépôt, le fabricant déclarera qu'il entend se réserver la propriété pour une, trois ou cinq années ou à perpétuité.

Le droit de dépôt ne peut excéder un franc pour chacune des années de réserve de la propriété, et dix francs pour la propriété perpétuelle.

§ 2. — De même celui qui veut s'assurer la propriété d'une marque de fabrique ou de commerce, y réussit en déposant deux exemplaires du modèle de cette marque au greffe du tribunal de commerce de son domicile.

On entend légalement par marque de commerce ou de fabrique les noms sous une forme distinctive, les dénominations, emblèmes, empreintes, timbres, cachets, vignettes, reliefs, lettres, chiffres, enveloppes, et tous autres signes servant à distinguer les produits d'une fabrique ou les objets d'un commerce. — Ce qui s'applique aussi aux vins, eaux-de-vie et autres boissons, aux bestiaux, grains, farines, et généralement à tous les produits de l'agriculture.

Le dépôt de la marque n'a d'effet que pour quinze années; mais on peut, à l'expiration de ce délai, renouveler le dépôt pour quinze années, et conserver ainsi la propriété par continuation.

" Il est dû un droit fixe d'un franc pour la rédaction du procès-verbal de dépôt de chaque marque et pour le coût de l'expédition, indépendamment des frais de timbre et d'enregistrement.

CHAPITRE IV.

TEXTE

DE LA LÉGISLATION FRANÇAISE SUR LES DESSINS, MARQUES DE FABRIQUE OU DE COMMERCE.

LOI DU 18 MARS 1806.

PORTANT ÉTABLISSEMENT D'UN CONSEIL DE PRUD'HOMMES A LYON.

SECTION II.

Des contraventions aux lois et règlements.

Art. 10. — Le conseil des prud'hommes sera spécialement chargé de constater, d'après les plaintes qui pourraient lui être adressées, les contraventions aux lois et règlements nouveaux ou remis en vigueur.

Art. 11. — Les procès-verbaux dressés par les prud'hommes pour constater ces contraventions seront renvoyés aux tribunaux compétents, ainsi que les objets saisis.

Art. 13. — Les prud'hommes, dans les cas ci-dessus, et sur la réquisition verbale ou écrite des parties, pourront, au nombre de deux au moins, assistés d'un officier public, dont un fabricant et un chef d'atelier, faire des visites chez les fabricants, chefs d'ateliers, ouvriers et compagnons.

SECTION III.

De la conservation de la propriété des dessins.

Art. 14. — Le conseil des prud'hommes est chargé des mesures conservatrices de la propriété des dessins.

Art. 15. — Tout fabricant qui voudra pouvoir revendiquer par la suite devant le tribunal de commerce, la propriété d'un dessin de son invention, sera tenu d'en déposer aux archives du conseil des prud'hommes un échantillon plié sous enveloppe, revêtu de ses cachet et signature, sur lequel sera également apposé le cachet du conseil des prud'hommes.

Art. 16. — Les dépôts de dessins seront inscrits sur un registre tenu *ad hoc* par le conseil des prud'hommes, lequel délivrera aux fabricants un certificat rappelant le numéro d'ordre du paquet déposé, et constatant la date du dépôt.

Art. 17. — En cas de contestation entre deux ou plusieurs fabricants sur la propriété d'un dessin, le conseil des prud'-hommes procédera à l'ouverture des paquets qui lui auront été déposés par les parties ; il fournira un certificat indiquant le nom du fabricant qui aura la priorité de date.

Art. 18. — En déposant son échantillon, le fabricant déclarera qu'il entend se réserver la propriété exclusive pendant une, trois ou cinq années, ou à perpétuité ; il sera tenu note de cette déclaration. A l'expiration du délai fixé par ladite déclaration, si la réserve est temporaire, tout paquet d'échantillon déposé sous cachet dans les archives du conseil, devra être transmis au Conservatoire des arts de la ville de Lyon et les échantillons y contenus être joints à la collection du Conservatoire.

Art. 19. — En déposant son échantillon, le fabricant acquittera entre les mains du receveur de la commune une indemnité qui sera réglée par le conseil des prud'hommes et ne pourra excéder un franc pour chacune des années pendant lesquelles il voudra conserver la propriété exclusive de son dessin, et sera de dix francs pour la propriété perpétuelle.

Comme sanction de cette loi, le code pénal de 1810 a compris dans ses dispositions, d'une manière générale, la contrefaçon des dessins de fabrique, comme nous allons le voir.

CODE PÉNAL DU 19 FÉVRIER 1810.

Art. 425. — Toute édition d'écrit, de composition musicale, de dessin, de peinture ou de toute autre production, imprimée ou gravée en entier ou en partie, au mépris des lois et règlements relatifs à la propriété des auteurs, est une contrefaçon, et toute contrefaçon est un délit.

Art. 426. — Le débit d'ouvrages contrefaits, l'introduction sur le territoire français d'ouvrages qui, après avoir été imprimés en France, ont été contrefaits chez l'étranger, sont un délit de la même espèce.

Art. 427. — La peine contre le contrefacteur ou contre l'introducteur sera une amende de cent francs au moins et de deux mille francs au plus; et contre le débitant, une amende de vingt-cinq francs au moins et de cinq cents francs au plus. La confiscation de l'édition contrefaite sera prononcée tant contre le contrefacteur que contre l'introducteur ou le débitant. Les planches, moules ou machines des objets contrefaits seront aussi confisqués.

Art. 429. — Dans les cas prévus par les articles précédents, le produit des confiscations ou les recettes confisquées seront remis au propriétaire, pour l'indemniser d'autant du préjudice qu'il aura souffert; le surplus de son indemnité, ou

l'entière indemnité, s'il n'y a eu ni vente d'objets confisqués·
ni saisie de recettes, sera réglé par les voies ordinaires.

ORDONNANCE DU 29 AOUT 1825,

PORTANT RÈGLEMENT SUR LE DÉPOT DES DESSINS DE FABRIQUE.

Art. 1er. — Le dépôt des échantillons de dessins qui doit être fait, conformément à l'article 15 de la loi du 18 mars 1806, aux archives des conseils de prud'hommes, pour les fabriques situées dans le ressort de ces conseils, sera reçu, pour toutes les fabriques situées hors du ressort d'un conseil de prud'-hommes, au greffe du tribunal de commerce, ou au greffe du tribunal de première instance, dans les arrondissements où les tribunaux civils exerceront la juridiction des tribunaux de commerce.

Art. 2. — Ce dépôt se fera dans les formes prescrites pour le même dépôt aux archives des conseils de prud'hommes, par les articles 15, 16 et 18, section 3, titre II de la loi du 18 mars 1806.

Il sera reçu gratuitement, sauf le droit du greffier pour la délivrance du certificat constatant ledit dépôt.

CHAPITRE V.

TEXTE

DE LA LOI DU 23 JUIN 1857 SUR LES MARQUES DE FABRIQUE ET DE COMMERCE.

TITRE PREMIER.

DU DROIT DE PROPRIÉTÉ DES MARQUES.

Art. 1er. — La marque de fabrique ou de commerce est facultative.

Toutefois, des décrets rendus en la forme des règlements d'administration publique peuvent, exceptionnellement, la déclarer obligatoire pour les produits qu'ils déterminent.

Sont considérés comme marques de fabrique et de commerce les noms sous une forme distinctive, les dénominations, emblèmes, empreintes, timbres, cachets, vignettes, reliefs, lettres, chiffres, enveloppes et tous autres signes servant à distinguer les produits d'une fabrique ou les objets d'un commerce.

Art. 2. — Nul ne peut revendiquer la propriété exclusive d'une marque, s'il n'a déposé deux exemplaires du modèle de cette marque au greffe du tribunal de commerce de son domicile.

Art. 3. — Le dépôt n'a d'effet que pour quinze années.

La propriété de la marque peut toujours être conservée pour un nouveau terme de quinze années au moyen d'un nouveau dépôt.

Art. 4. — Il est perçu un droit fixe d'un franc pour la rédaction du procès-verbal de dépôt de chaque marque et pour le coût de l'expédition, non compris les frais de timbre et d'enregistrement.

TITRE II.

DISPOSITIONS RELATIVES AUX ÉTRANGERS.

Art. 5. — Les étrangers qui possèdent en France des établissements d'industrie ou de commerce jouissent, pour les produits de leurs établissements, du bénéfice de la présente loi, en remplissant les formalités qu'elle prescrit.

Art. 6. — Les étrangers et les Français dont les établissements sont situés hors de France, jouissent également du bénéfice de la présente loi pour les produits de ces établissements, si, dans les pays où ils sont situés, des conventions diplomatiques ont établi la réciprocité pour les marques françaises.

Dans ce cas, le dépôt des marques étrangères a lieu au greffe du tribunal de commerce du département de la Seine.

TITRE III.

PÉNALITÉS.

Art. 7. — Sont punis d'une amende de 50 fr. à 3,000 fr. et d'un emprisonnement de trois mois à trois ans, ou de l'une de ces peines seulement :

1° Ceux qui ont contrefait une marque ou fait usage d'une marque contrefaite ;

2° Ceux qui ont frauduleusement apposé sur leurs produits ou les objets de leur commerce une marque appartenant à autrui ;

3° Ceux qui ont sciemment vendu ou mis en vente un ou plusieurs produits revêtus d'une marque contrefaite ou frauduleusement apposée.

Art. 8. — Sont punis d'une amende de 50 fr. à 2,000 fr. et d'un emprisonnement d'un mois à un an, ou de l'une de ces peines seulement :

1° Ceux qui, sans contrefaire une marque, en ont fait une imitation frauduleuse de nature à tromper l'acheteur, ou ont fait usage d'une marque frauduleusement imitée ;

2° Ceux qui ont fait usage d'une marque portant des indications propres à tromper l'acheteur sur la nature du produit ;

3° Ceux qui ont sciemment vendu ou mis en vente un ou plusieurs produits revêtus d'une marque frauduleusement imitée ou portant des indications propres à tromper l'acheteur sur la nature du produit.

Art. 9. — Sont punis d'une amende de 50 fr. à 1,000 fr. et d'un emprisonnement de quinze jours à six mois, ou de l'une de ces peines seulement :

1° Ceux qui n'ont pas apposé sur leurs produits une marque déclarée obligatoire ;

2° Ceux qui ont vendu ou mis en vente un ou plusieurs produits ne portant pas la marque déclarée obligatoire pour cette espèce de produits ;

3° Ceux qui ont contrevenu aux dispositions des décrets rendus en exécution de l'article 1er de la présente loi.

Art. 10. — Les peines établies par la présente loi ne peuvent être cumulées.

La peine la plus forte est seule prononcée pour tous les faits antérieurs au premier acte de poursuite.

Art. 11. — Les peines portées aux articles 7, 8 et 9 peuvent être élevées au double en cas de récidive.

Il y a récidive lorsqu'il a été prononcé contre le prévenu, dans les cinq années antérieures, une condamnation pour un des délits prévus par la présente loi.

Art. 12. — L'article 463 du Code pénal peut être appliqué aux délits prévus par la présente loi.

Art. 13. — Les délinquants peuvent en outre être privés du droit de participer aux élections des tribunaux et des chambres de commerce, des chambres consultatives des arts et manufactures et des conseils de prud'hommes, pendant un temps qui n'excédera pas dix ans.

Le tribunal peut ordonner l'affiche du jugement dans les lieux qu'il détermine, et son insertion intégrale ou par extrait dans les journaux qu'il désigne, le tout aux frais du condamné.

Art. 14. — La confiscation des produits dont la marque serait reconnue contraire aux dispositions des articles 7 et 8 peut, même en cas d'acquittement, être prononcée par le tribunal, ainsi que celle des instruments et ustensiles ayant spécialement servi à commettre le délit.

Le tribunal peut ordonner que les produits confisqués soient remis au propriétaire de la marque contrefaite ou frauduleusement apposée ou imitée, indépendamment de plus amples dommages-intérêts, s'il y a lieu.

Il prescrit, dans tous les cas, la destruction des marques reconnues contraires aux dispositions des articles 7 et 8.

Art. 15. — Dans le cas prévu par les deux premiers paragraphes de l'article 9, le tribunal prescrit toujours que les marques déclarées obligatoires soient apposées sur les produits qui y sont assujettis.

Le tribunal peut prononcer la confiscation des produits, si le prévenu a encouru, dans les cinq années antérieures, une condamnation pour un des délits prévus par les deux premiers paragraphes de l'article 9.

TITRE IV.

JURIDICTIONS.

Art. 16. — Les actions civiles relatives aux marques sont portées devant les tribunaux civils et jugées comme matières sommaires.

En cas d'action intentée par la voie correctionnelle, si le prévenu soulève pour sa défense des questions relatives à la propriété de la marque, le tribunal de police correctionnelle statue sur l'exception.

Art. 17. — Le propriétaire d'une marque peut faire procéder par tous huissiers à la description détaillée, avec ou sans saisie, des produits qu'il prétend marqués à son préjudice en contravention aux dispositions de la présente loi, en vertu d'une ordonnance du président du tribunal civil de première instance, ou du juge de paix du canton, à défaut de tribunal dans le lieu où se trouvent les produits à décrire ou à saisir.

L'ordonnance est rendue sur simple requête et sur la présentation du procès-verbal constatant le dépôt de la marque. Elle contient, s'il y a lieu, la nomination d'un expert, pour aider l'huissier dans sa description.

Lorsque la saisie est requise, le juge peut exiger du requérant un cautionnement, qu'il est tenu de consigner avant de faire procéder à la saisie.

Il est laissé copie aux détenteurs des objets décrits ou saisis de l'ordonnance et de l'acte constatant le dépôt du cautionnement, le cas échéant : le tout à peine de nullité et de dommages-intérêts contre l'huissier.

Art. 18. — A défaut par le requérant de s'être pourvu, soit par la voie civile, soit par la voie correctionnelle, dans le délai de quinzaine, outre un jour par cinq myriamètres de distance entre le lieu où se trouvent les objets décrits ou saisis et le domicile de la partie contre laquelle l'action doit être dirigée, la description ou saisie est nulle de plein droit, sans préjudice des dommages-intérêts qui peuvent être réclamés, s'il y a lieu.

TITRE V.

DISPOSITIONS GÉNÉRALES ET TRANSITOIRES.

Art. 19. — Tous les produits étrangers portant, soit la marque, soit le nom d'un fabricant résidant en France, soit l'indication du nom ou du lieu d'une fabrique française, sont prohibés à l'entrée et exclus du transit et de l'entrepôt, et peuvent être saisis, en quelque lieu que ce soit, soit à la diligence de l'administration des douanes, soit à la requête du ministère public ou de la partie lésée.

Dans le cas où la saisie est faite à la diligence de l'administration des douanes, le procès-verbal de saisie est immédiatement adressé au ministère public.

Le délai dans lequel l'action prévue par l'article 18 devra être intentée, sous peine de nullité de la saisie, soit par la partie lésée, soit par le ministère public, est porté à deux mois.

Les dispositions de l'article 14 sont applicables aux produits saisis en vertu du présent article.

Art. 20. — Toutes les dispositions de la présente loi sont applicables aux vins, eaux-de-vie et autres boissons, aux bestiaux, grains, farines, et généralement à tous les produits de l'agriculture.

Art. 21. — Tout dépôt de marques opéré au greffe du tribunal de commerce antérieurement à la présente loi, aura effet pour quinze années à dater de l'époque où ladite loi sera exécutoire.

Art. 22. — La présente loi ne sera exécutoire que six mois après sa promulgation. Un règlement d'administration publique déterminera les formalités à remplir pour le dépôt et la publicité des marques, et toutes les autres mesures nécessaires pour l'exécution de la loi.

Art. 23. — Il n'est pas dérogé aux dispositions antérieures qui n'ont rien de contraire à la présente loi.

LIVRE DEUXIÈME.

LÉGISLATIONS ÉTRANGÈRES.

ANGLETERRE.

CHAPITRE PREMIER.

SOMMAIRE

DE LA LÉGISLATION SUR LES PATENTES OU BREVETS D'INVENTION.

Une invention ou découverte industrielle *nouvelle*, faite en pays étranger ou dans la Grande-Bretagne, peut être brevetée dans ce dernier pays au profit d'un Anglais ou d'un étranger.

Le brevet comprend les trois royaumes réunis de l'Angleterre, l'Écosse et l'Irlande.

Il est délivré pour quatorze années consécutives, qui partent du jour de la demande. Néanmoins, quand il y a déjà brevet délivré en pays étranger, le brevet anglais ne peut durer au delà.

En fait, il peut se diviser en périodes de trois ans, sept ans, puis quatorze ans, qui correspondent aux taxes ci-après.

En tous cas, ce brevet tombe et s'annule par cela

seul qu'on néglige de payer une de ces taxes, à son échéance.

Le breveté n'est jamais obligé de mettre son invention en pratique ou exploitation dans le royaume uni de la Grande-Bretagne.

Voici comment on procède et quels sont les frais légaux, pour obtenir un brevet et pour le continuer pendant sa durée de quatorze ans.

§ 1. — L'inventeur a le choix de prendre immédiatement un brevet définitif de quatorze ans, ou de ne demander qu'une protection provisoire (premier degré du brevet).

Cette protection provisoire confère le droit d'exploiter, de vendre et de négocier l'invention pendant six mois, de la même manière qu'un brevet définitif le permet pour quatorze ans ; en un mot, c'est un brevet provisoire. Néanmoins, il est prudent de ne pas rendre la découverte publique, de ne pas la faire connaître à fond, tant qu'on n'a qu'une protection provisoire.

Elle a effet du jour du dépôt régulier de la demande.

Les frais de la protection provisoire sont de 200 fr., indépendamment de ceux de la description provisoire, qui varient suivant la longueur.

Pour obtenir une protection provisoire il faut fournir :

1° Une déclaration en langue anglaise, dans les formes usitées dans le pays, signée par l'inventeur ou son agent.

2° Une pétition à la reine, également signée ;

3° Une description sommaire de l'invention, avec un dessin fait double, quand il est nécessaire à l'intelligence de la découverte, et dans la forme spéciale à l'Angleterre. Le point capital de cette. description provisoire est un *titre*, une *dénomination*, qui précise la nature et l'étendue de la découverte ;

4° Une procuration à l'agent, quand l'inventeur se fait représenter.

La protection provisoire se délivre quinze jours après le dépôt de la demande reconnue régulière.

§ 2. — Quand il a obtenu une protection provisoire, l'inventeur doit, avant l'expiration des quatre mois de la date de cette protection, déposer sa déclaration qu'il entend prendre le brevet définitif; autrement il est déchu de ce droit, et son privilége s'éteint avec les six mois de la protection.

Il doit aussi déposer la description définitive et les dessins avant l'expiration des six mois de la date de la protection provisoire (s'il n'avait déjà fourni les pièces en demandant cette protection), à peine de nullité du brevet.

Cette description définitive et les dessins sont sur parchemin et en double, suivant la forme et la dimension usitées en Angleterre.

Ils doivent être signés par l'inventeur ou son agent.

Cette description définitive est assujettie à un droit de timbre de 125 fr.

Puis les frais de la déclaration de prendre le brevet définitif sont de 500 fr.

§ 3. — Au lieu de passer par le double degré de la protection provisoire et de la déclaration de prendre le brevet, il est loisible à l'inventeur de demander directement un brevet, en payant 625 fr., et en outre 125 fr. pour le timbre de la description définitive, qu'il dépose immédiatement avec deux expéditions du dessin et sa demande.

§ 4. — Avant l'expiration des trois années du brevet, le breveté doit payer 1250 fr., à peine de déchéance.

§ 5. — Puis après quatre autres années, c'est-à-dire avant l'expiration des sept années du brevet, il doit encore, à peine de déchéance, payer 2,500 fr., qui valideront le brevet pour les quatorze années entières.

§ 6. — Indépendamment des frais ci-dessus énumérés, il est dû à l'agent des honoraires, qui varient en raison de la longueur de la description, des dessins et de la traduction.

§ 7. — La demande directe d'un brevet ou la déclaration de prendre ce brevet se publie dans la *Gazette de Londres*, avec indication du nom et du domicile du demandeur et du *titre* de l'invention. Dans les vingt et un jours de la date de cette publication, toute personne peut s'opposer à la délivrance du brevet, en motivant son opposition sur ce que cette découverte lui appartient, qu'elle n'est pas nouvelle, ou sur une autre raison. Alors le demandeur en délivrance du brevet est averti d'avoir à combattre cette prétention et à justifier son droit. C'est un débat qui s'établit, et pour lequel il doit payer 150 fr., tandis que l'opposant doit 200 fr. Et ce brevet est délivré au demandeur, quand il est démontré que la prétention de l'opposant n'était point fondée.

L'expectative de cette opposition montre tout l'intérêt qu'a l'inventeur à ne pas divulguer sa découverte et à s'empresser de prendre un brevet définitif.

CHAPITRE II.

TEXTE

DE LA NOUVELLE LOI SUR LES PATENTES D'INVENTION DANS LES TROIS ROYAUMES : ANGLETERRE, IRLANDE ET ÉCOSSE, ADOPTÉE PAR LE PARLEMENT LE 17 JUIN 1852, SANCTIONNÉE PAR LA REINE, ET EXÉCUTOIRE A PARTIR DU 1er OCTOBRE 1852.

Art. 1er. — Sont institués des commissaires de patentes pour les inventions. Cet office sera composé du lord chancelier, du maître des rôles, de l'attorney général et du sollicitor général pour l'Angleterre, du lord avocat et du sollicitor général pour l'Ecosse, de l'attorney général et du sollicitor général pour l'Irlande, et de telles autres personnes qu'il plaira à Sa Majesté de désigner. Les divers pouvoirs confiés auxdits commissaires pourront être exercés par trois ou un plus grand nombre d'entre eux, y compris le lord chancelier ou le maître des rôles, qui en fera nécessairement partie.

Art. 2. — Les commissaires auront un sceau particulier, qui sera apposé sur tous les certificats et autres documents émanant de leur office. Une empreinte de ce sceau, que les commissaires auront la faculté de changer, sera déposée dans les cours de justice, pour que tout le monde soit à même d'en constater l'authenticité.

Art. 3. — En conformité et pour l'exécution de la présente loi, les commissaires devront établir des règlements, qui seront soumis à l'approbation préalable des deux chambres du parlement.

Art. 4. — Sera organisée par la trésorerie l'installation des bureaux de l'office des patentes.

Art. 5. — Avec le consentement de la trésorerie, les commissaires pourront nommer tels commis, clercs ou délégués qu'ils jugeront nécessaires, et ils les révoqueront au besoin.

Art. 6. — Toutes les demandes de patentes pour invention seront déposées à l'office des commissaires; on y joindra une déclaration et une spécification provisoire, portant la signature du pétitionnaire ou de son mandataire, et contenant la description exacte de l'invention. On enregistrera la date du dépôt audit office, on la mentionnera au dos des pièces produites, puis un récépissé en sera délivré au pétitionnaire. Ces diverses pièces seront conservées conformément aux instructions des commissaires, et il en sera tenu registre spécial à leur office.

Art. 7. — Toute demande de lettre-patente sera renvoyée par les commissaires, suivant les mêmes règlements, au magistrat compétent.

Art. 8. — Les commissaires renverront aussi la spécification provisoire à ce magistrat, qui pourra consulter un docteur ou toute personne dont les connaissances lui paraîtront

nécessaires, et qui fixera les honoraires à allouer et à suppor-
ter intégralement par le pétitionnaire.

Lorsqu'il reconnaîtra que la spécification provisoire décrit bien la nature de la découverte, il l'admettra et délivrera
en conséquence un certificat qui sera déposé à l'office des
commissaires. A l'avenir, pendant le délai de six mois, à
partir de la date de la demande de patente, l'invention pourra
être exécutée et publiée, sous toute réserve des lettres-
patentes susceptibles d'être accordées ultérieurement. Mais
si le titre ou la spécification provisoire était trouvé trop
étendu ou insuffisant, la rectification pourrait en être exi-
gée.

Art. 9. — A la place d'une spécification provisoire, le pétitionnaire aura la faculté de déposer immédiatement, avec
sa pétition et sa déclaration, une spécification complète dé-
crivant et déterminant exactement la nature de l'invention et
la manière de l'employer. Ces diverses pièces et la date de
leur dépôt seront enregistrées et émargées à l'office des commissaires; puis un récépissé en sera remis au demandeur
ou à l'agent. Un terme de six mois à partir du jour de la demande, protégera utilement la découverte ou l'invention,
avec faculté d'exécuter ou de divulguer cette invention sans
préjudice de lettres-patentes à obtenir ultérieurement. Enfin
on devra mettre une copie de chaque spécification complète
à la disposition du public, conformément à la teneur du règlement administratif qui sera rendu.

Art. 10. — Une protection provisoire obtenue frauduleusement par un autre individu que l'inventeur lui-même, ne
pourra, malgré le dépôt d'une spécification provisoire ou
définitive et malgré la publicité postérieure de l'invention
invalider la demande d'une patente que solliciterait ledit inventeur avant l'expiration de la protection frauduleuse.

Art. 11. — La protection provisoire accordée en vertu du dépôt d'une spécification définitive, sera rendue publique par les soins des commissaires.

Art. 12. — Après le dépôt d'une spécification provisoire ou complète, le titulaire d'une protection provisoire pourra prévenir l'office des commissaires de son intention d'obtenir la patente. Cet avertissement sera publié par les commissaires et toutes personnes intéressées à s'opposer à la délivrance du brevet pourront présenter par écrit leurs objections à cette délivrance.

Art. 13. — Aussitôt que le délai pour déposer les oppositions sera expiré, la spécification provisoire ou définitive et les motifs des oppositions seront adressés au magistrat.

Art. 14. — Il fixera la taxe et prescrira par qui et à qui seront payés les frais d'audience occasionnés par lesdites oppositions ; et, faute de paiement dans le délai de quatre jours à partir du susdit avis, ce magistrat statuera, par ordonnance, qu'il sera suivi devant l'une des cours supérieures des trois royaumes.

Art. 15. — Après l'audience ou l'enquête ci-dessus mentionnée, ledit magistrat pourra donner ordre de sceller les lettres-patentes ; cet ordre sera marqué du sceau des commissaires, il aura la force, il produira les effets des lettres-patentes à expédier postérieurement. Cet ordre rappellera, enfin, les conditions et réserves qui sont stipulées dans les règlements statutaires.

Viendra alors un ordre d'informer, avec rappel des lettres-patentes octroyées en vertu de ce bill, dans les mêmes cas qui motiveraient le rappel des lettres-patentes qui se délivrent aujourd'hui sous le grand sceau de la reine.

Art. 16. — La délivrance de lettres-patentes et leur retrait ne pourront se rattacher à rien qui étende, amoindrisse ou affecte les prérogatives de la couronne ; de telle sorte que Sa Majesté pourra toujours donner ordre aux magistrats de faire respecter ses prérogatives.

Art. 17. — Toutes lettres-patentes accordées en vertu de ce bill seront annulées à l'expiration de la troisième ou de la septième année de leur date respective, si avant l'expiration desdites époques, les taxes et les droits de timbre n'ont pas été acquittés conformément au tarif ci-annexé ; puis au dos du warrant, il sera fait une mention conforme de cet acquit ou paiement.

Un délégué des commissaires délivrera, sous le sceau de l'office, une quittance justificative desdits paiements, et en inscrira le reçu au dos du brevet.

Art. 18. — Le sceau une fois apposé sur le warrant, les commissaires, à la demande du pétitionnaire, devront préparer les lettres-patentes selon la teneur du warrant, et le lord chancelier les fera sceller du grand sceau du Royaume-Uni. Le privilége s'étendra ainsi aux trois royaumes, au canal d'Islande et à l'île de Man, et même, dans le cas où le warrant le mentionnerait, ce privilége s'étendra aux colonies et plantations extérieures ou à celles désignées dans ledit warrant, pourvu que la législation spéciale de ces colonies ne renferme aucune prohibition à ce sujet.

Aussitôt après l'apposition du grand sceau, une expédition des lettres-patentes sera adressée au directeur de chancellerie en Ecosse, pour être rendue authentique, et les intéressés pourront en obtenir expédition moyennant le paiement du droit fixé par les commissaires.

Art. 19. — Excepté dans le cas prévu ci-après de destruction ou de perte, il ne sera délivré de lettres-patentes, que sur un warrant, et la demande de les sceller devra être faite dans les trois mois qui suivront la date dudit warrant.

Art. 20. — Toute lettre patente sera sans effet quand elle n'aura pas été concédée pendant la durée de la protection provisoire, pour une spécification provisoire ou pour une spécification complète, excepté dans le cas de suspension occasionnée par un caveat ou par une opposition aux mains du lord chancelier.

Art. 21. — Advenant la mort du pétitionnaire durant la protection provisoire, les lettres-patentes pourront être accordées à ses exécuteurs ou administrateurs, soit pendant les six mois mêmes de la protection, soit dans les trois mois du décès, bien que le terme de la protection soit écoulé.

Art. 22. — S'il y avait destruction ou perte d'une lettre-patente, une autre, ayant même valeur et scellée à la même date, pourra, sur l'ordre des commissaires, être délivrée, conformément au warrant, en vertu duquel le privilége originaire aura été octroyé.

Art. 23. — A l'avenir les lettres-patentes scellées en vertu du présent bill porteront la date du dépôt de la demande, et dans le cas où il s'agirait de lettres-patentes pour une invention enregistrée provisoirement en vertu de l'acte de 1851, relatif à la protection des inventions, elles auraient la date que le magistrat ou le lord chancelier jugerait convenable de fixer entre le jour de la demande ou enregistrement provisoire et le jour de l'apposition du grand sceau sur les lettres-patentes.

Art. 24. — Toute lettre-patente, portant une date antérieure à celle du jour où elle aura été réellement scellée, aura la même force et validité que si elle portait la date du jour de l'apposition du sceau, pourvu que, dans le cas de délivrance et d'octroi de lettres-patentes pour une invention dont la spécification complète aura été déposée, il ne soit surgi aucun litige pour infraction commise avant la délivrance desdites lettres-patentes.

Art. 25. — Des lettres-patentes, obtenues dans le Royaume-Uni pour une invention primitivement découverte et déjà brevetée à l'étranger, ou par un sujet étranger, cesseront de produire effet à la fin du brevet étranger.

Art. 26. — Le privilége conféré par les lettres-patentes ne s'étendra pas jusqu'à empêcher l'usage de l'invention sur les navires étrangers qui pourraient se trouver dans les ports anglais, toutes les fois que l'invention n'aura pas pour but la fabrication de produits destinés à être vendus ou exportés ; mais la prohibition restera applicable aux bâtiments des Etats dans les ports desquels il est interdit aux navires anglais de se servir d'une invention brevetée dans ces Etats.

Art. 27. — Excepté dans le cas de dépôt d'une spécification complète, on devra faire, pour une patente sollicitée, le dépôt de la spécification à la haute cour de chancellerie, au lieu de l'ancien enregistrement, qui n'existe plus.

Art. 28. — En vue de lettres-patentes ultérieures, toute description doit être déposée dans tel office de la cour de chancellerie qui sera désigné par le lord chancelier ; et la description provisoire ou définitive, enregistrée dans l'office des commissaires, sera immédiatement envoyée au bureau qui est établi pour recevoir ces dépôts.

On procédera de même à l'expiration des six mois de la demande, s'il n'y a pas de lettres-patentes accordées. Enfin, toutes les fois que la spécification sera accompagnée de dessins, une copie double sera jointe à cette spécification pour appuyer la demande.

Art. 29. — Les commissaires tiendront à la disposition du public, dans leurs offices des villes de Londres, Dublin et Edimbourg, des copies authentiques tant des spécifications définitives que de toutes les modifications déposées en vertu du présent bill, comme aussi des copies des spécifications provisoires, mais, pour ces dernières, seulement à l'expiration de la protection provisoire.

Art. 30. — Les six mois de la protection provisoire expirés, les commissaires feront imprimer, publier et vendre, aux prix et aux conditions qu'ils jugeront convenables, toutes les spécifications, renonciations ou modifications ; ils pourront aussi déposer des exemplaires aux bibliothèques publiques, et accorder gratuitement aux dépositaires vingt-cinq exemplaires.

Art. 31. — Il est facultatif au lord chancelier et maître des rôles de faire transporter au dépôt général de la chancellerie les spécifications et modifications qui ont été déposées jusqu'alors dans divers bureaux.

Art. 32. — Les commissaires feront dresser un catalogue général des spécifications et renonciations déjà enregistrées ou qui le seront ; et le public sera admis à consulter ces catalogues, qui pourront être imprimés et vendus.

Art. 33. — Les copies des spécifications et renonciations, imprimées par les imprimeurs de la reine, auront le caractère de l'authenticité et feront foi en justice.

Art. 34. — A l'office des spécifications de la chancellerie, il sera mis à la disposition du public un *Registre des patentes*, qui mentionnera, par ordre de date, les lettres-patentes, les dépôts de spécifications et tous les documents sur la validité et la durée des brevets.

Art. 35. — Un autre registre, dit le *Registre des propriétaires*, mentionnera les cessions et licences des patentes et les personnes qui y sont intéressées. Ce registre sera à la disposition du public, et chacun pourra, en le demandant, obtenir, moyennant un droit, des certificats authentiques constatant les mutations intervenues. Une copie de ce registre sera aussi adressée aux commissaires d'Edimbourg et Dublin, qui la tiendront à la disposition du public.

Art. 36. — Contrairement aux restrictions des anciennes lettres-patentes, il n'y a plus de limitation dans le nombre des intéressés à l'exploitation d'une patente.

Art. 37. — Sera rigoureusement puni de l'amende et de la prison quiconque aura sciemment fait enregistrer une fausse inscription sur le registre des propriétaires, en aura produit ou fait produire en justice un faux extrait, ou sera convaincu du crime de faux.

Art. 38. — Celui qui se croira lésé par une inscription pourra s'adresser au maître des rôles ou aux juges de la cour de Westminster, en demandant la suppression ou la rectification de cette inscription, sauf au maître des rôles à fixer les frais de cette réclamation.

Art. 39. — Les dispositions des actes 5 et 6 W., 4, C. 83, et 7 et 8 Victoria, C. 69, relatives aux changements et perfectionnements, s'appliquent aux patentes prises sous la présente loi; et les pétitions pour caveat et changements seront déposées à l'office des commissaires ès-patentes.

Art. 40. — Les dispositions des actes 5 et 6 W., 4, C. 83, 2 et 3 Victoria, C. 67 et 7 et 8 Victoria, C. 69, concernant la confirmation et la prolongation des patentes, sont aussi applicables à celles demandées sous la nouvelle loi.

Art. 41. — Dans toute action en contrefaçon pour préjudice à des lettres-patentes, le plaignant produira, avec sa déclaration, les détails de l'infraction qu'il articule; puis le prévenu ou contrefacteur et celui qui suit la déchéance joindront à leur déclaration la nomenclature des objections qu'ils proposent.

Aucun témoignage ne sera admis dans les procédures sur

enquête, à moins qu'il ne se rattache aux détails ainsi fournis. On devra avec soin indiquer les lieux où, antérieurement à la date de la patente, l'invention a été publiée ou employée, et de quelle manière elle l'a été, si on l'articule.

Dans une instance en déchéance, le défendeur s'exprimera le premier pour défendre ses lettres-patentes; et en outre il aura la réplique si le demandeur produit des témoins.

Art. 42. — Dans tout procès en contrefaçon, soit la cour qui siégera, sinon soit un juge de cette cour, sera fondé, sur la demande du plaignant ou du défendeur, à requérir une enquête.

Art. 43. — En taxant les frais d'un procès en contrefaçon, le juge aura égard aux détails fournis par les parties; il n'en allouera aucun au plaignant ni au prévenu pour raison des faits qui n'auraient pas été prouvés par eux, sans avoir égard aux frais généraux de la cause. Une attestation de ces faits par le juge constituera un utile document pour les litiges futurs.

Art. 44. — Les droits mentionnés dans le tarif de la présente loi seront ceux à payer pour lettres-patentes et enregistrement des spécifications, certificats, réclamations et recherches.

Art. 45. — Les droits de timbre seront à la disposition des commissaires des revenus territoriaux; les diverses dispositions : pénalités, clauses et règlements, contenues dans tout statut actuellement en vigueur, ou qui le sera plus tard, sur les droits de timbre, y seront applicables également.

Art. 46. — Les droits et taxes à payer, comme il est dit ci-dessus, seront versés dans la caisse de l'échiquier, et feront partie des fonds consolidés du Royaume-Uni.

Art. 47. — S'il y a appel ou opposition à la délivrance de

lettres-patentes, s'il y a déclaration de renonciation ou modification à introduire dans une spécification, les droits fixés par le lord chancelier ou le maître des rôles seront dus, indépendamment des taxes et des droits ci-dessus mentionnés.

Art. 48. — Les commissaires du trésor pourront allouer aux magistrats et à leurs employés des honoraires non spécifiés dans le tarif lesquels seront fixés par le lord chancelier et le maître des rôles.

Art. 49. — Les mêmes commissaires ordonnanceront les dépenses nécessaires à l'établissement des bureaux, au paiement des appointements, etc.

Art. 50. — A raison de diverses que es personnes percevaient pour leurs fonctions, sous l'empire de la loi précédente, certains émoluments résultant de la délivrance des lettres-patentes, les commissaires du trésor pourront accorder une indemnité convenable à celles qui perdraient par suite de la nouvelle loi.

Art. 51. — Quinze jours après l'ouverture de la session, un rapport sur les salaires et indemnités accordés en vertu de la présente loi, sera adressé aux deux chambres du parlement.

Art. 52. — Les demandes de lettres-patentes, présentées antérieurement à la date de la présente loi, seront répondues suivant la forme et teneur qui était usitée sous le régime de la précédente loi.

Art. 53. — A la vérité, les lettres patentes demandées avant la présente loi, pour l'Angleterre, l'Écosse ou l'Irlande, seront répondues suivant les anciennes dispositions, mais avec cette différence qu'au lieu des frais et droits de timbre relatifs à chacun des trois royaumes, il ne sera payé, pour chaque patente, que le tiers des sommes et droits de timbre fixés pour tout le Royaume-Uni, d'après le tarif annexé au présent statut. Il en est de même pour les taxes et droits de timbre à acquitter avant l'expiration de la troisième et de la septième année.

Art. 54. — Les diverses formules du tarif pourront être modifiées par les commissaires susmentionnés.

Art. 55. — Les dénominations suivantes, employées dans la loi, auront la signification qui va leur être donnée, à moins que cette signification ne concorde pas avec le texte de la loi.

Ainsi le titre de *lord chancelier* s'applique au lord chancelier ou au lord gardien du grand sceau, ou bien aux lords commissaires du grand sceau.

Il faut entendre par *magistrat* l'attorney général ou le sollicitor-général pour les trois royaumes, l'Angleterre, l'Écosse et l'Irlande.

Par l'expression *invention* entendez *produit nouveau de toute espèce*, suivant les termes employés dans l'*act* de la vingt-unième année du règne de Jacques Ier, chap. 3.

Enfin, les expressions *pétition, déclaration, spécification provisoire, autorisation* et *lettres patentes* indiquent les divers documents relatés dans le tarif.

Art. 56. — En visant la présente loi dans les divers *acts* du parlement, les décisions des tribunaux, et tous autres documents, il suffira d'employer l'expression : *act d'amendement de la loi des patentes,* 1852.

Art. 57. — Le présent statut sera exécutoire le 1er octobre 1852.

Tarif des taxes à payer. [1]

1° En déposant la pétition à l'effet d'obtenir des
lettres-patentes........................   5 liv. » shil.

---

[1] Indépendamment de ces taxes, l'obtention d'une patente comprend d'autres dépenses assez importantes, suivant la nature de la découverte.

2º En donnant avis qu'on veut poursuivre cette demande...............................	5 liv.	» shil.
3º Pour apposition du sceau sur les lettres patentes...............................	5	»
4º Pour l'enregistrement de la spécification.....	5	»
5º Avant ou à l'expiration de la troisième année.	40	»
6º Avant ou à l'expiration de la septième année.	80	»
7º En déposant une opposition.................	2	»
8º Pour recherches et inspection..............	»	1
9º Pour enregistrement d'une cession ou licence.	»	5
10º Pour certificat de cession ou licence.........	»	5
11º Pour enregistrement d'une demande en renonciation..............................	5	»
12º Pour le caveat opposé à cette demande.......	2	»

Droits de timbre.

13º Pour le warrant ou autorisation donnée par le magistrat, à l'effet de délivrer les lettres-patentes.............................	5	»
14º Pour le récépissé du paiement de la taxe de la troisième année...........................	10	»
15º Pour le récépissé du paiement de la taxe de la septième année...........................	20	»

RÈGLES ET INSTRUCTIONS ARRÊTÉES PAR LES HAUTS COMMISSAIRES DE LA COURONNE, POUR L'APPLICATION, A PARTIR DU 1er OCTOBRE 1852, DE LA NOUVELLE LOI DES PATENTES DANS LE ROYAUME-UNI DE LA GRANDE-BRETAGNE.

1. Les commissaires des patentes blâment hautement l'usage d'introduire plusieurs inventions distinctes et séparées dans une même patente ; mais ils ne refuseront pas d'octroyer une patente pour une invention applicable au perfectionnement de plusieurs industries, ou pour plusieurs inventions se rattachant à une seule industrie.

2. Lorsqu'on demande une patente, le titre doit préciser,

aussi bien que possible, l'étendue et l'objet de la découverte, sans révéler le moyen de la mettre à exécution et sans aller jusqu'à dévoiler ses caractères particuliers.

Par conséquent, il est enjoint d'observer strictement les règles suivantes, excepté dans le cas où le haut commissaire jugerait que cette stricte observation serait de nature à préjudicier au demandeur.

3. Quand une demande de patente a été déposée à l'office d'un commissaire *ad hoc*, l'attention de celui-ci doit se porter particulièrement sur le titre de la spécification provisoire; s'il est satisfait de la convenance et de la rectitude de ce titre, il délivrera au requérant ou à son agent un certificat constatant que, examen fait, la spécification provisoire, déposée à telle date, précise bien la nature de la découverte.

4. Dans le cas où il trouvera que le titre ou la spécification provisoire manque d'exactitude, il fera comparaître devant lui le pétitionnaire ou son agent, pour examiner s'il doit accepter le titre et la spécification provisoire dans la forme qui lui a été proposée.

5. Si l'inexactitude, soit dans le titre, soit dans la spécification, est de nature à exiger une altération matérielle, telle que, dans la pensée du commissaire, elle ne pourrait être convenablement et raisonnablement demandée, aucun certificat ne sera accordé; mais si le titre et la description provisoire, quoique défectueux, paraissent au commissaire être rédigés de bonne foi, les modifications nécessaires seront autorisées par lui.

6. Quand l'invention s'applique à des industries ou à des machines connues, le titre de la patente doit préciser l'industrie ou la machine, et autant qu'il sera possible la partie à laquelle se rattache la découverte.

7. Quand une fabrication est réalisable par plusieurs procé-

dés, branches ou appareils distincts, le titre de la patente doit préciser lequel de ces procédés, branches ou machines, l'invention concerne spécialement.

8. Si elle concerne un moteur mis en action par des moyens mécaniques ou par l'eau, la vapeur, l'air, le gaz, la pile ou autres fluides, le titre devra indiquer l'un des agents qui doit être employé.

9. Si l'invention se rapporte à quelque procédé employé pour des industries ou produits connus, le procédé et la fabrication doivent être précisés dans le titre.

10. Mais si l'invention concerne l'application de nouvelles matières à des objets nouveaux, ou le perfectionnement d'anciennes fabrications, le titre devra préciser l'objet ou la fabrication, et énoncer en outre ce qui doit être perfectionné par une nouvelle application de matières connues.

11. Il ne peut y avoir de convocation sans l'assentiment du magistrat, qui fixera une audience dans les sept jours de la date de la citation.

12. Il est accordé, pour la spécification de toute découverte, un délai de six mois, à partir de la date du dépôt et de l'enregistrement de la pétition à l'office du commissaire spécial ès-patentes.

13. Advenant que le magistrat refuse de délivrer au pétitionnaire son certificat à telle audience, par suite d'une opposition fondée, ce pétitionnaire ne pourra pas réclamer une nouvelle audience, à moins d'acquitter préalablement tous les frais d'audience qui lui sont personnels et ceux de l'adversaire opposant.

14. Il ne sera permis à personne de prendre connaissance du contenu d'une spécification provisoire, excepté à l'expert ou toute autre personne appelée à aider le magistrat, conformément aux règlements.

Spécifications provisoires.

15. Le magistrat devra exiger qu'une spécification provisoire précise bien la nature de la découverte, afin de distinguer la partie nouvelle de ce qui est déjà connu, pour faire comprendre clairement l'étendue de l'invention. Il n'ira pas jusqu'à exiger que le pétitionnaire décrive les procédés d'action de la découverte.

16. Le but de cette spécification provisoire est de prévenir l'introduction, dans la spécification définitive, de matières différentes de celles pour lesquelles la patente a été accordée ; mais il n'est nullement défendu au patenté d'introduire, dans sa spécification complète, tous perfectionnements et détails pratiques qui peuvent se présenter dans l'exécution de son invention, pourvu que lesdites additions se rattachent à l'emploi de la matière revendiquée et précisée dans la description provisoire.

17. Mais le demandeur peut solliciter du magistrat un amendement à sa spécification provisoire ; et si, après l'avoir examinée, cette modification paraît à ce dernier justifiable, il lui en octroiera la faculté. Le magistrat n'accordera aucune addition de partie nouvelle ; mais il permettra la suppression de telle partie de l'invention qui sera demandée.

18. Une copie de la spécification provisoire, telle qu'elle a été reconnue par le magistrat, sera introduite dans la spécification complète, afin de montrer, avec plus de clarté que le titre seul, la nature de l'invention patentable.

Dixclaimers ou changements d'une partie quelconque, du titre de la patente ou de la spécification.

19. Tout individu qui, pour une patente obtenue avant le 1er octobre 1852, sollicitera un dixclaimer, devra présen-

ter au magistrat une pétition qui détermine la nature du changement proposé. A la pétition sera annexée une copie de la spécification primitive et du changement demandé. Si la patente a reçu date postérieurement au 1er octobre 1852, la pétition et les autres documents seront déposés à l'office des commissaires ès-patentes.

20. Si, à l'audience, le magistrat s'oppose au changement proposé, toute autre démarche devient inutile. Dans le cas où l'autorisation sera accordée sans insertion dans la *Gazette de Londres*, le magistrat apposera sa signature sur le décret, avec une instruction pour le clerc d'introduire l'addition proposée.

21. Mais si le magistrat juge convenable de faire insérer une ou plusieurs annonces dans le journal officiel, il donnera à cet égard telles instructions qu'il croira convenables, et fixera un délai au delà de dix jours, à partir de la publication, afin d'examiner le différend.

22. Pour ce qui concerne les patentes antérieures au 1er octobre 1852, des caveat peuvent être enregistrés à l'office des commissaires à une époque quelconque avant l'issue éventuelle du décret; toute personne entrant un caveat doit prendre connaissance de la prochaine séance qui aura été fixée à l'avance; et dans le cas où une réunion n'a pas été fixée avant l'enregistrement du caveat, le titulaire de ce dernier doit être informé sept jours au moins avant l'audience où il assistera.

OBSERVATIONS RÉGLEMENTAIRES.

23. Toutes pétitions pour la concession de lettres-patentes, toutes déclarations et spécifications provisoires seront déposées à l'office des commissaires ès-patentes, et seront

nécessairement écrites sur des feuilles de papier portant douze pouces, mesure anglaise, de longueur, sur huit pouces et demi de largeur, en réservant une marge en blanc de un pouce et demi sur les deux côtés de chaque page, afin de pouvoir les assembler dans les registres qui seront tenus à cet effet.

24. Toute demande de protection provisoire, pour une découverte approuvée par le commissaire, sera immédiatement annoncée dans la *Gazette de Londres;* cet avertissement sera précédé du nom et de l'adresse du pétitionnaire, du titre de l'invention et de la date du dépôt à l'office.

25. Et si, après la protection provisoire ou après le dépôt d'une spécification définitive, le pétitionnaire tient à poursuivre l'obtention de la patente, il doit notifier son intention par écrit à l'office des commissaires; il en est alors donné immédiatement avis dans la *Gazette de Londres,* avec le nom et l'adresse du demandeur et le titre de son invention ; et toutes personnes qui ont intérêt à s'opposer à cette concession, peuvent librement déposer par écrit leurs objections à ladite concession, dans l'intervalle de vingt et un jours après la date de l'insertion dans la *Gazette de Londres.*

26. Les inventions protégées par le dépôt d'une spécification définitive, seront immédiatement insérées dans la *Gazette de Londres,* avec les mêmes indications, et de plus avec la mention qu'une description complète a été déposée *ad hoc.*

27. Les descriptions complètes et définitives déposées à l'office du grand sceau, seront écrites sur les deux côtés d'une ou de plusieurs feuilles de parchemin, d'une longueur de dix-huit pouces mesure anglaise, et d'une largeur de douze pouces; on doit avoir soin de réserver une marge de un pouce et demi vers chaque bord de la feuille, pour permettre de les insérer dans le registre spécial.

28. Les dessins qui seront joints aux spécifications définitives, pourront être disposés sur de plus grandes feuilles de parchemin, avec semblable réserve d'une marge de un pouce et demi sur chaque bord.

29. La taxe à payer à l'office des commissaires sera de 2 pences pour chaque 90 mots de notice.

Tarif des droits dus aux magistrats et à leurs clercs :

§ 1. — Par celui qui fait opposition à une patente :

	liv.	sh.	d.
Au magistrat.	2	12	6
Au clerc du magistrat.	»	12	»
Au même clerc pour assignation. .	»	5	»
Somme totale.	3	10	0

§ 2. — Par l'opposé ou le demandeur de la patente, mêmes frais.

§ 3. — Par toute personne sollicitant un dixclaimer ou memorandum d'altération, pour frais d'audience :

	liv.	sh.	d.
Au magistrat.	2	12	6
A son clerc.	»	12	6
Somme totale.	3	5	0

§ 4. — Par l'opposant à la délivrance d'un dixclaimer, mêmes droits.

§ 5. — Par le sollicitant d'un dixclaimer, au moment du décret qui accorde le memorandum :

	liv.	sh.	d.
Au magistrat.	3	3	0
A son clerc.	»	12	6
Somme totale.	3	15	6

CHAPITRE III.

SOMMAIRE

DE LA LÉGISLATION SUR L'ENREGISTREMENT DES DESSINS DE FA-
BRIQUE ET D'ARTICLES D'UTILITÉ DANS LE ROYAUME-UNI DE LA
GRANDE-BRETAGNE.

§ 1. — Enregistrement des dessins pour ornementation.
(Statuts 5, 6, Victoria, 1er septembre 1842.)

Toute personne, anglaise ou étrangère, auteur ou inventeur d'un dessin original d'ornementation, non encore connu dans le royaume-uni de la Grande-Bretagne, peut s'en assurer la propriété exclusive dans les trois royaumes, n'importe le mode de reproduction du dessin par le métier, le moulage, la peinture, l'impression, la gravure, la couture, ou par tout autre procédé mécanique, manuel ou autre.

D'après ce premier statut le droit de faire enregistrer les dessins de fabrique n'est applicable qu'aux dessins et devises sur tapis, toiles peintes, papiers peints, objets en métal, verre, bois, toile cirée, poterie et autres.

Ces dessins d'ornementation se divisent en trois classes, qui rentrent dans trois catégories, et qui s'enregistrent avec privilége variable de neuf mois à trois ans, savoir :

Dans la première catégorie, privilégiée pour trois ans, sont compris les dessins d'ornementation sur les objets en métal, bois, verre, poterie, ou principalement composés de ces matières, châles brochés, tissus d'ameublement en lin, coton, laine, soie, poil ou mélanges (dessins imprimés), tapis, toiles cirées, papiers-tenture.

La deuxième catégorie, avec privilége de neuf mois, comprend les dessins de châles imprimés, — laine filée, fil ou chaîne par impression, tissus composés de lin, coton, laine, soie, poil ou mélanges, excepté ceux d'ameublement (dessins imprimés).

La troisième catégorie a un privilége d'une année. Elle renferme les dentelles, les tissus et les autres produits manufacturés ou substances qui ne sont point comprises dans les deux premières catégories.

§ 2. — Enregistrement des dessins pour articles d'utilité.
(Statuts, 6, 7, Victoria, 1ʳʳ septembre 1843).

Toute personne, anglaise ou étrangère, auteur ou inventeur d'un dessin original d'objet de fabrication qui constitue un article d'utilité, peut, pourvu que ce dessin ne soit pas encore connu dans le royaume-uni de la Grande-Bretagne, s'en assurer la propriété exclusive pour trois années, en tant que ce dessin se relie d'une manière inséparable avec la forme ou configuration de l'objet. Mais toute invention relative à une combinaison mécanique ou autre, à un procédé ou à un produit nouveau, ne saurait être protégée que par une patente ou brevet d'invention, conformément à un avis du bureau d'enregistrement des dessins pour articles d'utilité, du 9 septembre 1843.

§ 3. — Forme et conditions de l'enregistrement des dessins.

Celui qui veut s'assurer la propriété d'un dessin d'ornementation ou d'article d'utilité, doit déposer au bureau de l'enregistrement deux copies du dessin et deux copies de la description qui indique quel en est l'objet et l'usage qu'on en peut faire, avec le nom et l'adresse du propriétaire. On lui renvoie une copie du dessin et une copie de la description avec le certificat d'enregistrement. Ce certificat est empreint d'une marque distinctive, que le propriétaire est obligé de fixer sur les objets fabriqués avec le dessin à peine de déchéance de son privilége.

Les frais de cet enregistrement varient depuis 5 livres et 1 sh. (126 fr.) jusqu'à 8 livres et 1 sh. (176 fr.), non compris les émoluments dus aux agents, pour obtenir le privilége dans les trois royaumes de l'Angleterre, l'Écosse et l'Irlande.

ÉTATS-UNIS D'AMÉRIQUE.

CHAPITRE PREMIER.

SOMMAIRE
DE LA LÉGISLATION SUR LES BREVETS D'INVENTION.

Le gouvernement des États-Unis d'Amérique ne délivre de brevet qu'aux inventeurs, c'est-à-dire à ceux qui ont fait eux-mêmes une découverte en Amérique ou en pays étranger, de manière qu'un importateur n'est brevetable qu'autant qu'il est l'inventeur de la découverte importée.

La durée d'un brevet d'invention américain est de quatorze années.

Néanmoins, quand un inventeur sera déjà breveté ailleurs, le brevet américain ne pourra durer après l'expiration du brevet étranger, et il devra être demandé en Amérique dans les six mois de la délivrance de ce brevet étranger, ou au moins avant que l'invention n'ait été employée publiquement.

Le breveté est obligé d'exécuter ou de faire exécuter sa découverte sur le territoire des États-Unis dans les dix-huit mois du privilége qui lui a été accordé.

En demandant le brevet un inventeur doit déposer en langue anglaise :

1° Sa pétition au gouvernement américain ;

2° La déposition de la découverte en double expédition ;

3° Le dessin en double expédition, ou bien un spécimen de l'invention selon la nature de la découverte ;

4° Un modèle en nature quand il s'agit d'une machine ;

5° La preuve du paiement par avance de la taxe entière.

Cette taxe est de 30 dollars (160 fr.) pour un citoyen américain ; de 500 dollars (2,700 fr.) pour un sujet de la Grande-Bretagne, et de 300 dollars (1,620 fr.)

pour un français ou autre ; indépendamment des honoraires et frais d'agence.

En outre, tout demandeur de brevet est obligé en personne de déclarer, sous la foi du serment, devant le consul des États-Unis préposé dans le lieu de sa résidence, sa qualité *d'inventeur* et la nation à laquelle il appartient.

Les pièces ci-dessus indiquées sont scellées, en présence de témoins, par le consul américain, et le demandeur ou son procureur expédie le tout à un agent de confiance à Washington.

CHAPITRE II.

TEXTE.

LOI DU 4 JUILLET 1836.

STATUT POUR ENCOURAGER LE PROGRÈS DES ARTS UTILES, ET RÉVOQUANT TOUS ACTES ANTÉRIEURS SUR LE MÊME OBJET.

Le Sénat et la Chambre des représentants des Etats-Unis d'Amérique, assemblés en congrès,

Arrêtent :

Article 1ᵉʳ. — Il sera créé et attaché au ministère de l'intérieur, sous la dénomination *d'offices des patentes*, un bureau dont le chef, nommé par le président, de l'avis et du consentement du Sénat, portera le titre de commissaire des patentes.

Ce commissaire, placé sous la direction du secrétaire d'État, sera chargé de tout ce qui concerne la demande, l'examen et la délivrance des patentes à accorder pour découvertes et inventions nouvelles et utiles, ou pour perfectionnements, conformément aux règles établies par la présente loi, ou qui seront édictées à l'avenir ; il veillera, en outre, à la conservation des livres, mémoires, papiers, plans, machines, et de tous autres objets compris dans son ressort.

Art. 2. — Il sera nommé dans l'administration susdite, par le commissaire des brevets, et sous l'approbation du secrétaire d'État, un clerc principal, qui remplira les fonctions de commissaire durant l'intérim.

Ce commissaire pourra également nommer, sous réserve de la même approbation, un clerc examinateur, deux autres clercs, dont l'un sera bon dessinateur, puis un machiniste et un huissier. Il est expressément défendu à tous les employés de l'administration d'acquérir, excepté par héritage, ou pendant tout le temps qu'ils recevront leurs appointements, une part ou un intérêt quelconque, directement, ou indirectement, dans un brevet délivré pour découverte ou pour invention, soit antérieurement, soit postérieurement au présent statut.

Art. 3. — Avant d'entrer en fonctions, le commissaire, les clercs et autres employés de l'administration prêteront serment de remplir fidèlement et consciencieusement les devoirs qui leur seront imposés; le commissaire et le clerc principal fourniront, en outre, une caution en garantie de toutes les sommes qu'ils auront respectivement reçues pour droits de patentes, copies de rapports ou de dessins, ou bien à tout autre titre, en vertu de leurs fonctions.

Art. 4.—Le commissaire des brevets fera frapper un sceau pour l'usage de son office, avec une devise préalablement soumise à l'approbation du président des Etats-Unis. Les copies de rapports, de livres, de pièces ou de dessins, revêtues de l'empreinte du sceau et de la signature du commissaire, seront seules considérées comme authentiques, et feront foi légalement.

Alors, quiconque voudra en faire usage pourra se faire délivrer, par l'administration, des copies certifiées des rapports, livres, pièces et dessins déposés dans ledit bureau, en payant, pour les copies écrites, une rétribution déterminée par page de cent mots, et pour les copies de dessins, des frais d'exécution convenables.

Art. 5. — Lors de son expédition, toute patente sera délivrée au nom des États-Unis, et revêtue du sceau dudit office ; elle sera signée par le secrétaire d'État et contresignée par le commissaire de cet office, puis enregistrée dans les livres tenus *ad hoc*, avec mention des descriptions et des dessins.

La patente contiendra elle-même une description ou désignation sommaire de l'invention ou découverte, indiquant exactement sa nature et son but ; il y sera énoncé en termes formels que le pétitionnaire ou ses ayants droit auront exclusivement, pendant le délai de quatorze années, le droit et la liberté de faire, d'employer et de vendre à d'autres, pour en faire usage, ladite invention privilégiée.

Art. 6. — Tous les inventeurs d'un nouvel art utile, d'une machine nouvelle, d'un nouveau procédé de fabrication, d'une nouvelle composition de matières, ou d'un utile perfectionnement de ce genre, inconnu ou non employé par d'autres avant l'époque de la découverte, et dont les produits n'ont encore été ni livrés au commerce, ni publiquement mis en usage ou en vente, du consentement desdits inventeurs, à l'époque où ils demandent le brevet, qui désirent obtenir des lettres patentes pour s'assurer la propriété exclusive de leur découverte ou invention, devront en faire la demande par écrit, sous forme de requête, adressée au commissaire des patentes, qui, après les formalités prescrites, pourra accorder la patente sollicitée.

On devra joindre à cette requête une description manuscrite, avec indication de la manière de procéder, d'exécuter, de combiner ou d'utiliser la conception de la découverte, et en termes tellement explicites, clairs et exacts, sans longueur inutile, que toute personne de l'art soit en mesure d'exécuter le même ouvrage, d'après cet aperçu.

Quand il s'agira d'une machine, l'auteur en exposera le mécanisme et le principe, et fera ressortir la différence qui existe avec les machines du même genre; il déterminera surtout, d'une manière plus positive, le point et la partie de la combinaison ou du perfectionnement qu'il regarde comme le principal mérite de son invention. En outre, si la nature de la découverte le permet, il joindra à sa requête un ou plusieurs dessins accompagnés de notes explicatives ; et, s'il s'agit d'une composition de matières, il fera l'envoi en quantité suffisante, pour répéter l'expérience, des éléments ou ingrédients nécessaires à la produire. La description et les dessins dont il s'agit, signés par l'inventeur et attestés par deux témoins, seront déposés à l'office des patentes ; enfin au cas d'une machine, l'auteur devra présenter un modèle avec des dimensions qui rendent ses différentes parties saisissables.

De plus, le pétitionnaire affirmera par serment, ou certifiera par une déclaration, qu'il croit être réellement le premier inventeur de la découverte, machine, composition, ou du perfectionnement qui fait l'objet de sa demande, et qu'il n'est pas à sa connaissance qu'elle ait été connue ni employée; il fera également connaître de quel pays il est sujet. Ce serment ou cette déclaration sera fait devant toute personne que la loi prépose à cet effet.

Art. 7. — Lorsqu'une demande de brevet, avec les pièces

y annexées, sera déposée, et que la taxe à payer aura été acquittée, le commissaire examinera ou fera examiner l'invention ou la découverte proposée ; et s'il ne lui apparaît pas de cet examen que la même chose ait déjà été antérieurement inventée par une autre personne dans ce pays, ou ait été patentée antérieurement hors de ce pays, ou décrite dans quelque publication imprimée à l'intérieur ou à l'étranger ou qu'elle ait été publiquement en usage ou livrée au commerce, du consentement et avec l'autorisation du pétitionnaire, si enfin le commissaire juge que la chose est suffisamment utile et importante, il délivrera la patente.

Mais si par cet examen le commissaire demeure convaincu du résultat contraire, ou bien si la description de la découverte est défectueuse ou insuffisante, il refusera la patente, en informera le pétitionnaire, en lui donnant brièvement les renseignements et les explications nécessaires, pour renouveler sa demande, ou pour la restreindre à la partie nouvelle de son invention.

Dans tous les cas, si le pétitionnaire préfère retirer sa demande, en faisant abandon du modèle, et qu'il fasse connaître son intention par écrit à l'office des patentes, il aura droit au remboursement de vingt dollars, formant une partie de la taxe prescrite par le présent statut. La copie de l'acte de désistement, certifiée par le commissaire, suffira comme pièce de décharge au trésorier pour le remboursement de cette somme.

Quand, au contraire, le pétitionnaire persistera dans sa demande avec ou sans changement à sa description, il sera requis de renouveler son serment ou son affirmation de la manière indiquée plus haut ; et dans le cas où la spécification et la requête n'auront pas été données de manière à ce que le requérant, au jugement du commissaire, ait droit à une patente, il pourra par appel, et sur pétition écrite, obtenir qu'il en soit référé au jugement d'un comité d'experts, composé de trois membres non intéressés dans la question et nommés par le secrétaire d'État, et l'un d'eux, au moins, autant que faire se pourra, sera choisi pour ses connaissances et son expertise dans l'art auquel l'invention se rapporte. Ces experts prêteront serment de remplir leur mission avec fidélité et impartialité.

Lesdits experts recevront communication par écrit de l'avis et décision du commissaire, déclinant les. motifs spéciaux de son refus, et précisant les parties de l'invention qu'il ne juge pas susceptibles d'être patentées. Lesdits experts notifieront à l'appelant, ainsi qu'au commissaire, le temps et le lieu de leur réunion, pour qu'ils aient le moyen de leur présenter les faits et les preuves qu'ils croiront nécessaires à une juste décision. Le commissaire devra fournir au bureau des experts tous les renseignements qu'il possède sur l'objet soumis à leur appréciation.

Quand il aura tout examiné et pris en considération, le comité pourra, à la majorité des voix, annuler la décision du commissaire en tout ou en partie ; et la sentence lui ayant été notifiée, le commissaire devra s'y conformer dans tout ce qu'il fera ultérieurement touchant la demande engagée.

Avant que ce comité puisse être constitué pour le cas *ad hoc*, le requérant devra verser au trésor, de la même manière qu'il est expliqué à l'article 9, la somme de vingt-cinq dollars ; chacun des experts aura droit de recevoir, pour sa mission dans chaque cas, une somme n'excédant pas dix dollars, qui sera fixée par le commissaire et payée par lui sur les sommes qui sont entre ses mains.

Art. 8. — Mais s'il est demandé une patente qui, au sentiment du commissaire, serait contraire, soit à une patente pour laquelle on est en instance, soit à une patente déjà délivrée et non encore expirée, le commissaire devra encore en donner connaissance tant au requérant qu'au patenté, selon qu'il y a lieu ; et si l'un d'eux n'est pas satisfait de la décision du commissaire sur la question de la priorité du droit ou de l'invention, il pourra appeler de cette décision conformément aux conditions mentionnées dans l'article 7, et l'on suivra les mêmes formes de procédure pour déterminer si un seul des requérants ou tous deux ont droit au privilége sollicité.

Nulle disposition ne pourra être invoquée en vue de priver un inventeur originaire de son droit à une patente pour sa découverte, par la raison qu'antérieurement il en aurait pris une en pays étranger, et qu'elle aurait été publiée dans les six mois qui ont précédé le dépôt de spécification et ses dessins. Par conséquent, dès qu'il le demandera, la patente prendra date du jour de ce dépôt, pourvu toutefois que ce dépôt n'ait pas eu lieu plus de six mois avant la délivrance effective de la patente ; puis, au cas de semblable demande et de paiement des droits légaux, la spécification et les dessins du requérant seront déposés aux archives secrètes de l'office en attendant qu'il ait fourni le modèle et que la patente soit délivrée. Ce délai ne pourra excéder un an, pendant lequel le requérant devra être prévenu de toutes demandes qui feraient concurrence à la sienne.

Art. 9. — Avant que le commissaire *ad hoc* puisse prendre en considération une demande de patente, le requérant devra verser, soit au trésor public, soit au bureau des patentes, soit dans une caisse quelconque de dépôts au crédit du trésor, la somme de trente dollars, s'il est citoyen des États-Unis, ou étranger ayant résidé la dernière année dans les États-Unis et ayant affirmé par serment son intention d'en devenir citoyen. La somme sera de cinq cents dollars s'il est sujet du royaume de la Grande-Bretagne : pour toute autre personne, elle sera de trois cents dollars. Il sera pris double quittance de ces paiements, dont l'une restera déposée au bureau du trésor. Tous versements faits au trésor en vertu de ce statut constitueront un fonds de réserve, qui sera employé au traitement des fonctionnaires et au paiement des autres frais de l'office, sous la dénomination de *fonds des patentes.*

Art. 10. — Lorsque l'auteur d'une invention, d'une découverte, d'un perfectionnement susceptible d'être patenté aux termes du présent acte, vient à mourir sans être breveté, le droit de réclamer la patente et de l'obtenir aux mêmes conditions et restrictions appartiendra à ses représentants ; et alors la formule de serment ou affirmation dont est parlé à l'article 6 sera modifiée convenablement.

Art. 11. — Tous droits conférés par une patente pourront être cédés et transportés légalement, en tout ou pour une partie indivise, par un acte écrit ; toute cession, ainsi que toute licence ou vente accordant à un tiers, soit en général, la faculté de faire usage des droits privatifs conférés par la patente, soit seulement la faculté d'exploiter l'objet de cette patente dans une contrée particulière des États-Unis, devra être enregistrée à l'office dans le délai de trois mois de sa date, moyennant un droit de trois dollars payable par le cessionnaire au greffe du commissariat.

Art. 12. — Tout citoyen des États-Unis (de même que tout étranger qui y aura résidé pendant l'année immédiatement précédente, ayant affirmé sous serment son intention d'en devenir citoyen), qui, ayant fait une découverte, désirera une prolongation de temps pour la porter à maturité, pourra déposer à l'office des patentes un caveat indiquant la nature, l'objet et les caractères particuliers de son invention, et obtenir protection de son droit jusqu'à cette époque, en payant au trésor la somme de vingt dollars. Cette somme, si le titulaire du caveat prend ultérieurement une patente pour l'invention y mentionnée, sera considérée comme reçue à valoir sur la taxe.

Ce caveat sera conservé aux archives confidentielles de l'office des commissaires ès patentes. Au cas où, dans l'année du dépôt, une autre personne demande une patente pour une invention avec laquelle le droit du déposant serait en opposition d'une manière quelconque, le commissaire déposera aux archives confidentielles du bureau les descriptions, les spécifications, les dessins et modèles reçus, et il en avisera celui qui aura déposé le caveat, lequel, s'il veut profiter des avantages de ce caveat, sera tenu de remettre, dans l'espace de trois mois après la réception de cet avis, la description, les dessins et modèles. Alors, si, au jugement du commissaire, les deux spécifications empiètent l'une sur l'autre, il pourra être procédé à tous égards comme il est prescrit par la présente loi pour le cas de deux demandes pour un objet analogue. Mais aussi, dans tous les cas, aucun avis ni décision d'un comité d'experts, constitué en vertu de cette loi, ne privera les personnes intéressées au maintien ou à l'annulation d'une patente, du droit de débattre la question devant toute cour de justice et dans tout procès où sa validité sera engagée.

Art. 13. — Advenant qu'une patente se trouve nulle, soit pour cause de description ou spécification incomplète, soit parce que le requérant aurait exposé dans sa spécification, comme inventé par lui-même, plus qu'il n'avait le droit de réclamer comme nouveauté, et si l'erreur provient d'inadvertance, accident ou méprise, sans mauvaise intention de fraude, le commissaire aura le droit, sur la restitution qui lui sera faite de cette patente, et moyennant le paiement d'un nouveau droit de quinze dollars, de faire délivrer audit inventeur pour la même invention et pour le reste de la durée de la première patente, une nouvelle patente où les termes de la spécification seront corrigés; et en cas de mort ou de cession faite par le titulaire de la première patente, son droit sera transmis à ses héritiers, cessionnaires ou ayants-cause. Une patente ainsi renouvelée, ainsi que la description corrigée, aura le même effet en justice, pour toutes contestations intentées postérieurement et pour des causes subséquentes, que si la spécification avait été originairement déposée, dans sa forme rectifiée, avant l'obtention de la première patente.

Après la date de sa patente, toutes les fois qu'un breveté voudra ajouter la description d'un nouveau perfectionnement à son invention, il pourra, en suivant les voies indiquées pour une demande primitive, et moyennant le paiement de cinq dollars de la manière qu'il a été dit ci-dessus, obtenir que la description ou spécification de ce perfectionnement soit ajoutée à la description ou spécification ancienne. Dans ce cas, le commissaire certifiera, en marge de la description annexée, le jour où cette annexe avec transcription aura eu lieu, et cette addition, ainsi opérée, aura pour l'avenir la même valeur que dans la spécification primitive.

Art. 14.—Lorsque, sur une action en dommages-intérêts, intentée contre ceux qui auraient contrefait au préjudice du privilége d'une patente, un verdict aura été rendu en faveur du demandeur, la cour pourra accorder une somme en sus du montant porté par ce verdict comme dommage réel éprouvé par le demandeur, sans que cette somme néanmoins puisse excéder le triple de ce montant, suivant les circonstances, y compris les frais. Ces dommages-intérêts pourront être recouvrés par une action portée devant les tribunaux compétents au nom de la partie intéressée, c'est-à-dire du patenté lui-même ou de ses cessionnaires ou ayants-cause, dans toute contrée des États-Unis où le privilége d'exploitation aura été concédé.

Art. 15. — Au cours d'un procès en contrefaçon, le prévenu pourra se refuser à plaider sur les détails, et prouver par témoins, soit que la spécification de la patente déposée ne contient pas toute la vérité, soit qu'elle contient plus que ce qui lui appartient réellement, ou bien qu'un usage public de la découverte avait été fait avant la demande de la patente, ou bien encore que la patente a été obtenue subrepticement et injustement au préjudice du véritable inventeur, ou bien enfin que le breveté, s'il était étranger au pays quand la patente lui a été accordée, a négligé de l'exploiter pendant dix-huit mois.

Art. 16. — En cas d'incompatibilité de deux patentes, ou en cas de refus d'une demande de patente par le motif qu'elle serait en opposition avec une patente antérieure non expirée, tous intéressés peuvent recourir devant la cour compétente, et celle-ci peut décider ou que les patentes sont nulles en tout ou en partie, ou qu'elles sont sans effet contre les opposés.

En vertu de l'arrêt rendu en faveur du requérant, le commissaire sera fondé à lui délivrer une patente, après le dépôt d'une copie de cet arrêt et l'accomplissement des autres formalités de la loi. Bien entendu qu'aucune sentence ne pourra préjudicier à d'autres qu'aux plaideurs ou aux individus qui auront acquis les droits de ces plaideurs depuis le prononcé de cette sentence.

Art. 17. — Les procès et contestations concernant la concession ou la propriété des priviléges exclusifs ressortiront toujours de la compétence des cours de circuit ou de toute autre cour de district ayant même juridiction ; puis la cour suprême des États-Unis connaîtra de l'appel.

Art. 18. — Lorsqu'un patenté voudra porter son privilége de sept années au delà du terme de quatorze ans, il en fera la demande, par écrit, au commissaire des patentes ; il aura soin d'exposer ses motifs, et justifiera du versement de quarante dollars au trésor. Cette demande sera insérée de suite dans certains journaux désignés par le commissaire, afin que chacun puisse faire valoir ses moyens contre la prolongation sollicitée.

Le conseil appréciera les raisons des deux côtés. Si sa décision est affirmative, le commissaire renouvellera et prolongera le privilége, en délivrant un certificat de cette extension pour le terme de sept années ; ce certificat, joint au procès-verbal constatant l'avis et le jugement du comité, sera enregistré au bureau des patentes ; et la patente, ainsi prolongée, aura effet comme si elle avait été primitivement accordée pour vingt et un ans.

Mais dans aucun cas une prolongation ne pourra être accordée à des patentes dont la durée, déterminée primitivement, est expirée.

Art. 19. — Dans l'office des patentes, il y aura une bibliothèque d'ouvrages scientifiques et de publications périodiques tant de l'étranger que d'Amérique, qui seront propres à faciliter aux principaux employés dudit office l'accomplissement de leurs fonctions.

Art. 20. — Les modèles et les spécimens des compositions, fabriques, manufactures et ouvrages d'art, patentés ou non patentés, une fois déposés dans ledit office, seront classés et ordonnés, par les soins du commissaire, dans des salons et galeries, qui devront rester ouverts à des heures convenables pour que le public puisse les visiter.

Art. 21. — Sont abrogés tous statuts antérieurs sur la même matière, etc.

Approuvé le 4 juillet 1836.

Suivent les signatures :

J. POLK, KING et ANDREW JACKSON.

LOI DU 3 MARS 1837.

ACTE ADDITIONNEL A LA LOI DU 4 JUILLET 1836, POUR FAVORISER LE PROGRÈS DES ARTS SCIENTIFIQUES ET UTILES.

Les cinq premiers articles de cet acte sont transitoires et particuliers aux patentes détruites dans l'incendie du 15 décembre 1836 ; ils remédient, autant que possible, aux funestes conséquences de cet incendie, en avisant au remplacement des plus intéressants modèles qui avaient péri par le feu.

Article 6. — A l'avenir, aucune patente ne sera délivrée aux cessionnaires de l'inventeur qu'après enregistrement de l'acte de la cession, sur la réquisition de la partie intéressée, et après affirmation, par serment de l'inventeur, de l'exactitude de sa spécification. Et aussi, à l'avenir, quiconque demandera une patente sera tenu de fournir des dessins en double expédition, s'il y a lieu ; l'un de ces dessins restera déposé au bureau, l'autre sera annexé à la patente comme une partie intégrante de la spécification.

Art. 7. — Lorsque, par inadvertance, accident ou erreur, le breveté aura donné une trop grande étendue à la spécification de sa demande, en vue de réclamer plus que ce dont il était l'inventeur effectif, si les parties substantielles et constitutives de l'objet breveté sont réellement et véritablement de son invention, ce breveté lui-même ou ses ayants-droit auront la libre faculté de désavouer celles de ces parties qu'ils n'entendent pas réclamer en vertu de la patente; puis alors le désaveu sera rédigé par écrit, attesté par un ou plusieurs témoins, et enregistré au bureau des patentes, à la charge, par celui qui fait le désaveu, de payer dix dollars. Une fois que le désaveu aura été enregistré, il deviendra comme une partie intégrante de la spécification primitive, en proportion de l'intérêt que celui dont il émane aura dans la patente et dans les droits qui en résultent. Du reste, le désaveu n'aura aucune influence sur une action pendante à l'époque où il aura été fait, à moins qu'on ne soulève ici la question de savoir si, dans la procédure, il a été commis une négligence contraire au droit ou si l'on a signifié des délais en désaccord avec la nature de l'affaire.

Art. 8. — Dans tous les cas où une personne réclamera du commissaire une addition à faire à une patente existante à raison d'un perfectionnement nouveau, ou lorsqu'une patente aura été renvoyée pour être corrigée et délivrée à nouveau, la spécification du privilége réclamé pour toute patente semblable sera sujette à révision et restriction.

Si, par suite de cette demande, le commissaire juge la révision ou restriction fondée, il n'ajoutera le perfectionnement à l'ancienne patente et n'accordera la délivrance de la nouvelle qu'après que le pétitionnaire lui aura fait passer un *disclaimer*, ou aura modifié la description du privilége réclamé, conformément à la décision du commissaire. En tous cas, si le pétitionnaire n'est pas satisfait de cette décision, il aura droit aux mêmes recours et priviléges que ceux établis pour les demandes de patentes originaires.

Art. 9. — Il est dérogé à la disposition contenue en l'article 15 de la loi du 4 juillet 1836; et toutes les fois qu'un breveté, par erreur, accident ou inadvertance, sans faute ni intention de tromper le public, aura prétendu, dans sa spécification, être l'inventeur primitif d'une partie substantielle et essentielle de l'objet de ce brevet, sans l'avoir inventée réellement, et sans être, par suite, légalement fondé à y prétendre, la patente n'en sera pas moins considérée comme bonne et valable, pour telle partie de l'invention qui lui appartiendra réellement et de bonne foi, pourvu que cette invention porte sur une partie substantielle et essentielle de l'objet breveté, et qu'elle se distingue positivement des autres parties qu'on avait prétendu, sans droit, être également de nouvelle invention. Le propriétaire dudit brevet ou ses ayants-droit, et toute personne ayant un intérêt quelconque dans le même privilége, seront fondés à soutenir une action devant justice contre toute infraction à celles de ses parties qui sont des inventions effectives, bien que la spécification contienne plus qu'il ne sera en droit de réclamer. Mais, toutes les fois qu'un jugement ou verdict sera rendu en faveur du demandeur, celui-ci ne pourra réclamer le remboursement des frais faits contre le défendeur, à moins qu'il n'ait fait présenter au bureau des patentes, avant le commencement du procès, un *disclaimer* de toutes les parties de l'objet patenté qui étaient indûment présentées comme invention. Le demandeur sur cette action ne pourra invoquer le bénéfice des dispositions contenues en cet article, dans le cas où il aurait, sans raison valable, différé de faire présenter ledit *disclaimer* à l'office des patentes.

Art. 10. — Le commissaire est autorisé par la présente à nommer des agents dans vingt des principales villes des États-Unis, les mieux situées dans les différentes parties du pays, lesquels seront chargés de recevoir et d'expédier à l'office des patentes tous modèles, spécimens de substances et de manufactures, que l'on sera dans l'intention de faire breveter ou d'y déposer, tous frais de transport restant à la charge de la caisse des patentes.

Art. 11. — Il est aussi autorisé à nommer deux commis, un copiste et des clercs temporaires, à l'effet d'expédier et collationner les copies et dessins, ainsi qu'il est expliqué dans l'article 1er.

Art. 12. — Quand une demande de patente faite par un étranger aura été rejetée et retirée pour défaut de nouveauté dans l'invention, conformément à l'article 7 de la loi dont celle-ci forme une addition, le certificat qui en sera donné par le commissaire établira une garantie suffisante au trésorier, pour restituer au pétitionnaire les deux tiers de la somme qu'il en aura reçue.

Art. 13. — Enfin dans les divers cas où la présente loi, de même que celle du 4 juillet 1836, exige le serment, si la personne qui doit le prêter éprouve quelque scrupule, une simple affirmation pourra y être substituée.

Art. 14. — (Il renferme des dispositions réglementaires et administratives, qui n'intéressent guère les individus et qu'il importe peu de consigner ici.)

Nota. Ces deux lois de l'Union américaine ont été modifiées par deux autres du 3 mars 1839 et du 29 août 1842.

CHAPITRE III.

SOMMAIRE

DE LA LÉGISLATION SUR LES DESSINS, MODÈLES ET MARQUES DE FABRIQUE AUX ÉTATS-UNIS D'AMÉRIQUE.

Cette matière est réglementée et les usurpations sont réprimées par les deux lois du 19 août 1842 et du 14 mai 1845.

Tout fabricant américain, de même que tout fabricant étranger ayant résidé une année aux États-Unis, peut obtenir une patente, qui lui garantit la propriété des dessins, modèles sculptés ou ornementés et des marques de fabrique de son invention.

Cette patente confère un privilége de sept années.

On l'obtient en remplissant les mêmes formalités que celles qui sont usitées pour l'obtention des patentes d'invention. Mais la taxe n'est que de moitié de celles qui se paient pour les patentes d'invention.

Quand un produit ou un procédé industriel est fabriqué suivant un dessin protégé par une patente, tous ceux de cette nature qui sortent de la fabrique doivent être revêtus d'une marque indiquant la date de la patente et le nom du patenté.

En outre, chaque fabricant a la faculté d'imprimer sur ses produits telle étiquette ou marque qu'il lui convient.

AUTRICHE.

CHAPITRE PREMIER.

SOMMAIRE

DE LA LÉGISLATION SUR LES BREVETS D'INVENTION.

Tout inventeur, Autrichien ou non, a la faculté de demander un privilége d'invention ou d'importation pour toutes les possessions de l'empire d'Autriche.

Le droit de faire breveter une importation n'appartient qu'à l'inventeur ou à son cessionnaire dûment reconnu. Alors la durée du privilége ne peut dépasser celle du brevet pris à l'étranger. Et le postulant doit joindre à sa demande une expédition officielle du brevet étranger.

Le breveté est obligé, à peine de déchéance, de mettre sa découverte à exécution, en Autriche, dans le cours de la première année à dater de l'expédition du brevet, et de ne pas interrompre l'exploitation sans motifs légitimes pendant deux années successives.

La plus longue durée d'un brevet est de quinze ans. Toutes les fois qu'un brevet d'invention ou d'importation aura été demandé et obtenu pour une durée plus courte, le breveté pourra successivement le faire prolonger jusqu'à quinze années en présentant successivement une requête spéciale. La moindre durée est d'une année.

La taxe de chaque brevet se paie entièrement avant la requête ou demande. Cette taxe est, pour une année, de 20 florins (1) ; pour cinq ans, de 100 florins ; pour six à dix, de 200 florins ; pour onze à quinze ans, de 400 florins. On paie en outre pour impôt du commerce et timbre 10 florins par an.

En outre, pour un procédé qui se rattache à la chimie ou à l'hygiène, il faut payer à la Faculté de médecine une taxe particulière de 25 florins.

Celui qui sollicite un brevet doit déposer lui-même, ou par l'intermédiaire d'un procureur, les pièces suivantes :

1° Le récépissé de toute la taxe d'après le nombre d'années indiqué dans sa requête ;

2° Une requête ou pétition au gouverneur provincial, indiquant quel est l'inventeur, quelle est la découverte, et quelle durée on fixe ;

3° Une description de la découverte, qui précise sa nature, ses éléments essentiels, ses points nouveaux, et généralement tous les détails nécessaires à sa mise en pratique ;

4° Les dessins ou échantillons qui seraient nécessaires à l'intelligence de la description ;

5° Une expédition authentique légalisée du brevet étranger, quand il y en a un.

Toutes les fois qu'un inventeur étranger se fait représenter par un mandataire, il doit fournir une procuration authentique.

_____

(1) Le florin vaut 2 fr. 50 c.

Enfin, à l'expiration définitive d'un privilége ou d'une première période, dont on demande la prolongation, l'administration autrichienne se fait remettre ou représenter le titre qui constitue le brevet.

CHAPITRE II.

TEXTE

DE LA NOUVELLE LOI SUR LES BREVETS D'INVENTION, DÉCRÉTÉE LE 15 AOUT 1852.

Nous FRANÇOIS-JOSEPH, par la grâce de Dieu, empereur d'Autriche, etc., voulant protéger le génie inventif dans toutes les provinces de notre empire, et prenant en considération les modifications reconnues nécessaires à la loi du 31 mars 1832, de l'avis de nos ministres et de notre conseil aulique, nous avons décrété, pour toute l'étendue de nos États, la nouvelle loi dont suit la teneur :

SECTION PREMIÈRE.

Objet d'un brevet d'invention.

Article 1er. — Un brevet peut être accordé, sauf les modifications contenues aux articles 2, 3, 4 et 5, pour toute découverte, invention ou amélioration qui a pour objet :

1° Un nouveau produit industriel ;

2° Un nouveau moyen de production ;

3° Un nouveau procédé de fabrication, que le brevet soit demandé par un Autrichien ou par un étranger.

Sera considéréc :

Comme découverte, toute révélation d'un procédé industriel exercé dans les temps passés, mais perdu depuis ou généralement inconnu dans notre empire ;

Comme invention, toute fabrication d'un objet nouveau par des procédés nouveaux, ou d'un objet nouveau par des moyens déjà connus, ou bien d'un objet connu par d'autres moyens que ceux employés jusqu'ici à sa fabrication ;

Comme amélioration ou perfectionnement, toute addition d'un procédé ou d'un arrangement à un objet connu ou breveté, par laquelle on tend à obtenir un meilleur succès ou une plus grande économie dans le résultat ou dans l'exécution.

Enfin, une découverte, une invention ou une amélioration sera nouvelle si elle n'a pas encore été exploitée dans l'empire d'Autriche ni décrite dans un ouvrage imprimé.

Art. 2. — Il n'est pas accordé de brevet pour la composition d'aliments, de boissons ou de médicaments, ni pour des inventions contraires à la morale, à la sûreté publique ou aux lois de l'État.

Art. 3. — L'importation, dans les États autrichiens, d'une invention, n'est brevetable que dans le cas où elle est encore privilégiée à l'étranger ; et un brevet ne peut être octroyé qu'au titulaire du brevet étranger ou à ses ayants-droit.

Art. 4. — Un brevet délivré pour un objet déjà connu ou patenté ne protégera que la partie perfectionnée.

Art. 5. — Il n'est pas délivré de brevet pour un principe scientifique, ou pour une thèse purement scientifique, quand même le principe ou la thèse serait susceptible d'application immédiate à des objets industriels ; mais les applications nouvelles d'un tel principe sont brevetables, si elles constituent un nouveau produit industriel, un nouveau moyen industriel ou un nouveau procédé de fabrication.

Art. 6. — Pour comprendre deux ou plusieurs inventions, découvertes ou améliorations, dans un seul brevet, il faut nécessairement qu'elles se rapportent au même objet comme parties ou moyens essentiels.

SECTION II.

Conditions pour l'obtention d'un brevet.

Art. 7. — Celui qui désire obtenir un brevet est obligé de remplir les conditions suivantes :

1° D'adresser une requête spéciale à l'autorité compétente ;

2° D'anticiper le paiement de la taxe fixée suivant le nombre d'années sollicité ;

3° De déposer une description claire et circonstanciée de l'invention, ainsi que des dessins ou modèles s'il est nécessaire pour plus d'intelligence.

Quant à la rédaction de ces diverses pièces, elle doit offrir assez de clarté pour que tout homme de l'art puisse l'imiter à l'expiration du brevet.

Art. 8. — Toute demande doit être adressée au gouvernement provincial.

Art. 9. — Elle peut être formulée par celui qui veut être breveté ou par son fondé de pouvoir.

Dans tous les cas, la requête doit indiquer :

1° Les nom et prénoms, la profession et le domicile du pétitionnaire ou de son représentant dans les États autrichiens, ainsi que sa maison de commerce ;

2° La dénomination de la découverte ou de l'invention ;

3° Le nombre d'années qu'on désire attribuer au brevet ; mais cette durée ne dépassera jamais quinze années, et elle sera limitée, pour les brevets d'importation, au nombre d'années restant à courir du brevet étranger ;

4° Que l'on désire le secret de l'invention ou non.

Art. 10. — On doit joindre à la demande d'un brevet, savoir :

1° Un récépissé constatant le versement anticipé de la taxe à la caisse publique ;

2° Un pouvoir authentique, quand la demande est formée par un mandataire ;

3° Le brevet étranger ou une copie légalisée, quand il s'agit d'une invention étrangère ;

4° La description de l'invention, avec dessins, sous enveloppe cachetée, portant en suscription le titre de l'invention et le domicile du pétitionnaire ou de son procureur.

Art. 11. — La taxe est de cent florins pour les cinq premières années, de deux cents florins pour les cinq années suivantes, et de quatre cents florins pour les cinq dernières années.

Cette taxe se répartit ainsi :

Pour les cinq premières années................	100 florins.
Pour la 6e année...........................	30
— 7e —	35
— 8e —	40
— 9e —	45
— 10e —	50
— 11e —	60
— 12e —	70
— 13e —	80
— 14e —	90
Et pour la 15e année........................	100
La taxe totale pour quinze années est donc de...	700 florins.

Cette taxe doit être payée d'avance pour le nombre d'années proposé. La restitution n'a lieu qu'au cas de refus ou d'annulation du brevet.

Art. 12. — Pour arriver à l'obtention d'un brevet, la description doit renfermer les conditions suivantes, savoir :

1° Être en langue allemande ou dans la langue de la province où est présentée la demande, puis signée par le demandeur ou son mandataire ;

2° Donner l'analyse détaillée de l'invention, dont le titre est dans cette requête ;

3° Être conçue si nettement que tout homme du métier soit à même de confectionner l'objet à sa lecture ;

4° Préciser d'une manière toute particulière la découverte, objet du brevet ;

5° Exposer clairement et sans équivoque cette découverte, avec ses parties essentielles ;

6° Ne dissimuler aucun moyen d'action, aucun mode d'exécution ; ne pas indiquer des moyens plus dispendieux ou moins efficaces ; ne celer aucun procédé essentiel au succès de l'entreprise.

Art. 13. — Le fonctionnaire qui recevra la requête de brevet, constatera sa régularité, et écrira sur l'enveloppe de la description le jour et l'heure du dépôt, et la somme payée d'avance à titre de taxe. Cette mention sera signée par le sollicitant ou par son mandataire, lequel recevra alors un certificat indiquant le nom et la résidence dudit sollicitant, le jour et l'heure de la présentation, le paiement de la taxe et la dénomination de l'invention brevetable.

La priorité sera attachée à cette date, de manière que toute invention faite ou exploitée postérieurement sera regardée comme nulle et non avenue, et ne pourra nuire en aucune manière à la nouveauté de l'invention régulièrement décrite et immatriculée.

Art. 14. — Dans les provinces où la requête ne s'expédie pas immédiatement au gouvernement central, elle doit être adressée dans les trois jours, au plus tard, au gouvernement provincial.

Art. 15. — Le gouvernement examine toute demande de brevet sur le double point de savoir :

Si l'invention est susceptible d'être brevetée ;

Et si les pièces annexées sont conformes aux prescriptions légales.

Si la découverte ou invention est reconnue non brevetable, il en sera donné avis au pétitionnaire, avec invitation de reprendre la description cachetée et la taxe payée d'avance, à moins qu'il ne préfère s'adresser au ministre du commerce dans les délais déterminés par la loi.

Du reste, c'est au ministre du commerce que sont adressées les requêtes régulières, accompagnées des descriptions et des autres pièces cachetées.

Art. 16. — Il est réservé exclusivement au ministre du commerce d'ouvrir la description cachetée, et d'examiner, en dernier ressort, si toutes les formalités et prescriptions légales ont été remplies ponctuellement.

Art. 17. — L'examen préalable ne portant en aucune manière sur la nouveauté ou l'utilité d'une invention quelconque, le gouvernement délivre le brevet aux risques et périls du demandeur.

Art. 18. — Lorsque rien ne s'opposera à la délivrance du brevet, il sera expédié et signé par le ministre du commerce ; autrement, un exposé des motifs du refus sera adressé au demandeur, et la taxe remboursée.

Art. 19. — L'obtention d'un brevet d'invention ne délie point de l'observation des lois qui existent dans l'intérêt de la santé, de la sûreté ou de la morale, et ce brevet ne peut être exploité qu'en se conformant à ces lois.

Art. 20. — Les descriptions et autres pièces resteront déposées aux archives de l'office des brevets.

SECTION III.

Droits et avantages des brevetés.

Art. 21. — Un brevet garantit et protége l'exercice exclusif d'une invention, telle qu'elle est exposée dans le mémoire descriptif, et cela pendant le temps pour lequel le brevet a été obtenu.

Art. 22. — Le breveté a le droit d'établir les ateliers et d'engager les ouvriers nécessaires à l'exploitation de son brevet dans toute l'étendue qu'il juge à propos, par conséquent, de fonder dans tout l'empire des établissements et magasins, pour confectionner et débiter le produit de son brevet sous la protection de la loi; de fonder des sociétés, de disposer de son brevet, de vendre des licences, de le louer, et de prendre également à l'étranger un brevet pour la même découverte.

Il va sans dire que ces avantages sont limités à l'objet de l'invention brevetée; qu'ils ne sauraient s'étendre à une invention analogue, pas plus que nuire aux droits d'autrui.

Art. 23. — Au cas de brevet pour cause de perfectionnement d'un objet déjà breveté, l'effet en sera limité à cette amélioration; et le propriétaire du brevet primitif ne pourra employer ou exécuter le perfectionnement sans le consentement du nouveau breveté.

SECTION IV.

Étendue et durée des brevets. Publication.

Art. 24. — Les brevets sont accordés pour tout l'empire d'Autriche.

Art. 25. — La durée la plus longue d'un brevet est de quinze années; mais nous nous réservons de concéder par faveur une plus longue durée au cas où le breveté appuierait sa demande de raisons importantes et plausibles.

Art. 26. — La jouissance d'un privilége exclusif remonte à la date du brevet.

Art. 27. — Quiconque possède un brevet de moins de quinze ans est libre d'en demander la prolongation, pourvu qu'il présente sa demande avant l'expiration de ce délai, et qu'il paie d'avance toute la taxe afférente à la prolongation sollicitée.

La clause de prolongation est apposée au brevet primitif, sur la présentation qui en est faite au ministre du commerce.

Art. 28. — Tous les brevets délivrés par le ministre du commerce sont publiés d'office.

Art. 29. — Les brevets perdent leur validité ou plutôt lesdits brevets, quels qu'ils soient, cessent d'avoir force et vigueur en vertu d'une déclaration de nullité, qui peut être prononcée pour inexécution des prescriptions de la loi, dans les cas suivants :

1° Si la description de l'invention en général est incomplète et non conforme aux prescriptions de l'article 12;

2° Si quelqu'un prouve légalement que l'invention n'était pas nouvelle au jour et à l'heure du certificat de dépôt;

3° Si l'invention brevetée a été importée d'un pays étranger, et que le brevet autrichien ait été accordé à une autre personne qu'au breveté étranger ou qu'à ses cessionnaires ou ayants-droit;

4° Si le propriétaire d'un brevet antérieur prouve que l'invention brevetée postérieurement est identique à l'invention qui lui appartient;

5° Si la mise à exécution d'un brevet est contraire à la sûreté publique.

Tout brevet s'éteint dans ces trois cas :

1° Si le breveté n'a pas commencé à exploiter son invention dans l'année du jour de la signature du brevet, ou s'il a cessé de l'exploiter pendant deux années continues;

2° Si la durée du brevet est expirée;

3° Si le breveté renonce à son brevet.

Art. 30. — L'invention tombe dans le domaine public, dès qu'un brevet a perdu sa force et vigueur ou qu'il s'est éteint.

SECTION V.

Enregistrement des brevets.

Art. 31. —Tout brevet est enregistré au ministère du commerce. Si un brevet est exploité sous une raison de commerce différente de celle du vrai propriétaire, cette raison doit être également inscrite sur les registres. Quant aux descriptions, dessins, modèles et autres pièces, ils seront déposés aux archives de l'office des brevets.

Art. 32. — Il est permis à chacun de demander des renseignements sur les brevets et de consulter les registres. Chacun peut aussi copier les descriptions d'inventions qui ont cessé d'être brevetées ou dont on n'a pas demandé le secret.

Art. 33. — A la fin de chaque mois, il sera présenté au ministère du commerce un état des nouveaux brevets, prolongations et dessins; cet état mensuel sera communiqué aux gouvernements provinciaux et aux chambres de commerce sur toute l'étendue de l'empire, pour les mettre à même d'établir des registres et de donner les éclaircissements demandés. Il sera aussi publié un état annuel.

Art. 34. — Enfin, on publiera tous les ans les descriptions d'inventions ou découvertes qui, n'étant plus brevetées, auront pour objet une industrie importante ou utile.

SECTION VI.

Cession des brevets.

Art. 35. — Tout brevet peut être cédé à d'autres personnes par acte entre-vifs ou testamentaire.

Art. 36. — Tout acte de cession, accompagné du brevet, doit être présenté au ministère du commerce, soit directement, soit par le gouvernement de la province où la cession a eu lieu, ou par le gouvernement du domicile du pétitionnaire et préalablement l'acte doit être légalisé par l'autorité compétente.

Tout acte de cession est inscrit sur le registre et confirmé sur le brevet même, puis spécialement au cas de cession partielle d'un brevet, il en est délivré un certificat particulier aux parties intéressées.

Art. 37. — Une fois enregistrées, les cessions de brevets seront publiées sans retard.

SECTION VII.

Infractions aux droits du breveté.

Art. 38. — Quiconque, sans autorisation ni permission du breveté, imite ou contrefait l'objet du brevet tel qu'il est exposé dans la description authentique, quand bien même la contrefaçon ou l'imitation aurait eu lieu en exécution d'un brevet analogue, mais postérieur ; quiconque introduit en pays étranger ou en exporte des objets imités ou contrefaits d'un brevet autrichien, pour en faire le commerce ; quiconque enfin se charge de vendre ou d'exposer de tels objets, porte atteinte aux droits du breveté.

Art. 39. — Quand une description d'invention brevetée est inscrite sur les registres publics, la première infraction constitue déjà une violation de la loi ; mais si la description est restée secrète, toute récidive de l'infraction interdite sera punie, outre la confiscation des objets contrefaits, d'une amende de 25 à 1,000 florins. Puis, au cas d'insolvabilité, le délinquant sera puni de la prison à raison de 5 florins par jour ; enfin, tous les instruments et appareils ayant servi à la contrefaçon seront démontés ou détruits, à moins que les deux parties ne s'arrangent à l'amiable, et ladite amende sera versée dans la caisse des pauvres de la localité où le délit a été commis.

En supposant que le délinquant ait abusé de la confiance du breveté pour porter atteinte à ses droits, ce fait constitue une circonstance aggravante.

Art. 40. — Quand un breveté ne veut pas poursuivre un procès, ou qu'il s'agit d'un brevet dont la description est tenue secrète, il est fondé à faire cesser la contrefaçon et la vente des objets contrefaits, et à exiger toutes les garanties, afin que ces objets contrefaits ne soient ni employés ni vendus dans l'empire d'Autriche pendant la durée du brevet, et pour que l'on exporte à l'étranger les choses qui en sont venues.

Art. 41. — Toute invention en litige sera jugée uniquement selon la description déposée avec la demande. Par conséquent, cette description sera prise pour base dans tous les cas où la décision dépendra du texte de cette description, sans avoir égard au secret réclamé par le sollicitant.

Art. 42. — La question de nullité d'un brevet appartient au ministre du commerce seul ; lui seul peut statuer sur la question de nouveauté d'une invention et sur l'identité entière ou partielle de deux inventions brevetées.

Art. 43. — Les enquêtes et pénalités sur les délits spécifiés ci-dessus sont de la compétence des tribunaux de première instance ; mais on peut, dans le délai de quinze jours, recourir au gouvernement provincial et ensuite au ministre du commerce. Au cas de recours contre un jugement de première instance, il ne peut être exécuté qu'après la décision légale.

Art. 44. — Le tribunal peut déléguer des experts pour faire constater le point de la contrefaçon, et ordonner, sur la demande du breveté, la saisie immédiate des instruments et appareils qui ont servi exclusivement à la contrefaçon ; mais, en tous cas, il faut avoir soin de faire constater légalement la contrefaçon et que le prévenu n'essuie pas des pertes irréparables dans les affaires qui sont étrangères aux droits du breveté.

Art. 45. — S'il résulte de l'instruction que la décision dépend de questions préliminaires, le tribunal est tenu de discontinuer la procédure, et d'en référer d'abord au ministre du commerce ; mais les mesures conservatoires, telles que l a saisie, peuvent être maintenues jusqu'à la décision sollicitée.

Art. 46. — Quand il s'agit de la suspension de la contrefaçon et non d'une amende, ou quand la propriété d'un brevet est à constater, le tribunal civil prononcera sa sentence après avoir informé l'affaire légalement.

Art. 47. — Une fois la contrefaçon constatée régulièrement, le tribunal civil pourra ordonner, sur la demande du breveté, la saisie immédiate des objets contrefaits ou d'autres mesures conservatoires, en observant les précautions mentionnées dans l'article 44.

Ces diverses mesures doivent être justifiées dans le délai de huit jours par une plainte portée contre le prévenu ; sinon ce dernier pourra faire suspendre immédiatement la saisie et demander des dommages-intérêts.

Art. 48. — Si la décision dépend de questions préliminaires, les parties sont tenues de consulter le ministre du commerce, et de produire son avis dans le cours de l'instance.

Art. 49. — Les empiétements sur les droits d'autrui, dont un breveté se rendrait coupable en excédant l'étendue de son privilége, seront punis par les autorités appelées à juger les contraventions industrielles.

Art. 50. — Les tribunaux compétents décideront si celui qui s'approprie illicitement la découverte d'autrui, en vue d'obtenir un brevet, se rend coupable d'une fraude ou d'un autre fait de nature à être puni.

SECTION VIII.

Dispositions transitoires sur les brevets délivrés antérieurement à la présente loi.

Art. 51. — Les titulaires d'anciens brevets délivrés conformément à la loi du 31 mars 1832, ont le droit de faire valoir leurs priviléges dans les provinces de l'empire où cette loi n'a pas encore été promulguée; mais cette extension ne peut nuire aux intérêts de ceux qui y auront déjà exploité l'invention brevetée avant la publication de la présente loi.

Art. 52. — Pour obtenir l'extension de son privilége, le breveté doit solliciter la publication de son brevet du gouvernement de la province où il désire l'étendre.

Art. 53. — Cette publication n'entraînera aucun supplément de taxe.

Art. 54. — Toute demande antérieure de prolongation de brevet sera soumise à la présente loi, dès qu'elle sera en vigueur.

Art. 55. — Mais tous empiétements sur les droits d'un breveté, commis avant l'application de la présente loi, seront jugés en conformité de la loi du 31 mars 1832.

Art. 56. — Sauf quelques exceptions ci-dessus prévues ,

la loi actuelle est immédiatement exécutoire pour tout ce qui concerne l'exploitation, la durée, la validité ou la mutation des brevets antérieurs.

Donné dans notre capitale et résidence de Vienne, le 15 août 1852.

FRANÇOIS-JOSEPH.

CHAPITRE III.

SOMMAIRE

DE LA LÉGISLATION SUR LES MARQUES DE FABRIQUE OU DE COMMERCE.

Un règlement du 9 septembre 1792 compose toute la législation sur les marques de fabrique dans les États de l'empire d'Autriche. A ce règlement est annexé un tarif, qui énumère les marchandises pour lesquelles une marque est *obligatoire*, de sorte que toute marchandise qui n'est point revêtue de cette marque est saisie et confisquée sans examen.

Cette marque consiste en une estampille, qui donne lieu au paiement d'une taxe au profit de l'État.

Ce sont les employés de l'État qui apposent cette estampille, en visitant les ateliers, fabriques et magasins. Une prime est allouée à tous ceux qui dénoncent quelque marchandise soustraite à la marque.

Si un fabricant ou un marchand est convaincu d'avoir apposé un faux timbre sur des marchandises, non-seulement il doit payer la taxe, mais encore il encourt des peines fort sévères.

Les marchandises destinées à l'exportation sont exemptes de la marque, à la condition que la destination soit indiquée d'avance, que l'emballage soit fait sous les yeux d'un employé de l'État, et que cette marchandise soit expédiée au bureau de douane le plus rapproché, accompagnée d'un certificat d'origine délivré par l'employé de l'État.

GRAND-DUCHÉ DE BADE.

CHAPITRE UNIQUE.

SOMMAIRE

SUR LES BREVETS D'INVENTION ET D'IMPORTATION.

Le gouvernement du grand-duché de Bade a accepté pour base de réglementation de la matière des brevets d'invention et d'importation, la convention du Zollverein, en date du 21 septembre 1842, dont nous donnons la copie sous la rubrique : *Législation de la Confédération germanique.*

Celui qui demande un brevet est obligé :

1° D'établir qu'il est inventeur ou propriétaire légitime de la découverte brevetable ;

2° De fournir une description précisant la nature

et les avantages de cette découverte, avec les dessins nécessaires à son intelligence;

3° De présenter un sujet badois pour caution du paiement de la taxe et des droits;

4° De joindre une copie authentique du brevet étranger, quand il en a été pris.

La durée d'un brevet d'importation ne peut jamais dépasser le terme qui reste à courir du brevet étranger, ni plus de quinze ans.

En général le brevet est accordé, après examen de la demande par une commission de savants ou d'experts, pour cinq, dix ou quinze ans.

La taxe et les droits varient de 30 à 70 florins.

BAVIÈRE.

CHAPITRE PREMIER.

SOMMAIRE

SUR LES BREVETS D'INVENTION ET D'IMPORTATION.

En Bavière, la matière des brevets d'invention et d'importation est soumise aux principes généraux consignés dans la convention du Zollverein, en date du 21 septembre 1842, dont nous donnons plus loin la copie sous la rubrique : *Législation de la Confédération germanique.* Elle est régie spécialement par la loi du 11 septembre 1825, et par l'ordonnance royale du 10 février 1842, qui a reproduit presque en entier les dispositions de cette loi.

Les sujets bavarois, et aussi les étrangers, peuvent obtenir des brevets d'invention ou d'importation, dont la durée varie d'un an à quinze ans. Un brevet de moins de quinze ans peut être prolongé jusqu'à ce terme, sur une demande faite avant l'expiration de la période en cours.

Un brevet d'importation ne peut jamais durer au delà du terme d'expiration du brevet étranger, ni plus de quinze ans.

Les pièces à fournir par le postulant sont :

1° Une requête ou demande au ministre de l'inté-rieur ;

2° Une description, en double expédition, en indi-quant le titre de la découverte ;

3° Les dessins, plans et coupes aussi en double, les modèles ou échantillons qui seraient nécessaires pour faire comprendre cette découverte ;

4° L'original ou une expédition authentique du brevet étranger, quand il s'agit d'une importation en Bavière ;

5° Une procuration quand on agit par un repré-sentant.

Le brevet ne s'accorde qu'après examen de l'invention, et néanmoins sans garantie des droits du breveté, qui restent subordonnés à l'exactitude de sa déclaration. Une condition essentielle, outre celle de la nouveauté, c'est que l'objet brevetable, invention, perfectionnement ou importation, soit important et d'utilité publique.

La taxe n'est point payable au moment de la demande; mais elle doit toujours être payée en totalité au moment de la délivrance du brevet pour toute sa durée.

Cette taxe est de 5 florins pour chacune des cinq premières années ; de 10 florins pour chaque année depuis et compris la sixième jusque et compris la dixième.

Elle augmente ensuite dans la proportion suivante : — pour un brevet de onze ans, 95 florins; — de douze ans, 125 florins; de treize ans, 165 florins; — de quatorze ans, 215 florins; de quinze ans, 275 florins.

Le breveté qui cède son privilége en totalité ou en partie doit en donner avis au ministre de l'intérieur dans les trois mois; et toute mutation de propriété ou de jouissance a besoin d'être enregistrée au ministère de l'intérieur.

Règle générale, un brevet d'invention doit, à peine de déchéance, être mis en exploitation sur le territoire bavarois dans les trois premières années de sa date, et un brevet d'importation dans la première année de la signature royale. Spécialement, un brevet d'invention de moins de six ans doit être exploité dans la première moitié de sa durée.

CHAPITRE II.

SOMMAIRE

DES MARQUES DE FABRIQUE EN BAVIÈRE.

Cette matière est régie par une loi du 6 mars 1840. La marque n'est point obligatoire en Bavière. Elle est volontaire et consiste dans le nom du manufacturier, joint à l'indication du siége de la fabrique, ou bien dans un emblème quelconque.

Pour conserver la propriété de sa marque et le droit de poursuivre les contrefacteurs, le fabricant doit remettre un modèle ou empreinte et une description de cette marque à l'administration de la police du district.

Cette protection peut être aussi accordée aux marques des fabricants et industriels étrangers, lorsqu'ils ont fait la déclaration et le dépôt de cette marque à l'autorité de police d'un district bavarois, ou seulement lorsqu'ils ont imprimé sur leurs produits leur nom et leur domicile; mais il faut toujours, pour qu'ils puissent réclamer cette protection, que les industriels et fabricants bavarois soient admis au même avantage par la nation du fabricant étranger.

BELGIQUE.

CHAPITRE PREMIER.

SOMMAIRE

DE LA LÉGISLATION SUR LES BREVETS D'INVENTION, ETC.

Le gouvernement belge délivre aux nationaux , comme aux étrangers, des brevets d'invention, de perfectionnement et d'importation.

Mais quand un brevet a été pris à l'étranger, il n'y a que le breveté ou ses ayants droit qui soient admis à demander un brevet d'importation en Belgique.

Quand un brevet d'importation est délivré, il faut, à peine de déchéance, que ce brevet soit mis en exploitation en Belgique au plus tard dans l'année de la mise en exploitation en pays étranger.

La plus longue durée d'un brevet est de vingt ans. Mais, quand il y a déjà un brevet pris dans un autre pays, le brevet belge ne s'accorde que pour la même durée.

La taxe de la première année est de 10 fr, ; de la deuxième année, 20 fr. ; de la troisième année, 30 fr.; de la quatrième année, 40 fr. ; et ainsi de suite en augmentant de 10 fr. chaque année.

Il est dû en outre certains frais, déboursés et honoraires d'agence.

L'étranger qui sollicite la délivrance d'un brevet

doit produire : 1° une procuration ; 2° un mémoire descriptif en double expédition, 3° et un dessin avec échelle métrique aussi en double, quand il est nécessaire à l'intelligence de la découverte, en ayant soin de marquer d'une teinte particulière les dessins qui caractérisent spécialement l'invention,

La date du brevet court du jour du dépôt régulier de la demande.

Lorsque la taxe annuelle n'a pas été payée dans le mois de l'échéance, le breveté, après avertissement, doit, sous peine de déchéance du privilége, payer une somme de 10 fr., outre la taxe exigible, avant l'expiration des six mois qui suivent l'échéance.

Enfin, chaque cession de brevet donne lieu au paiement d'une somme fixe de 10 fr.

CHAPITRE II.

TEXTES.

LOI DU 24 MAI 1854, SUR LES BREVETS D'INVENTION.

LÉOPOLD, roi des Belges,

A tous présents et à venir, salut.

Les chambres ont adopté et nous sanctionnons ce qui suit :

Article 1ᵉʳ. — Il sera accordé des droits exclusifs et temporaires, sous le nom de brevet d'invention, de perfectionnement ou d'importation, pour toute découverte ou tout perfectionnement susceptible d'être exploité comme objet d'industrie ou de commerce.

Art. 2. — La concession des brevets se fera sans examen préalable, aux risques et périls des demandeurs, sans garantie, soit de la réalité, soit de la nouveauté ou du mérite de l'invention, soit de l'exactitude de la description, et sans préjudice des droits des tiers.

Art. 3. — La durée des brevets est fixée à vingt ans, sauf le cas prévu à l'art. 14; elle prendra cours à dater du jour où aura été dressé le procès-verbal mentionné à l'art. 18. Il sera payé, pour chaque brevet, une taxe annuelle et progressive ainsi qu'il suit :

1re année..............................	10 francs.
2e —	20 —
3e —	30 —

et ainsi de suite jusqu'à la vingtième année, pour laquelle la taxe sera de 200 francs. La taxe sera payée par anticipation, et, dans aucun cas, ne sera remboursée. Il ne sera point exigé de taxe pour les brevets de perfectionnement, lorsqu'ils auront été délivrés au titulaire du brevet principal.

Art. 4. — Les brevets confèrent à leurs possesseurs, ou ayants-droit, le droit exclusif:

a. D'exploiter à leur profit l'objet breveté ou de le faire exploiter par ceux qu'ils y autoriseraient ;

b. De poursuivre devant les tribunaux ceux qui porteraient atteinte à leurs droits, soit par la fabrication de produits ou l'emploi de moyens compris dans le brevet, soit en détenant, vendant, exposant en vente ou en introduisant sur le territoire belge un ou plusieurs objets contrefaits.

Art. 5. — Si les personnes poursuivies en vertu de l'art. 4, litt. *b,* ont agi sciemment, les tribunaux prononceront, au profit du breveté ou de ses ayants-droit, la confiscation des objets confectionnés en contravention du brevet et des instruments et ustensiles spécialement destinés à leur confection, ou alloueront une somme égale au prix des objets qui seraient déjà vendus. Si les personnes poursuivies sont de bonne foi, les tribunaux leur feront défense, sous les peines ci-dessus, d'employer, dans un but commercial, les machines et appareils de production reconnus contrefaits, et de faire usage, dans le même but, des instruments et ustensiles pour confectionner les objets brevetés. Dans l'un et l'autre cas, des dommages et intérêts pourront être alloués au breveté ou à ses ayants-droit.

Art. 6. — Les possesseurs de brevets ou leurs ayants-droit pourront, avec l'autorisation du président du tribunal de première instance, obtenue sur requête, faire procéder, par un ou plusieurs experts, à la description des appareils, machines et objets prétendus contrefaits. Le président pourra, par la même ordonnance, faire défense aux détenteurs desdits objets, de s'en dessaisir, permettre au breveté de constituer gardien, ou même de mettre les objets sous scellé. Cette ordonnance sera signifiée par un huissier à ce commis.

Art. 7. — « Le brevet sera joint à la requête, laquelle contiendra élection de domicile dans la commune où doit avoir lieu la description. Les experts nommés par le président prêteront serment entre ses mains, ou entre celles du juge de paix à ce spécialement autorisé par lui, avant de commencer leurs opérations (1). »

Art. 8. — Le président pourra imposer au breveté l'obligation de consigner un cautionnement. Dans ce cas, l'ordonnance du président ne sera délivrée que sur la preuve de la consignation faite. Le cautionnement sera toujours imposé à l'étranger.

Art. 9. — Le breveté pourra être présent à la descrip-

____

(1) Cette disposition remplace celle de l'ancien article 7, conformément à la loi du 27 mars 1857.

tion, s'il y est spécialement autorisé par le président du tribunal.

Art. 10. — Si les portes sont fermées ou si l'ouverture en est refusée, il sera opéré conformément à l'art. 587 du Code de procédure civile.

Art. 11. — Copie du procès-verbal de description sera laissée au détenteur des objets décrits.

Art. 12. — Si, dans la huitaine, la description n'est pas suivie d'une assignation devant le tribunal dans le ressort duquel elle a été faite, l'ordonnance, rendue conformément à l'art. 6, cessera de plein droit ses effets, et le détenteur des objets décrits pourra réclamer la remise du procès-verbal original, avec défense au breveté de faire usage de son contenu et de le rendre public, le tout sans préjudice de tous dommages et intérêts.

Art. 13. — Les tribunaux connaîtront des affaires relatives aux brevets comme d'affaires sommaires et urgentes.

Art. 14. — L'auteur d'une découverte déjà brevetée à l'étranger pourra obtenir, par lui-même ou par ses ayants-droit. un brevet d'importation en Belgique; la durée de ce brevet n'excédera pas celle du brevet antérieurement concédé à l'étranger pour le terme le plus long, et, dans aucun cas, la limite fixée par l'art. 3.

Art. 15. — En cas de modifications à l'objet de la découverte, il pourra être obtenu un brevet de perfectionnement, qui prendra fin en même temps que le brevet primitif. Toutefois, si le possesseur du nouveau brevet n'est pas le breveté principal, il ne pourra, sans le consentement de ce dernier, se servir de la découverte primitive, et, réciproquement, le breveté principal ne pourra exploiter le perfectionnement sans le consentement du possesseur du nouveau brevet.

Art. 16. — Les brevets d'importation et de perfectionnement confèrent les mêmes droits que les brevets d'invention.

Art. 17. — Quiconque voudra prendre un brevet sera tenu de déposer, sous cachet, en double, au greffe de l'un des gouvernements provinciaux du royaume, ou au bureau d'un commissariat d'arrondissement, en suivant les formalités qui seront déterminées par un arrêté royal, la description claire et complète, dans l'une des langues usitées en Belgique, et le dessin exact et sur échelle métrique de l'objet de l'invention. Aucun dépôt ne sera reçu que sur la production d'un récépissé constatant le versement de la première annuité de la taxe du brevet. Un procès-verbal, dressé sans frais par le greffier provincial ou par le commissaire d'arrondissement, sur un registre à ce destiné, et signé par le demandeur, constatera chaque dépôt, en énonçant le jour et l'heure de la remise des pièces.

Art. 18. — La date légale de l'invention est constatée par le procès-verbal qui sera dressé lors du dépôt de la demande de brevet. Un duplicata de ce procès-verbal sera remis, sans frais, au déposant.

Art. 19. — Un arrêté du ministre de l'intérieur constatant l'accomplissement des formalités prescrites, sera délivré sans retard au déposant et constituera son brevet. Cet arrêté sera inséré par extrait au *Moniteur*.

Art. 20. — Les descriptions des brevets concédés seront publiées textuellement ou en substance, à la diligence de l'administration, dans un recueil spécial, trois mois après l'octroi du brevet. Lorsque le breveté requerra la publication complète ou par un extrait fourni par lui, cette publication se fera à ses frais. Après le même terme, le public sera également admis à prendre connaissance des descriptions, et des copies pourront en être obtenues moyennant le paiement des frais.

Art. 21. — Toute transmission de brevet par acte entre vifs ou testamentaire sera enregistrée au droit fixe de 10 fr.

Art. 22. — « Lorsque la taxe fixée à l'art. 3 de la loi du 24 mai 1854 n'aura pas été payée dans le mois de l'échéance, le titulaire, après avertissement préalable, devra, sous peine d'être déchu des droits que lui confère son titre, acquitter avant l'expiration des six mois qui suivront l'échéance, outre l'annuité exigible, une somme de 10 fr. Les titulaires de brevets accordés depuis la mise en vigueur de la loi précitée, qui n'auraient pas payé dans le délai légal les annuités exigibles, conformément à l'art. 3 de cette loi, seront relevés de la déchéance encourue, en payant, dans les trois mois de la publication de la présente loi, outre les annuités exigibles, une somme de 10 fr. La déchéance des brevets sera rendue publique par la voie du *Moniteur*. Il en sera de même lorsque, en vertu des dispositions qui précèdent, le breveté aura été, sur sa demande, relevé de la déchéance (1). »

Art. 23. — Le possesseur d'un brevet devra exploiter, ou faire exploiter, en Belgique, l'objet breveté, dans l'année à dater de la mise en exploitation à l'étranger. Toutefois, le gouvernement pourra, par un arrêté royal motivé, inséré au *Moniteur* avant l'expiration de ce terme, accorder une prorogation d'une année au plus. A l'expiration de la première année ou du délai qui aura été accordé, le brevet sera annulé par arrêté royal. L'annulation sera également prononcée lorsque l'objet breveté, mis en exploitation à l'étranger, aura cessé d'être exploité en Belgique pendant une année, à moins que le possesseur du brevet ne justifie des causes de son inaction.

Art. 24. — Le brevet sera déclaré nul par les tribunaux, pour les causes suivantes :

_____

(1) Cette disposition remplace celle de l'ancien article 22, conformément à la loi du 27 mars 1857.

a. Lorsqu'il sera prouvé que l'objet breveté a été employé, mis en œuvre ou exploité par un tiers, dans le royaume, dans un but commercial, avant la date légale de l'invention, de l'importation ou du perfectionnement ;

b. Lorsque le breveté, dans la description jointe à sa demande, aura, avec intention, omis de faire mention d'une partie de son secret ou l'aura indiqué d'une manière inexacte ;

c. Lorsqu'il sera prouvé que la spécification complète et les dessins exacts de l'objet breveté ont été produits antérieurement à la date du dépôt, dans un ouvrage ou recueil imprimé et publié, à moins que, pour ce qui concerne les brevets d'importation, cette publication ne soit exclusivement le fait d'une prescription légale.

Art. 25. — Un brevet d'invention sera déclaré nul par les tribunaux, dans le cas où l'objet pour lequel il a été accordé aurait été antérieurement breveté en Belgique ou à l'étranger. Toutefois, si le demandeur a la qualité requise par l'art. 14, son brevet pourra être maintenu comme brevet d'importation, aux termes dudit article. Ces dispositions seront appliquées, le cas échéant, aux brevets de perfectionnement.

Art. 26. — Lorsque la nullité ou la déchéance d'un brevet aura été prononcée, aux termes des articles 24 et 25, par jugement ou arrêt ayant acquis force de chose jugée, l'annulation du brevet sera proclamée par un arrêté royal.

Art. 27. — Les brevets qui ne seront ni expirés ni annulés à l'époque de la publication de la présente loi, continueront d'être régis par la loi en vigueur au moment de leur délivrance. Néanmoins, il sera libre aux titulaires de faire, dans l'année qui suivra cette publication, une nouvelle demande de brevet, dans la forme qui sera déterminée par arrêté royal.

Dans ce cas, le brevet pourra continuer à avoir cours pendant tout le temps necessaire pour parfaire la durée de vingt ans, sauf ce qui est dit à l'art. 14. Les brevets pour lesquels on aura réclamé le bénéfice de cette disposition seront régis par la présente loi; toutefois, les procédures commencées avant sa publication seront mises à fin conformément à la loi antérieure. Les titulaires de ces brevets qui auront acquitté la totalité de la taxe primitive paieront, après l'expiration du terme qui avait d'abord été assigné à leur privilége, les taxes afférentes aux années suivantes, d'après ce qui est déterminé à l'art. 3. Quant aux titulaires des brevets qui n'auraient point soldé la taxe fixée comme prix d'acquisition du brevet primitif, il leur sera tenu compte des versements qu'ils auront déjà opérés, et les annuités seront réglées d'après les versements faits, conformément à l'art. 3.

Promulguons la présente loi, ordonnons qu'elle soit revêtue du sceau de l'État et publiée par la voie du *Moniteur*.

Donné à Laeken, le 24 mai 1854.   LÉOPOLD.

ARRÊTÉ ROYAL,

QUI RÈGLE L'EXÉCUTION DE LA LOI SUR LES BREVETS.

LÉOPOLD, roi des Belges,

A tous présents et à venir, salut.

Vu la loi du 24 mai 1854, relative aux brevets d'invention, d'importation et de perfectionnement;

Voulant déterminer les mesures générales pour l'exécution de cette loi;

Sur la proposition de notre ministre de l'intérieur,

Nous avons arrêté et arrêtons :

Art. 1ᵉʳ. — Toute personne qui voudra prendre un brevet d'invention, d'importation ou de perfectionnement, devra déposer une demande à cet effet, au greffe de l'un des gouvernements provinciaux du royaume, ou au bureau de l'un des commissariats d'arrondissement situés hors du chef-lieu de la province.

A cette demande seront joints, sous enveloppe cachetée :

1° La description de l'objet inventé ;

2° Les dessins, modèles ou échantillons.qui seraient nécessaires pour l'intelligence de la description ;

3° Un duplicata, certifié conforme, de la description et des dessins ;

4° Un bordereau des pièces et objets déposés.

Art. 2. — Le dépôt des pièces mentionnées à l'art. 1ᵉʳ ne sera reçu que sur la production d'une quittance constatant le paiement de la somme de dix francs, formant la première annuité de la taxe. Cette quittance sera jointe aux autres pièces.

Art. 3. — La demande sera rédigée sur papier timbré ; elle indiquera les nom, prénoms, profession et domicile réel ou élu de l'inventeur dans le royaume. Elle énoncera un titre renfermant la désignation sommaire et précise de l'objet de l'invention. Chaque demande ne comprendra qu'un seul objet principal, avec les détails qui se rattachent à cet objet et les applications qui auront été indiquées. Lorsqu'il s'agira d'un brevet d'importation, la requête fera connaître la date et la durée du brevet original et le pays où il a été concédé. Si l'auteur de la demande n'est pas le titulaire du brevet étranger, mais son ayant cause, celui-ci devra justifier de sa qualité, au moyen d'un acte en due forme.

Art. 4. — La description devra être rédigée en langue

française, flamande ou allemande. La description qui ne serait pas rédigée en français devra être accompagnée d'une
traduction en cette langue, lorsque l'auteur de la découverte
ne sera pas domicilié en Belgique. La description devra être
écrite sans altération ni surcharge; les mots rayés comme
nuls seront comptés et constatés, les pages et les renvois
paraphés. La description fera connaître d'une manière claire
et complète l'invention, et elle se terminera par l'énonciation
précise des caractères constitutifs de celle-ci.

Art. 5. — Les dessins devront être tracés à l'encre et sur
échelle métrique. Ils représenteront, autant que possible,
l'appareil ou machine à breveter en plan, coupe et élévation.
Les parties des dessins qui caractérisent spécialement l'invention auront une teinte différente de celle des autres parties.

Art. 6. — Toutes les pièces devront être datées et signées
par le demandeur ou par son mandataire, dont le pouvoir,
dûment légalisé, restera annexé à la demande.

Art. 7. — Un procès-verbal, dressé par le greffier du gouvernement provincial ou par le commissaire d'arrondissement, constatera la remise de chaque paquet aux jour et
heure qu'elle aura été effectuée. L'invention y sera désignée
sous le titre sommaire et véridique que le demandeur aura
indiqué. Ce procès-verbal contiendra les nom, prénoms,
qualité et domicile du demandeur ou de son mandataire. Il
indiquera également, lorsqu'il s'agira d'un brevet d'importation, la date et la durée du brevet d'invention dans le pays
d'origine, et le nom du breveté. Enfin mention y sera faite
du paiement de la première annuité. Ce procès-verbal sera
signé par le déposant et par le rédacteur, et sera fixé sur
l'enveloppe du paquet contenant les pièces relatives à la
demande du brevet. Une expédition du procès-verbal sera
délivrée sans frais au déposant.

Art. 8. — La date légale de l'invention est constatée par ledit procès-verbal.

Art. 9. — Les bureaux des greffiers provinciaux et ceux des commissaires d'arrondissement seront ouverts, pour les demandes de brevets, tous les jours, les dimanches et fêtes exceptés, de dix à deux heures de relevée.

Art. 10. — Toutes les pièces relatives aux demandes de brevets seront transmises dans les cinq jours au département de l'intérieur.

Art. 11. — A l'arrivée des pièces au département de l'intérieur, les demandes seront enregistrées, dans l'ordre de date de leur entrée, sur un registre spécial, que le public pourra consulter tous les jours, les dimanches et fêtes exceptés, de dix heures du matin à deux heures de relevée.

Art. 12. — En cas d'omission ou d'irrégularité dans la forme, les demandeurs seront invités à effectuer les rectifications nécessaires. Il sera tenu note de la date de ces rectifications sur le registre spécial, mentionné à l'article précédent.

Art. 13. — Il sera procédé sans retard à la délivrance des brevets qui auront été demandés d'une manière régulière. Un arrêté de notre ministre de l'intérieur, constatant l'accomplissement des formalités prescrites, sera délivré au demandeur et constituera son brevet.

Art. 14. — Le brevet mentionnera expressément que la concession en est faite sans examen préalable, aux risques et périls des demandeurs, sans garantie, soit de la réalité, soit de la nouveauté ou du mérite de l'invention, soit de l'exactitude de la description, et sans préjudice des droits des tiers.

Art. 15. — La première expédition des brevets sera remise sans frais. Toute expédition ultérieure demandée par le breveté ou ses ayants cause donnera lieu au remboursement des frais.

Art. 16. — Les descriptions des brevets seront publiées textuellement ou en substance, à la diligence de l'administration, dans un recueil spécial, trois mois après l'octroi du brevet. Lorsque le breveté voudra obtenir la publication complète de ses spécifications ou d'un extrait fourni par lui, il devra en donner avis à l'administration, au moins un mois avant l'expiration du terme fixé au paragraphe précédent, et consigner la somme qui serait nécessaire pour couvrir les frais de cette publication.

Art. 17. — Après le même terme de trois mois, le public sera admis à prendre connaissance des descriptions, et des copies pourront en être obtenues moyennant le remboursement des frais.

Art. 18. — Le breveté qui voudra obtenir une prolongation de délai, dans le cas prévu par l'art. 23 de la loi, pour la mise à exécution de l'objet breveté, devra adresser sa demande au ministre de l'intérieur, deux mois au moins avant l'expiration du délai fixé par ledit article. Cette demande devra être suffisamment motivée, et indiquer, dans la limite légale, le terme nécessaire pour la mise en œuvre de l'invention.

Art. 19. — Toute cession ou mutation totale ou partielle de brevet, devra être notifiée au département de l'intérieur. La notification de la cession ou de tout autre acte emportant mutation, devra être accompagnée d'un extrait authentique de l'acte de cession ou de mutation.

Art. 20. — Les titulaires dont les brevets ne sont ni expirés ni annulés à l'époque de la publication de la loi du 24 mai 1854, pourront obtenir que leurs titres soient placés sous le régime de cette loi, en formant leur demande avant le 25 mai 1855. Les brevetés qui n'auraient point payé, au moment où ils demanderont à jouir du bénéfice de cette disposition, une somme égale au montant des annuités échues, d'après la base établie à l'art. 3 de la loi, seront tenus d'effectuer ou de compléter ce paiement et d'en justifier au moyen d'une quittance qu'ils joindront à leur demande. Faute d'accomplir cette obligation, la demande sera considérée comme non avenue. Une déclaration constatant que le brevet est placé sous le régime de la loi nouvelle, sera envoyée à l'intéressé.

Art. 21. — Les concessions de brevet, les actes de cession ou de mutation, ainsi que les déclarations mentionnées dans l'article précédent, seront publiés au recueil spécial des brevets. Il en sera de même des arrêtés prononçant l'annulation ou la mise dans le domaine public du brevet.

Art. 22. — A l'expiration des brevets, les originaux des descriptions et dessins seront déposés au musée de l'industrie.

Art. 23. — Notre ministre de l'intérieur est chargé de l'exécution du présent arrêté.

Donné à Laeken, le 24 mai 1854. LÉOPOLD.

CHAPITRE III.

SOMMAIRE

DE LA LÉGISLATION BELGE SUR LES DESSINS ET MARQUES DE FABRIQUE.

Une loi belge, du 9 avril 1842, a rendu applicable à toutes les fabriques de Belgique la loi française du 18 mars 1806 (article 14 à 19), qui est rapportée plus haut; de manière que tout fabricant ou manufacturier peut conserver la propriété de ses dessins, en déposant un échantillon sous enveloppe cachetée aux archives du conseil des prud'hommes du lieu de son domicile.

Mais ce dépôt étant impossible dans les communes où il n'y a point de conseil de prud'hommes, il semble que le droit exclusif d'exploiter un dessin de fabrique ne puisse y être conservé légalement. Néanmoins à Bruxelles quelques fabricants sont dans l'usage de déposer un échantillon de leurs dessins au greffe du tribunal de commerce, à défaut de conseil de prud'hommes.

Quant aux marques de fabrique, c'est également la législation française qui a été adoptée en Belgique pour protéger cette matière. Ainsi sont en vigueur : 1° l'arrêté des consuls du 23 nivôse an IX (13 janvier 1801), touchant la marque des ouvrages de coutellerie et de quincaillerie; 2° la loi du 22 germinal an XI (12 avril 1803), titre IV, concernant les manufactures, fabriques et ateliers; 3° le décret du 5 septembre 1810. sur la répression de la contrefaçon de la marque de coutellerie et de quincaillerie; 4° le décret du 16 juin 1809 (article 4 à 9), qui réglemente les conseils de prud'hommes.

D'après cette législation, aucun manufacturier ou fabricant n'est admis à intenter l'action en contrefaçon de sa marque, s'il n'en a déposé un modèle aux archives du conseil des prud'hommes, et, à défaut de conseil, au greffe du tribunal de commerce.

Spécialement les fabricants de pipes doivent adopter une marque et ne peuvent l'employer sans y avoir

été autorisés par l'administration communale, conformément à l'arrêté royal belge du 25 décembre 1818.

Enfin tout manufacturier doit apposer une marque
ou étiquette, qui annonce l'origine nationale, sur les
draps, casimirs, corsaïes, baïettes, serges, coatings,
couvertures et étoffes quelconques, composées de
laine en tout ou en partie, lorsque ces étoffes ont été
fabriquées en Belgique, et cela suivant les prescriptions de l'arrêté royal belge du 1ᵉʳ juin 1820.

BRÉSIL.

CHAPITRE UNIQUE.

SOMMAIRE

SUR LES BREVETS D'INVENTION.

Au Brésil, personne n'obtient de brevet d'importation d'une découverte étrangère ; mais l'introducteur
y reçoit une prime d'encouragement proportionnée à
l'importance du produit ou procédé et aux difficultés
de l'importation.

Tout inventeur peut y obtenir une patente pour invention ou perfectionnement.

Cette patente ne donne lieu qu'à quelques dépenses
administratives et aux frais du grand sceau.

Sa durée peut varier de cinq à vingt années.

Pour l'obtenir, le postulant doit présenter une requête précisant la nature de l'objet patentable, et déclarant qu'il en est le véritable inventeur ; il doit en outre déposer dans les archives publiques une description, avec dessins et modèles quand il en est besoin pour l'intelligence de la découverte.

Dans les deux années de la date du brevet, l'invention ou le perfectionnement doit être mis en exploitation sur le territoire brésilien, à peine de déchéance.

Le breveté serait encore déchu du bénéfice de sa patente brésilienne, si, postérieurement à la date de cette patente, il se faisait délivrer un brevet en pays étranger pour le même objet ; et alors il n'aurait plus droit qu'à une prime proportionnée à l'importance de la découverte et aux difficultés de l'importation.

GRAND-DUCHÉ DE BRUNSWICK.

CHAPITRE UNIQUE.

SOMMAIRE

SUR LES BREVETS D'INVENTION.

Cette matière est réglementée par deux lois, l'une du 27 mars 1839, l'autre du 2 juillet 1845.

La demande d'un brevet est adressée au ministre de l'intérieur.

Elle doit être accompagnée d'une description et d'un dessin en expédition simple.

La durée du brevet d'invention est de dix ans au plus ; elle varie ordinairement de cinq à dix.

Le gouvernement accorde un ou deux ans pour la mise en exploitation de l'invention brevetée.

Les frais auxquels donne lieu l'obtention du brevet n'excèdent pas 100 fr.

BUÉNOS-AYRES.

CHAPITRE PREMIER.

SOMMAIRE

SUR LES BREVETS D'INVENTION, DE PERFECTIONNEMENT ET D'IMPORTATION.

L'État de Buénos-Ayres accorde des brevets d'invention pour une durée de dix années au plus ; des brevets de perfectionnement et des brevets d'importation pour cinq années au plus.

En retirant le brevet, le titulaire est obligé de payer 500 *pesos* (1) pour une invention, et 1,000 *pesos* pour un perfectionnement ou une importation.

Son brevet demeure sans valeur et sans effet, s'il laisse passer une année sans exploiter sur le territoire de Buenos-Ayres.

(1) Le *pesos* vaut 5 fr. 30 c. de notre monnaie.

Il est d'ailleurs délivré sans garantie, de la part du gouvernement, de la priorité ou du mérite de la découverte.

Pour l'obtenir, il faut déposer une demande, une description suffisante, un modèle ou échantillon nécessaire à l'intelligence de l'invention ou de l'importation.

CHAPITRE II.

TEXTE

DE LA LOI SANCTIONNÉE PAR LE SÉNAT LE 13 OCTOBRE 1855, ET ADRESSÉE LE 15 DU MÊME MOIS PAR LE PRÉSIDENT DU SÉNAT AU POUVOIR EXÉCUTIF DE L'ÉTAT DE BUÉNOS-AYRES.

1. Le pouvoir exécutif est autorisé à délivrer des brevets d'invention, de perfectionnement ou d'importation, sans garantie, de la part du gouvernement, de la priorité ni du mérite de l'invention.

2. Seront susceptibles d'être brevetées : 1° l'invention de nouveaux produits industriels; 2° l'invention de nouveaux moyens ou l'application nouvelle de moyens connus pour l'obtention d'un résultat ou d'un produit industriel; 3° l'importation nouvelle des inventions spécifiées aux numéros 1 et 2 du présent article.

3. Ne seront pas susceptibles d'être brevetés : 1° les compositions pharmaceutiques ou remèdes de toute espèce, lesdits objets demeurant soumis aux lois et règlements spéciaux sur la matière; 2° toute idée purement théorique ne se réalisant pas, sous une forme sensible, dans un objet matériel destiné au commerce ou à l'industrie.

4. Les brevets d'invention ne pourront être accordés pour plus de dix années, et ceux de perfectionnement ou d'importation pour plus de cinq années.

5. Les inventeurs ne pourront retirer les brevets qu'à la charge de payer la somme de cinq cents *pesos*, monnaie courante, et les inventeurs de perfectionnements ou les importateurs, celle de mille *pesos*, sans préjudice des droits de patente auxquels sont assujetties, d'après la loi fiscale, les industries qu'ils exercent.

6. Demeureront sans valeur ni effet les brevets accordés dans les cas suivants : 1° s'il est constaté que l'invention était déjà connue, perfectionnée, importée ou décrite dans quelque livre imprimé, suivant les circonstances; 2° s'il s'est écoulé une année sans qu'il y ait eu exploitation ni usage du brevet d'invention, de perfectionnement ou d'importation; 3° si le breveté laisse passer six mois, depuis l'obtention du brevet, sans le retirer; 4° si, dans sa description, il a dissimulé les véritables moyens d'exécution, ou si, dans la fabrication, il se sert de moyens secrets qui ne se trouvent pas détaillés dans la description; 5° si le brevet a été obtenu pour un objet que les tribunaux jugeaient contraires aux lois, à la sûreté publique ou aux règlements de police.

7. Le brevet confère à celui qui l'obtient le droit exclusif de vendre l'objet breveté.

8. Les contestations qui s'élèveront au sujet des brevets d'invention, de perfectionnement ou d'importation, seront jugées et décidées par le tribunal consulaire, comme les autres affaires de sa compétence.

9. Le pouvoir exécutif est autorisé à établir les bureaux et registres qu'il jugera nécessaires pour exiger des inventeurs ou importateurs un modèle ou échantillon de l'objet du brevet d'invention, de perfectionnement ou d'importation, ainsi

qu'une description suffisante et claire du moyen d'exécution, afin qu'à l'expiration du brevet le domaine public puisse entrer en jouissance du système et des procédés.

10. Le pouvoir exécutif est également autorisé à déterminer par règlement les formalités et mesures qui lui paraîtront nécessaires pour l'exécution de la présente loi.

CANADA.

CHAPITRE UNIQUE.

SOMMAIRE

SUR LES PATENTES D'INVENTION ET D'IMPORTATION.

Bien que les patentes d'invention ou d'importation délivrées par le royaume uni de la Grande-Bretagne aient effet jusque dans les colonies anglaises, quelques-unes de ces colonies, particulièrement le Canada, délivrent des patentes d'invention et d'importation, soit pour s'affranchir des dépenses considérables qu'occasionne l'obtention d'une patente en Angleterre, soit pour éloigner les étrangers de toute participation au privilége.

C'est ainsi que le Canada concède des patentes d'invention ou d'importation seulement aux sujets de la Grande-Bretagne et habitants de la province canadienne ; néanmoins les sujets anglais qui n'habitent point cette province sont admis à ce privilége, à la condition de déclarer sous serment qu'ils sont réellement inventeurs ou qu'ils ont eu connaissance à l'étranger de la découverte importée.

Cette patente d'invention ou d'importation donne le privilége exclusif d'exploitation au Canada ; mais le breveté ne peut empêcher l'importation et la vente dans cette colonie d'objets semblables au procédé ou au produit patenté, quand ces objets viennent des États-Unis ou d'une possession anglaise en Amérique.

CHILI.

CHAPITRE UNIQUE.

SOMMAIRE

SUR LES BREVETS D'INVENTION.

Suivant la Constitution de l'État du Chili, la délivrance des brevets d'invention appartient au pouvoir législatif.

La durée d'un brevet est d'au moins vingt-cinq ans.

Sa délivrance n'est assujettie à aucune taxe ; mais le breveté doit faire connaître à un certain nombre d'habitants du Chili le mode d'exploitation de sa découverte, afin qu'ils perçoivent, comme lui, les bénéfices de cette exploitation.

Celui qui sollicite la délivrance d'un brevet doit

présenter une demande avec une description de son invention, et déposer au Musée national les dessins et modèles nécessaires à l'intelligence de cette description.

CONFÉDÉRATION-GERMANIQUE.

CHAPITRE PREMIER.

SOMMAIRE

SUR LES BREVETS D'INVENTION OU D'IMPORTATION DANS LES ÉTATS DU ZOLLVEREIN.

Quarante États composent la Confédération germanique.

De ce nombre, vingt-cinq ont fait entre eux un contrat d'union commerciale et douanière, connu sous le nom de *Zollverein*, qu'ils ont renouvelé pour douze années en septembre 1839.

Voici les noms de ces vingt-cinq États :

Royaumes de : Prusse, Bavière, Saxe, Hanovre et Wurtemberg, Grand-duché de Bade, Électorat de Hesse, grand-duché de Hesse, grand-duché de Saxe-Weimar-Eisenach, duchés de Saxe-Cobourg-Gotha, de Saxe-Meiningen-Hildbourghausen, de Saxe-Altenbourg, de Nassau, de Anhalt-Dessau, de Anhalt-Bernbourg, de Anhalt-Coethen ; Principautés de : Schwarzbourg-Rudolstadt, Schwarzbourg-Sonders-

hausen, Hohenzollern-Hechingen, Hohenzollern-Sig-
maringen, Waldeck, Reuss branche aînée, Reuss
branche cadette; Landgraviat de Hesse-Hombourg,
Francfort-sur-le-Mein.

Quand fut rédigé le traité d'union, ces États s'étaient
réservé d'adopter ultérieurement des principes uniformes en matière de brevets d'invention et d'importation, en vue d'écarter les restrictions qui pourraient
gêner la liberté du commerce.

En exécution de cette réserve, une convention générale a été arrêtée le 21 septembre 1842, et ratifiée
le 29 juin 1843. Les principes de cette convention,
comme législation industrielle, dominant les règlements respectifs des divers Etats de l'Union, présentent un intérêt général, bien que chaque État ait
conservé la liberté de régler et modifier à son gré sa
propre législation, ainsi que nous l'avons déjà vu pour
la Bavière et le grand-duché de Bade.

La condition essentielle de la brevetabilité, c'est
que la découverte ou l'importation soit nouvelle ; et
elle aurait perdu ce caractère par cela seul qu'elle
aurait été exécutée ou connue antérieurement dans
l'étendue des Etats soumis à la convention du Zollverein, ou bien qu'elle y aurait été publiée dans des
ouvrages, ou vulgarisée par des dessins ou modèles.
Mais il appartient à chaque état du Zollverein d'ap-
précier la nouveauté, de manière qu'un État pourrait
refuser un brevet quand un autre État en a délivré
un.

La nouveauté est tellement essentielle à la validité

du brevet, qu'il tombe lorsqu'il est reconnu plus tard que la découverte n'était pas nouvelle.

Notons que, dans tous les États du Zollverein, le breveté ne peut s'opposer à l'introduction de produits similaires.

On doit publier dans les feuilles officielles la délivrance du brevet, sa durée, sa prolongation, son extinction, ainsi que la désignation de l'objet privilégié, le nom et le domicile du breveté.

A la fin de chaque année, tous les États soumis au Zollverein échangent entre eux la liste des brevets qu'ils ont délivrés.

CHAPITRE II.

TEXTE

DE LA CONVENTION DU 21 SEPTEMBRE 1842.

Chaque Etat de l'Union a la faculté de décréter les dispositions qu'il jugera convenables, relativement à la délivrance des brevets et priviléges ayant pour but l'usage exclusif d'inventions nouvelles en matière d'industrie, qu'il s'agisse de brevets d'invention ou d'importation ; cependant, tous les États de l'Union, en vue d'écarter, autant que possible, les restrictions qui pourraient naître de ces priviléges pour la liberté commerciale, dans les États de l'Union, et d'arriver à une certaine unité de principes, se sont concertés pour faire exécuter partout les règles suivantes en matière de brevets.

Art. 1er. — On ne délivrera partout des patentes que pour les objets qui sont réellement nouveaux et qui ont le caractère de la propriété. En conséquence, on ne pourra délivrer de patente pour des objets qui, antérieurement au jour de la délivrance de cette patente, étaient déjà exécutés, en usage ou connus, de quelque manière que ce soit, dans le domaine de l'Union. Sont particulièrement exclus du bénéfice de la patente, tous les objets que des ouvrages publics, soit du pays, soit de l'étranger, qu'ils soient rédigés en allemand ou en langue étrangère, ont déjà représentés ou par des descriptions ou par des dessins, de manière à en faciliter l'exécution à toute personne capable.

Chaque gouvernement conserve le droit de se prononcer sur la nouveauté ou la propriété de l'objet qu'il s'agit de patenter.

Pour un objet qui a été reconnu être de l'invention d'un sujet de l'Union, et pour lequel il lui a déjà été délivré une patente dans l'un des États de l'association, il ne sera plus délivré de patente dans un autre État de l'Union, si ce n'est à ce sujet même ou à celui qui est substitué à ses droits.

Art. 2. — Sous les conditions exprimées dans l'art. 1er, on pourra également délivrer une patente pour le perfectionnement d'un objet déjà connu ou patenté, pourvu que le perfectionnement présente le caractère de la nouveauté et de la propriété. Toutefois, une pareille patente, lorsqu'elle concerne un objet déjà patenté, ne peut porter aucun préjudice à l'objet patenté ; le droit de profiter en même temps de l'objet primitivement patenté doit être acquis d'une manière spéciale.

Art. 3. — La délivrance d'une patente ne doit dès lors jamais constituer un droit de défendre ou de restreindre :

a. L'introduction d'objets semblables à ceux patentés, ou

b. La vente ou le débit de ces objets. Le porteur de la patente n'en a pas davantage le droit d'interdire :

c. L'usage ou la *consommation* de semblables objets, lorsqu'ils n'ont pas été fournis par lui *ou achetés ailleurs avec son consentement*, sauf cependant dans le seul cas où il s'agit de machines ou d'instruments pour la fabrication et l'industrie, et non d'objets généraux de commerce destinés à l'usage et à la consommation du public.

Art. 4. — Réciproquement, chaque gouvernement de l'Union conserve la faculté d'accorder, par une patente délivrée *dans l'étendue de sa juridiction* :

1. Un droit à la préparation ou à l'*exécution* exclusive de l'objet en question.

2. De même, il est réservé à chaque gouvernement d'accorder, *dans l'étendue de sa juridiction :*

Le droit exclusif d'appliquer dans ce genre :

a. Une nouvelle méthode de fabrication, ou

b. De nouvelles machines ou instruments pour la fabrication, de manière à interdire à chacun l'emploi de la méthode patentée ou l'usage de l'objet patenté, à moins que le patenté n'en ait cédé le droit ou que l'objet patenté n'ait été fourni par lui.

Art. 5. — Dans chaque État de l'Union, les sujets des États qui en font partie seront traités sur le même pied que les sujets indigènes, qu'il s'agisse de la délivrance de patentes ou de la protection à accorder pour les droits à octroyer par la patente.

La délivrance d'une patente dans un État n'impliquera en aucune manière le droit *d'obtenir* pour le même objet une patente dans un autre état de l'Union.

Il appartient à chaque État en particulier de se prononcer sur la question de savoir si un objet est ou n'est pas susceptible d'être patenté, et sans que le précédent déjà posé dans la matière par d'autres États de l'Union puisse en rien influer sur cette décision. L'obtention d'une patente n'implique pas non plus l'autorisation, pour un sujet d'un autre pays de l'Union, de créer un établissement d'industrie indépendant et du genre de l'objet patenté; il appartient à chaque État en particulier d'octroyer cette autorisation conformément à sa législation.

Art. 6. — Si, après la délivrance d'une patente, il est constaté que la condition de la nouveauté et de la propriété n'est pas remplie, cette patente doit être retirée. En pareil cas, si, à la vérité, l'objet patenté était déjà connu à des particuliers, la patente sera maintenue pour autant que d'autres circonstances n'en motivent pas le retrait, mais elle reste sans force *contre ces particuliers.*

Art. 7. — La délivrance d'une patente dans un État de l'Union doit être annoncée immédiatement et publiquement, dans les journaux des nouvelles officielles, avec l'indication de l'objet, du nom et de la demeure du patenté, ainsi que la durée de la patente.

La prolongation ou le retrait d'une patente avant l'expiration du terme qui lui a été assigné primitivement, doit être annoncé de la même manière.

Art. 8. — Les différents gouvernements de l'Union devront se communiquer, à l'expiration de chaque année, des relevés exacts des patentes délivrées pendant cette année.

La convention qui précède, ayant été ratifiée par tous les États, est portée par la présente à la connaissance de tous.

Berlin, le 29 juin 1843.

Pour le ministre des affaires étrangères,

GR. DE ALVENSLEBEN.

DANEMARK.

CHAPITRE PREMIER.

SOMMAIRE

SUR LES BREVETS D'INVENTION ET D'IMPORTATION.

C'est avec une grande facilité que le gouvernement de Danemarck concède des priviléges ou brevets d'invention et de perfectionnement aux nationaux comme aux étrangers. Cette matière est régie par une sorte de droit coutumier.

Toute demande de brevet est adressée au roi.

L'inventeur doit, outre cette demande ou requête, déposer une description très-concise en double expédition, et un dessin aussi double. Cette description indique le caractère de l'invention par des expressions courtes et précises, qui puissent être insérées dans le brevet comme dénomination de l'objet breveté.

Il doit en même temps expliquer s'il demande le brevet pour le Danemarck seul, ou pour les duchés de Schleswig et Holstein seuls, ou enfin pour ces trois contrées ensemble.

Quand la demande est accueillie, il faut, avant l'expédition du brevet et l'apposition de la signature royale, que le postulant envoie au conseil du commerce une description complète et un dessin de l'invention ou importation en double copie, et cela dans le délai de quatre semaines si le demandeur est sujet danois, dans le délai de six semaines s'il est étranger.

La durée d'un brevet varie de trois à vingt ans. Elle est subordonnée à la décision du conseil du commerce, qui prend en considération la nature de l'objet brevetable. Puis, un brevet d'importation est rarement accordé pour plus de cinq années.

En règle générale, il n'est point accordé de prolongation de brevet.

Quelle que soit la durée d'un brevet, le droit à payer est de dix-sept rixdalers argent (1), s'il est expédié au nom d'une seule personne, et de trente-quatre rixdalers, s'il est au nom de deux ou plusieurs personnes.

Le breveté est obligé, à peine de déchéance du privilége, de commencer, dans le Danemarck ou dans les duchés de la concession, l'exploitation du brevet d'invention ou d'importation dans l'année qui suit la date de cette concession, et de l'y continuer sans interruption. L'étranger breveté doit aussi, à peine de

(1) Le rixdaler vaut 3 fr. 50 c. de notre monnaie.

déchéance, faire cette exploitation dans le même délai, soit par lui-même, soit par autrui.

Le privilége breveté n'empêche pas l'importation de produits similaires venant de pays étrangers.

Toutes les fois qu'on veut arriver à la vente d'un brevet, le breveté est obligé, conjointement avec le cessionnaire, de présenter une demande pour qu'un nouveau brèvet soit délivré au cessionnaire, pour le temps qui reste à courir sur la durée du brevet primitif.

Il est de principe que les descriptions et les dessins ne soient communiqués à personne. Néanmoins, dans le cas où des individus s'adresseraient au conseil de commerce pour savoir jusqu'à quel point un brevet peut être un obstacle à une entreprise projetée ou déjà commencée par eux, ils devraient soumettre leur procédé au conseil, chargé de décider la question, après avoir confronté ce procédé avec la description brevetée.

———

CHAPITRE II.

SOMMAIRE

SUR LES MARQUES OU TIMBRES DE FABRIQUE.

Une ordonnance royale du 11 avril 1840 réprime, en Danemark, la contrefaçon du timbre ou de la marque de fabrique. On applique au contrefacteur les peines encourues ordinairement pour vente de marchandises falsifiées ou fausses, c'est-à-dire l'amende, l'emprisonnement et même les travaux correctionnels pendant quatre ans.

Pour l'application de la peine, il est tenu compte de l'importance de la contrefaçon et des autres circonstances incidentes ; par exemple, lorsque la contrefaçon n'aura causé qu'un simple préjudice, la peine peut être réduite à une amende de deux à vingt rixdalers.

ESPAGNE.

CHAPITRE PREMIER.

SOMMAIRE

SUR LES BREVETS D'INVENTION ET D'IMPORTATION.

En Espagne, cette matière est réglementée par un décret du 27 mars 1826, et par trois ordonnances des 14 juin, 23 décembre 1829, et 11 janvier 1849.

Tout inventeur, espagnol ou étranger, est admis à demander pour cinq, dix ou quinze années, à son choix, un brevet royal, dit d'*invention*, qui lui confère la propriété exclusive de sa découverte, à la condition qu'elle soit nouvelle, c'est-à-dire qu'elle n'ait encore reçu de publication ni en Espagne ni à l'étranger.

Mais, si c'est un autre que l'inventeur qui importe la découverte en Espagne ou dans une colonie espagnole, le privilége dit d'*introduction* ne dure que cinq ans, et il n'a de force que sur les objets fabriqués dans le royaume, il n'ôte à personne la faculté d'introduire des produits similaires de l'étranger en se conformant aux droits de douane.

Les brevets de cinq ans peuvent être prolongés, sur une requête spéciale appuyée de raisons majeures.

Un brevet pour l'Espagne ne s'étend pas aux colonies espagnoles; l'inventeur ou l'importateur a besoin de demander un brevet distinct pour chaque colonie, en répétant les mêmes formalités et payant la même taxe.

La durée d'un brevet part seulement de la date de la concession royale ; et la priorité est acquise au demandeur qui a, le premier, effectué le dépôt de ses pièces dans les mains de l'intendant de la province où il réside, ou, dans tous les cas, de l'intendant de Madrid.

Ces pièces sont :

1° Une requête au souverain, précisant la nature et la durée du privilége qu'il sollicite, avec la déclaration qu'il est l'auteur ou l'importateur de la découverte.

2° Un mémoire explicatif, clair et précis, de la découverte ;

3° Un dessin ou modèle nécessaire à l'intelligence de l'invention.

Ces pièces doivent être enfermées sous un pli scellé, et l'enveloppe porter une suscription énonçant le titre de l'invention, la nature de la requête, les nom, prénoms, qualités et domicile du requérant.

Alors, le pétitionnaire fait dresser à l'intendance un certificat du dépôt; l'intendant joint à ce dépôt une dépêche, et adresse le tout au secrétaire d'Etat.

Si toutes les conditions sont exactement remplies, le brevet de privilége est dressé, puis soumis à la signature du souverain.

On donne alors avis de la concession du privilége au pétitionnaire, avec injonction de lever l'expédition du brevet, moyennant le versement de la taxe, dans le terme de trois mois à partir du dépôt, à peine de nullité en cas de retard.

Cette taxe pour l'Espagne, comme pour chacune des colonies, Cuba, Porto-Rico, îles Philippines, est de 1000 réaux (1) pour un brevet de cinq ans ; de 3000 réaux pour un brevet de dix ans; et de 6000 réaux pour un brevet de quinze ans. — Spécialement pour un brevet d'importation de cinq ans la taxe est de 3000 réaux. — En outre, la première expédition d'un brevet coûte 80 réaux.

Les brevets sont délivrés sans examen préalable, et sans reconnaissance ni garantie de la nouveauté et de l'utilité de l'invention.

Un brevet d'invention ou d'importation doit être exploité, à peine de déchéance, dans le délai de l'an et

____

(1) Le réal vaut 3 fr. 70 c. de notre monnaie.

jour à compter de la signature royale, et le breveté est tenu d'en faire la preuve spontanément.

Le breveté encourt également la déchéance s'il vient à abandonner l'invention, c'est-à-dire s'il cesse d'en appliquer l'objet pendant un an et un jour non interrompus.

Chacun a la liberté de consulter au Conservatoire royal des arts, le catalogue sur lequel sont inscrits, par ordre des dates, les noms, prénoms, qualités et domiciles des brevetés, l'objet de l'invention ou de l'importation privilégiée et le terme de la concession.

Enfin, pour ce qui concerne la mutation des brevets, toute cession doit être faite par acte authentique, et il faut, sous peine de nullité, qu'une expédition en soit transmise dans les trente jours de sa date au fonctionnaire qui a reçu la demande du brevet.

CHAPITRE II.

TEXTE

DU DÉCRET ROYAL DU 27 MARS 1826, ÉTABLISSANT LES RÈGLES ET LA MANIÈRE D'APRÈS LESQUELLES IL SERA CONCÉDÉ DES PRIVILÉGES EXCLUSIFS, POUR L'INVENTION, L'INTRODUCTION ET LE PERFECTIONNEMENT D'OBJETS RELATIFS AUX ARTS UTILES.

Ayant en considération qu'un moyen naturel d'améliorer les arts et l'industrie est de multiplier et de perfectionner les instruments, machines, appareils, procédés et méthodes scientifiques et mécaniques, et ne pouvant attendre ces agents de la production, sans assurer aux auteurs, introducteurs et perfectionneurs la propriété et la jouissance des résultats de leur génie et de leur application, au moyen de dispositions légales qui, tout en conciliant la protection égale qui est due à l'intérêt particulier et à celui de l'industrie, mettent l'intérêt particulier à couvert de toute usurpation ou chance d'abus qui résulterait de la trop grande extension et du monopole des inventions en tous genres, nous avons jugé convenable de déterminer les règles uniformes et le mode d'après lesquels seront concédés à l'avenir des priviléges exclusifs pour l'invention, l'introduction et le perfectionnement d'objets relatifs aux arts utiles, et ayant entendu, à ce sujet, la junte pour l'augmentation de la richesse du royaume, et l'avis de notre conseil d'État, auquel nous nous sommes conformé, il est de notre bon vouloir de décider, et nous décidons que les articles suivants seront observés et entretenus :

Art. 1er. — Toute personne, à quelque condition, à quelque pays qu'elle appartienne, qui propose d'établir ou qui établit une machine, un appareil, un instrument ou un procédé mécanique ou chimique qui soit, en tout ou en partie, nouveau, ou qui n'ait pas encore été établi de la même manière et dans la même forme dans ce royaume, aura la propriété et l'usage exclusifs de ladite invention, ou de la partie qui n'aura pas encore été mise en pratique dans ce royaume, et cela d'après les règles et aux conditions déterminées ci-après, lesquelles restent néanmoins subordonnées aux lois, aux ordonnances, aux règlements et édits de police du royaume.

Art. 2. — Pour garantir la propriété exclusive à l'intéressé, il lui sera délivré un brevet de privilége, sans examen préalable de la nouveauté ou de l'utilité de l'objet, et sans que la concession du brevet soit en aucune manière considérée comme une reconnaissance de cette nouveauté ou utilité; l'intéressé demeurera soumis au résultat, conformément aux conditions stipulées ci-après dans le présent décret..

Art. 3. — Les brevets de privilége seront délivrés pour cinq, dix ou quinze ans, au choix des parties, lorsqu'elles les solliciteront pour des objets de leur propre invention, mais seulement pour cinq ans, lorsqu'ils seront demandés pour des importations de pays étrangers; il est entendu que les priviléges concédés pour ces importations, et qui seront appelés brevets d'introduction, seront accordés pour l'exécution et la mise en pratique d'une invention dans ces royaumes, mais non pas pour l'importation d'articles confectionnés à l'étranger, lesquels sont soumis aux dispositions du tarif et aux ordonnances concernant l'entrée de marchandises étrangères.

Art. 4. — Un privilége concédé pour cinq ans peut être prolongé de cinq autres années, lorsqu'il y a des raisons légitimes de le faire; les priviléges concédés pour dix et quinze ans ne peuvent être prolongés.

Art. 5. — Peut être l'objet d'un brevet d'invention ce qui n'a pas été pratiqué en Espagne, ni dans un autre pays étranger; ce qui n'a pas été pratiqué en Espagne, mais qui l'a été à l'étranger sera l'objet d'un brevet d'importation. Néanmoins, toutes les inventions dont les modèles ou les descriptions en langue espagnole sont déposés au Conservatoire royal des arts, ne peuvent être l'objet d'un privilége, à moins qu'il se soit écoulé trois ans depuis leur dépôt sans qu'elles aient été mises en pratique, dans lequel cas elles peuvent être l'objet d'un privilége d'importation pour cinq années.

Art. 6. — Les intéressés doivent solliciter le brevet de privilége par elles-mêmes ou par un agent, au moyen d'un mémoire qui est remis à l'intendant de la province dans laquelle ils résident; ils peuvent toutefois, s'ils le préfèrent, le présenter directement à l'intendant de Madrid.

Art. 7. — Il faut que le mémoire soit accompagné :

1° D'une requête à notre royale personne, écrite sur papier timbré grand in-4°, et exprimant l'objet du privilége, portant s'il a été inventé par le pétitionnaire ou importé d'un pays étranger, et mentionnant en même temps la durée pour laquelle il sollicite le privilége, conformément à l'art. 3. Cette requête ne peut concerner qu'une seule invention.

2° D'un plan ou modèle, avec description et explication de la découverte, spécifiant quel est le mécanisme ou le procédé particulier qu'elle présente et qui n'a pas encore été pratiqué ; le tout établi avec précision et clarté, de manière que jamais il ne puisse y avoir le moindre doute sur l'identité de l'invention, ni sur la particularité qu'elle présente comme n'ayant pas encore été pratiquée jusque-là. Ce n'est qu'à ces conditions que le brevet peut être accordé.

Art. 8. — Les modèles doivent être remis dans une boîte fermée et scellée; les plans, descriptions et explications, et autres détails, doivent également être enfermés sous scellé. Dans ces deux cas, le tout doit porter une suscription indiquant en détail l'objet de l'invention, le jour, le mois, l'année, l'heure et la signature du requérant ou de son procureur.

Art. 9. — Sur cette suscription, l'intendant écrira le mot *présentée*, signera de son chiffre, fera sceller la boîte ou le paquet, et remettra à l'intéressé un certificat du dépôt et une dépêche par laquelle il l'adressera à notre secrétaire d'État ou à des personnes de son département, de manière que le requérant ou une autre personne en son nom puisse s'en charger.

Art. 10. — Lorsque nous trouverons bon de concéder le brevet de privilége, ces documents seront transmis à notre conseil suprême d'État, qui est maintenant chargé des affaires qui étaient auparavant examinées par la junte générale du commerce, des monnaies et des mines; là, les boîtes et paquets seront ouverts, et les documents exigés par l'art. 7 y étant trouvés renfermés, le brevet de privilége sera délivré par notre ordre.

Art. 11. — Avant la remise du brevet, le demandeur devra présenter un reçu certifiant avoir payé au Conservatoire royal des arts les sommes ci-dessous indiquées :

Pour un privilége de cinq ans, mille réaux ;

Pour un privilége de dix ans, trois mille réaux ;

Pour un privilége de quinze ans, six mille réaux ;

Pour un privilége d'introduction et d'importation, trois mille réaux.

Outre quatre-vingts réaux pour l'expédition du brevet.

Art. 12. — Quand le brevet aura été délivré, les documents, scellés comme il est dit ci-dessus, seront remis au Conservatoire royal des arts, et y demeureront déposés; ils ne seront ouverts qu'en cas de contestation et sur l'ordre officiel d'un juge.

Art. 13. — Les concessions de brevets seront publiées dans la *Gazette de Madrid*.

Art. 14. — En conformité des dispositions des articles 6 et 21 de l'ordonnance de 1824, institutive du Conservatoire royal des arts, il sera ouvert dans cet établissement un registre dans lequel tous les brevets de privilége délivrés seront inscrits par ordre de dates, avec mention des date, nom, prénoms et domicile de l'intéressé, de l'objet privilégié et du terme pour lequel il aura été concédé. Ce registre sera communiqué à toutes les personnes qui demanderont à le visiter.

Art. 15. — Le titulaire d'un privilége aura l'usage et la propriété exclusifs de l'invention pour laquelle il aura été concédé, sans qu'il soit permis à personne de l'appliquer ou de la pratiquer sans le consentement du breveté, pour le tout ou pour la partie qu'il aura déclarée nouvelle et ne pas avoir été pratiquée auparavant dans le royaume, selon la manière dont il aura présenté son invention dans les modèles et descriptions par lui déposés pour être produits en témoignage au besoin.

Art. 16. — Le privilége datera du jour et de l'heure de la présentation des pièces à l'intendant. Dans le cas où plusieurs personnes auraient sollicité un privilége pour la même invention, le privilége de celui qui aura présenté le premier sera seul valable.

Art. 17. — Le droit au brevet concédé peut être transféré, donné, vendu, échangé et légué de la même manière que toute autre propriété individuelle.

Art. 18. — Tout transfert doit être opéré par un acte public, qui indique s'il s'étend à tout le royaume, à une ou plusieurs provinces, à des villes ou districts particuliers; si le transfert est absolu ou contient réserve de l'usage de privilége en faveur du propriétaire, s'il comprend le droit de transférer de nouveau ou non, et si le titulaire a déjà cédé à une ou à plusieurs personnes.

Art. 19. — Quiconque fait un transfert est obligé d'en adresser l'acte à l'intendant devant lequel la présentation pour l'obtention du privilége a été faite; celui-ci, après en avoir pris connaissance, transmettra cet acte au conseil d'État, qui fera une communication semblable au Conservatoire royal des arts, afin que cet acte soit annoté au registre mentionné à l'art. 14. Le transfert sera nul si l'expédition de l'acte de cession n'est pas remise à l'intendant dans les trente jours après sa mise à exécution.

Art. 20. — La durée du privilége compte de la date du brevet.

Art. 21. — Le bénéfice de ce brevet cessera, et le privilége deviendra nul :

1° Lorsque le temps fixé dans la concession sera écoulé;

2° Lorsque l'intéressé ne se présentera pas pour recevoir le brevet dans les trois mois du jour où il aura présenté sa pétition ;

3° Lorsqu'il n'aura pas fait usage de l'invention pour laquelle le privilége a été concédé, pour son propre compte, pour le compte d'autrui, dans l'an et jour après la date du brevet ;

4° Lorsque l'intéressé abandonne l'invention, c'est-à-dire cesse d'en appliquer l'objet pendant l'an et jour non interrompus ;

5° Enfin quand il sera prouvé que l'invention a auparavant été appliquée dans une partie du royaume, ou qu'elle a été décrite dans des livres imprimés, dans des gravures, peintures, modèles, plans ou descriptions, se trouvant au Conservatoire royal des arts, ou qu'elle a été exécutée dans d'autres pays, alors que le breveté l'a présentée comme nouvelle et comme sa propre découverte.

Art. 22. — Lorsque la durée de la concession sera écoulée, le directeur du Conservatoire des arts fera connaître le jour de l'expiration au conseil d'État, et celui-ci prononcera la cessation.

Art. 23. — Dans les autres cas de cessation qui viennent d'être mentionnés, un juge procède à leur examen, à la requête d'une partie quelconque ; si la cessation est prouvée, ce juge donne avis au conseil d'État que l'expiration du privilége peut être publiquement déclarée.

Art. 24. — Les juges compétents pour prendre connaissance de ces matières sont les intendants, dans leurs provinces respectives ; les plaintes sont adressées à l'intendant de la province où réside le défendeur : les appels sont portés devant le conseil d'État.

Art. 25. — Toutes les fois qu'un brevet aura été déclaré nul pour l'une des causes mentionnées à l'art. 21, la boîte ou le paquet de pièces déposées au Conservatoire royal des arts sera ouvert par le directeur de cette institution, et le tout sera livré à l'inspection du public; la déchéance sera annoncée dans la *Gazette officielle*.

Art. 26. — Le propriétaire d'un brevet, obtenu à un titre quelconque, aura le droit de poursuivre devant les tribunaux tout individu qui empiétera sur son droit ; l'intendant de la province où réside le défendeur connaîtra de ces causes, et les appels seront portés devant le conseil d'État.

Art. 27. — Si la plainte est établie, le délinquant sera condamné à la confiscation de toutes les machines, appareils, ustensiles et ouvrages faits en violation du privilége, et au paiement d'une amende égale à trois fois la valeur desdits objets, d'après une évaluation par des personnes compétentes, le tout au profit du titulaire privilégié.

Art. 28. — Les brevets accordés avant cette époque demeureront en vigueur aux conditions de leurs concessions; ceux qui ont été concédés avec la réserve que les conditions en seraient réglées par le présent décret, seront soumis à ses dispositions.

CHAPITRE III.

SOMMAIRE
SUR LES MARQUES DE FABRIQUE.

D'après un règlement du 30 janvier 1832, en Espagne, les fabricants doivent marquer leurs draps de première, deuxième et troisième qualité à la sortie du métier ou avant le foulage, d'une marque qui énonce la qualité du drap, le nom, le surnom, la raison sociale du fabricant et le lieu de son établissement.

La contrefaçon de cette marque est punie d'un emprisonnement et d'une amende, en vertu du code pénal.

HANOVRE.

CHAPITRE PREMIER.

SOMMAIRE
SUR LES BREVETS D'INVENTION, DE PERFECTIONNEMENT ET D'IMPORTATION.

Le Hanovre, étant un des États du Zollverein, se trouve soumis aux dispositions générales et communes de la convention du 21 septembre 1842, qui a été rapportée plus haut, livre XIIIe. Il est en outre régi spécialement par la loi hanovrienne du 1er août 1847.

Toute demande doit être adressée au gouvernement, et accompagnée d'une description, de dessins, modèles ou échantillons nécessaires à son intelligence.

Les frais et droits d'un brevet sont de 23 thalers (1).

Un brevet d'invention, d'importation ou de perfectionnement n'est accordé qu'après examen d'un comité d'experts sur la nouveauté et les caractères de la découverte.

Le plus long terme d'un brevet est de 10 années ; mais la durée d'un brevet d'importation est, au-dessous de ce terme, limitée à la durée restant à courir du brevet étranger.

L'exploitation de l'invention, en général, doit avoir lieu dans les six mois de la concession du brevet, et continuer sans un arrêt de six mois. Tout brevet délivré à un étranger doit être exploité dans le royaume.

(1) Le thaler vaut 3 fr. 75 de notre monnaie.

CHAPITRE II.

TEXTE
DE LA LOI DU 1ᵉʳ AOUT 1847.

I. — Du genre des brevets.

Art. 269. — Quiconque aura fait une nouvelle invention dans l'industrie pourra obtenir le droit de son exploitation exclusive, pendant un temps déterminé.

Art. 270. — Celui qui, le premier, aura importé une invention faite à l'étranger et non encore devenue publique, pourra également obtenir un brevet.

Art. 271. — Celui qui aura inventé un perfectionnement essentiel à une invention brevetée dans le royaume pourra également obtenir un brevet. Mais ce dernier ne pourra porter préjudice au brevet d'invention.

II. — De la délivrance des brevets.

Art. 272. — La demande d'un brevet devra être accompagnée d'une description exacte, précise et complète de l'objet brevetable, des dessins et modèles nécessaires, et, s'il est possible, des échantillons du produit.

Art. 273. — Cette demande sera adressée au ministère de l'intérieur.

Art. 274. — Le ministre ordonnera un examen par des experts sur la nouveauté et les propriétés de l'invention, et décidera suivant l'avis émis par eux.

Art. 275. — Il ne pourra être délivré de brevet aux étrangers que sous la condition, pour eux, d'exploiter l'invention dans le royaume.

Art. 276. — La durée d'un brevet ne pourra dépasser dix années. Cependant s'il a été délivré primitivement pour un laps de temps moins long, il pourra, dans certains cas, être prolongé jusqu'à cette époque. La prolongation doit être publiée au moins un an avant la déchéance du temps déterminé primitivement.

Art. 277. — La durée d'un brevet d'importation ne pourra pas dépasser celle du brevet étranger.

Art. 278. — Toute délivrance de brevet sera publiée dans les journaux officiels.

Le breveté supportera les frais résultant de la délivrance du brevet.

III. — De l'effet des brevets.

Art. 279. — Les droits acquis par le breveté seront limités seulement à l'objet dont le caractère distinct est indiqué dans la spécification.

Art. 280. — La description déposée pourra être publiée aussitôt après la délivrance du brevet. Tout habitant du royaume pourra en prendre connaissance et en demander copie contre remboursement des frais, ainsi que des dessins et modèles, qui ne pourront être retirés par le titulaire du privilége.

Art. 282. — Le brevet pourra être cédé ou bien transmis par héritage à toute personne.

Art. 283. — Toute atteinte aux droits du breveté sera punie conformément aux articles 273 et 274 de la loi générale de police du royaume.

IV. — De l'annulation des brevets.

Art. 284. — Le brevet est nul, si l'invention n'est pas nouvelle, si elle a été exploitée publiquement dans le royaume ou si elle a été assez connue pour avoir pu être imitée.

Quand elle a été exploitée secrètement par une ou plusieurs personnes, le brevet est sans effet à l'égard de celles-ci seulement.

Art. 285. — Le brevet sera aussi annulé si l'invention a été décrite d'une manière inexacte et incomplète.

Art. 286. — De même, quand il est prouvé par un autre que l'invention a été faite ou importée par lui, et que le breveté s'en est illicitement attribué les avantages.

Art. 287. — De même encore, lorsque le breveté n'aura pas mis en exploitation son invention sans raisons suffisantes, dans les six mois du jour de la délivrance du brevet, ou lorsqu'il aura cessé de l'exploiter pendant le même délai de six mois.

ÉLECTORAT DE HESSE-CASSEL.

CHAPITRE UNIQUE.

SOMMAIRE

SUR LES MARQUES DE FABRIQUE.

Dans toute l'étendue de l'Électorat de Hesse-Cassel les produits de l'industrie nationale doivent sans exception être frappés d'une estampille ou marque, dont le but est de signaler l'origine et la qualité. Il est expressément défendu d'appliquer des marques en contrefaçon sur les produits de l'industrie étrangère, et toute infraction à cette prohibition est punie par la loi du 17 juin 1710.

DUCHÉ DE LUCQUES.

CHAPITRE UNIQUE.

SOMMAIRE

SUR LES BREVETS D'INVENTION ET D'IMPORTATION.

Dans le duché de Lucques on peut obtenir des brevets d'invention et des brevets d'importation.

Chaque brevet coûte environ 800 francs.

La durée est au minimum de cinq ans et au maximum de quinze ans, au choix du demandeur.

La requête doit être accompagnée d'une description exacte et complète avec les dessins, échantillons et modèles nécessaires à l'intelligence de la découverte.

Cette requête doit indiquer dans quelle localité et pendant quelle durée le demandeur veut exploiter son brevet.

L'exploitation doit avoir lieu dans le délai fixé par le brevet et qui varie de six mois à une année. Le breveté est tenu de justifier de cette exploitation dans le délai déterminé, et de réitérer cette justification chaque année comme preuve de non-interruption.

Enfin, les cessions de brevets ne deviennent valables que par l'approbation du gouvernement.

DUCHÉ DE MODÈNE.

CHAPITRE UNIQUE.

SOMMAIRE

SUR LES BREVETS D'INVENTION ET D'IMPORTATION.

Le gouvernement du duché de Modène délivre non-seulement des brevets d'invention, mais encore des brevets d'importation.

La durée du brevet varie de cinq à quinze années, au choix du demandeur.

La taxe et les frais sont de 800 francs environ.

La demande doit renfermer une description exacte et complète, avec les dessins, échantillons et modèles nécessaires à son intelligence.

Dans cette demande le postulant doit expliquer pour quel temps, et dans quelle localité il entend exploiter le brevet.

Le breveté est tenu en effet d'exploiter la découverte ou importation dans le délai fixé par le brevet, et qui varie de six mois à un an, de justifier de cette exploitation dans le délai prescrit, et de renouveler cette preuve chaque année pour constater qu'il n'y a pas eu interruption.

Le titulaire peut céder son brevet; mais la cession est subordonnée à l'approbation du gouvernement.

NOUVELLE-GRENADE.

CHAPITRE UNIQUE.

SOMMAIRE
SUR LES BREVETS D'INVENTION ET DE PERFECTIONNEMENT.

D'après la constitution de la Nouvelle-Grenade, la délivrance des brevets d'invention et de perfectionnement appartient au pouvoir législatif.

La durée du brevet est de vingt-cinq ans au moins.

Il n'est point dû de taxe ; mais le breveté est obligé d'initier un certain nombre d'habitants du pays à l'exploitation de son invention, afin qu'ils puissent eux-mêmes profiter des bénéfices qui en dérivent.

Le breveté est tenu de déposer au Musée national les dessins et la spécification nécessaires à l'intelligence de la découverte.

PARAGUAY.

CHAPITRE PREMIER.

SOMMAIRE

SUR LES BREVETS D'INVENTION, DE PERFECTIONNEMENT ET D'IMPORTATION.

Cette matière est régie dans la république du Paraguay par un décret du 20 mai 1845.

Le gouvernement accorde des brevets d'invention, de perfectionnement et d'importation à tout citoyen de la république comme aux étrangers.

Le privilége varie de cinq à dix années, qui partent de la date du brevet. Cette durée peut être prolongée, quand la découverte paraît de nature à mériter une protection particulière. Toujours, un brevet d'importation prend fin au plus tard six mois après l'expiration du brevet étranger.

Ces brevets sont délivrés sans frais ni taxe.

Celui qui sollicite un brevet doit adresser sa requête sous pli cacheté au secrétaire du gouvernement, en déclarant que l'objet brevetable est une invention, un perfectionnement, ou une importation ; il doit mettre sous le même pli une description exacte du produit ou du procédé, avec les plans, dessins ou modèles propres à faciliter la conception de la découverte.

Le breveté est obligé, à peine de déchéance, d'exploiter l'invention ou l'importation au Paraguay dans les deux années de la date de la concession, à moins qu'il ne justifie son inaction par des motifs légitimes.

Il est encore déchu de son privilége : 1° quand il n'a pas exposé fidèlement et sans dissimulation dans la description tous les moyens d'exécution de la découverte ; 2° s'il n'a pas, dans la suite, fait connaître toute modification ou perfectionnement qu'il a découverts ; 3° si depuis la délivrance de son brevet au Paraguay, il en a pris un ailleurs pour le même objet sans y avoir été autorisé.

Un brevet peut être vendu sans que la cession soit assujettie à aucune formalité particulière ; de même que le droit d'exploiter le brevet peut être cédé.

CHAPITRE II.

TEXTE

DU DÉCRET DU 20 MAI 1845.

Art. 1er. — Toute découverte, toute nouvelle invention, quel qu'en soit le genre, est la propriété de son auteur, qui jouira de cette propriété dans la forme et pour le temps désignés ci-après.

Art. 2. — Tout moyen de donner à un produit déjà créé un nouveau genre de perfection, sera considéré comme une nouvelle découverte.

Art. 3. — Le premier qui introduira dans la république

une découverte étrangère, jouira des mêmes avantages que s'il en était l'inventeur.

Art. 4. — Quiconque voudra s'assurer la jouissance d'une propriété industrielle du genre de celles énoncées dans les articles précédents, devra :

1° S'adresser au secrétaire du gouvernement suprême, et déclarer, par écrit, si l'objet qu'il présente est une invention, un perfectionnement, ou une introduction ;

2° Remettre sous cachet une description exacte des principes, moyens et procédés qui constituent la découverte, des plans, dessins, modèles et toute autre pièce relative, afin que le paquet soit ouvert au moment où l'inventeur recevra son titre de privilége.

Art. 5. — Il sera délivré à l'inventeur un brevet qui lui assure la propriété de son invention pour la durée de cinq à dix ans, à compter de la date de ce brevet. Mais ce terme pourra être prolongé, et d'autres avantages accordés, si la découverte est d'une importance qui mérite une protection extraordinaire.

Art. 6. — La jouissance des brevets accordés pour découvertes déjà introduites en pays étranger, ne pourra jamais excéder de six mois le terme fixé dans ce pays pour l'inventeur primitif.

Art. 7. — Le titulaire d'un brevet jouira exclusivement des avantages de la découverte, invention ou perfectionnement, pour lesquels il lui aura été accordé. Il pourra conséquemment attaquer les contrefacteurs qui, s'ils sont convaincus du délit, supporteront la confiscation, les dommages et intérêts en faveur de l'inventeur, et en outre une amende de 20 pour cent de ce montant, au profit des dépenses publiques.

Art. 8. — Dans le cas où la plainte en contrefaçon, après

la déclaration du sequestre, se trouverait dénuée de preuves, l'inventeur sera condamné à payer à l'actionné les dommages et intérêts convenables, et, en outre, une amende de 20 pour cent de cette condamnation, somme applicable aux dépenses publiques.

Art. 9. — Tout breveté aura le droit de former des établissements sur divers points de la République, sauf les réserves qui pourront lui être préalablement déclarées; il pourra autoriser d'autres individus à exploiter ses moyens, procédés ou secrets, et disposer de son brevet comme d'une propriété mobilière quelconque.

Art. 10. — Avant l'expiration du brevet, les détails de l'invention pourront être communiqués à qui le demandera, à moins que des raisons politiques ou commerciales n'exigent le secret, ou que l'inventeur n'ait obtenu, depuis la concession du brevet, la garantie de la réserve.

Art. 11. — A l'expiration du privilége breveté, la découverte restera acquise à la République; le gouvernement suprême en fera publier la description, et en permettra la libre exploitation, sauf le cas où des raisons politiques ou commerciales demanderaient quelques restrictions.

Art. 12. — La description sera aussi publiée, et l'usage des procédés livré au public, si le propriétaire est déclaré déchu de ses droits; ce qui aura lieu dans les cas suivants :

1° Si l'inventeur a omis dans sa description, ou caché quelqu'un de ses véritables moyens d'exécution, ou ne les a pas exposés d'une manière fidèle et circonstanciée;

2° S'il ne rend pas compte de tout nouveau moyen de perfectionnement qu'il aurait découvert lors de la concession du brevet ou postérieurement à cette concession. Tout moyen nouveau lui sera garanti aussi bien que l'invention ;

3° S'il est certain que le brevet a été obtenu pour des découvertes déjà consignées et décrites dans des œuvres imprimées et publiées de manière qu'il n'y ait pas eu invention ;

4° Si, deux ans étant écoulés depuis la concession, le propriétaire n'a pas mis son invention en exploitation, à moins qu'il ne justifie des motifs de cette inaction ;

5° Si, après avoir obtenu un brevet du Paraguay, il est convaincu d'en avoir pris un autre pour le même objet en pays étranger sans autorisation préalable de la République.

6° Enfin le brevet sera révoqué et la découverte publiée, si l'acquéreur du droit d'exploiter cette découverte, viole les obligations imposées à l'inventeur.

Art. 13. — Toutes les fois que les objets des découvertes, bien que d'une utilité publique reconnue, seront d'une exécution simple et par conséquent très-faciles à contrefaire, l'inventeur pourra simplement solliciter une récompense au lieu d'un droit d'exploitation exclusive.

Art. 14. — De même quand il préférera l'honneur de gratifier immédiatement la nation des fruits de sa découverte, et les récompenses seront déterminées en proportion de l'utilité respective.

Art. 15. — Enfin quand une personne découvrira un nouveau moyen de perfectionnement pour une invention déjà garantie par un brevet, elle pourra obtenir un autre brevet pour l'exercice particulier dudit moyen, sans que pour cela il lui soit permis, sous aucun prétexte, d'exécuter l'industrie principale, et réciproquement l'inventeur ne pourra exécuter ce nouveau moyen de perfectionnement, sauf les conventions qu'ils pourraient faire entre eux.

Art. 16. — La priorité, en cas de contestation entre deux

brevets relatifs à un même objet, sera acquise à celui qui le premier aura fait les déclarations et dépôts exigés par l'article 4.

DUCHÉS DE PARME, DE PLAISANCE ET DE GUASTALLA.

CHAPITRE UNIQUE.

SOMMAIRE

SUR LES BREVETS D'INVENTION, DE PERFECTIONNEMENT ET D'IMPORTATION.

Dans ces duchés le droit industriel est réglementé par l'ancien droit français, c'est-à-dire par les lois des 7 janvier et 27 mai 1791 et par l'arrêt consulaire du 27 septembre 1801, de plus par un ordonnance ducale pu 21 août 1833.

Le demandeur doit joindre à sa requête une description et un dessin en double expédition.

La taxe est ainsi établie, savoir :

Pour un brevet d'invention de 5 ans, 30 lires (1).............	30
— de 10 ans.........................	80
— de 15 ans.........................	150
Pour prolongation d'un brevet............................	60
Droit d'expédition d'un brevet...........................	16
Certificat de perfectionnement, changement et addition.......	8
Enregistrement de cession totale ou partielle d'un brevet.....	6
Recherche et communication d'une description.............	4
Acte de consignation au sécrétariat général de la préfecture de l'intérieur, d'une description........................	4
Pour droits de recherche ou communication du catalogue.....	1

(1) Une lire vaut 86 centimes environ de monnaie française.

PAYS-BAS.

CHAPITRE PREMIER.

SOMMAIRE

SUR LES BREVETS D'INVENTION, DE PERFECTIONNEMENT
ET D'IMPORTATION.

Dans le royaume des Pays-Bas, composé de la Hollande proprement dite, et de la partie orientale du grand-duché du Luxembourg, la matière des brevets industriels est régie par la loi du 25 janvier 1817, et par un règlement du 26 mars de la même année.

Les étrangers, comme les nationaux, sont admis à se faire délivrer des brevets d'invention, de perfectionnement et d'importation pour quelque découverte essentielle dans les arts ou l'industrie.

Bien que la nouveauté soit la condition essentielle de la brevetabilité de l'invention, ou du perfectionnement, les changements de forme ou de proportion et les ornements, ne sont pas comptés parmi les perfectionnements industriels.

La demande est adressée au roi, et remise au greffier des États de la province de l'inventeur ou de l'importateur. Lorsque le postulant demeure en pays étranger, il peut adresser directement sa pétition au greffier de la Haye, ou la faire déposer par un mandataire domicilié dans le royaume, lequel la remettra au greffe des états de sa province.

Cette demande est accompagnée d'une description, des dessins, échantillons, ou modèles nécessaires à l'intelligence de la découverte, toutes ces pièces en double expédition.

Elle doit indiquer : 1° quel est l'objet brevetable; 2° les nom, prénoms, qualité, domicile du demandeur; 3° quelle durée il désire donner au brevet sollicité.

Toutes ces pièces sont placées sous une enveloppe scellée et cachetée. Elles peuvent être rédigées en langue française.

L'importateur est tenu de déclarer le nom de l'inventeur, la date et la durée du brevet étranger. Quand il est représenté par un mandataire, cette déclaration est insérée dans le pouvoir.

Les brevets d'importation renferment la clause expresse que l'invention sera exploitée dans le royaume des Pays-Bas.

La durée des brevets est de cinq ou dix ans; puis à l'expiration de la dixième année, un brevet peut être prolongé jusqu'au terme de quinze ans, qui est le plus long. Spécialement un brevet d'importation ne peut jamais durer après le brevet pris à l'étranger.

La taxe à payer est de 150 florins pour un brevet de cinq ans (1) ; de 300 à 400 florins, suivant l'importance de la découverte, pour un brevet de dix ans; de 600 à 750 florins pour un brevet de quinze ans.

Le demandeur a une année environ pour acquitter

____

(1) Le florin vaut 2 fr. 12 c. de notre monnaie.

cette taxe et lever le brevet, à compter de la date du dépôt des pièces.

Pour pouvoir céder un brevet, il faut obtenir préalablement l'autorisation royale ; et toute cession est soumise à l'enregistrement au greffe de la province du domicile du cédant, de même que toute mutation par décès.

Un brevet est nul ou déchu si le breveté vient ensuite à prendre un autre brevet à l'étranger pour la même découverte ; de même si, depuis la date de la délivrance du brevet, il s'écoule deux années sans que l'invention ait été mise en exploitation dans les Pays-Bas, à moins qu'il n'y ait eu force majeure.

CHAPITRE II.

TEXTE

LOI DU 25 JANVIER 1817,

RELATIVE A LA CONCESSION DE DROITS EXCLUSIFS POUR L'INVENTION ET LE PERFECTIONNEMENT D'OBJETS D'ART ET D'INDUSTRIE.

Art. 1er. Un droit exclusif pourra être accordé pour un temps limité, par lettres patentes, sous le nom de brevets d'invention, sur la demande qui nous en sera faite, à ceux qui, dans le royaume, auront fait une invention ou un perfectionnement essentiel dans quelque branche des arts ou de l'industrie, ainsi qu'à ceux qui, les premiers, exécuteront, dans le royaume, une invention ou un perfectionnement mis en œuvre en pays étranger.

Art. 2. — La délivrance d'un brevet d'invention se fera sans préjudice des droits acquis à un tiers, et sera nulle, s'il est reconnu que l'invention ou le perfectionnement d'un brevet a été fait ou mis en œuvre par un autre, dans le royaume, avant la concession dudit brevet.

Art. 3. — Les brevets seront concédés pour l'espace de 5, 10 ou 15 ans. Les droits à payer seront proportionnés à leur durée et à l'importance de l'invention ou du perfectionnément, sans pouvoir jamais dépasser la somme de 750 florins, ni être au-dessous de 150 florins.

Art. 4. — Un brevet accordé pour 5 ou 10 ans, pourra être prolongé à l'expiration de ce terme, s'il existe des raisons majeures; mais sa durée totale ne pourra jamais excéder 15 années.

Art. 5. — Les brevets pour importation ou la mise en œuvre d'inventions ou perfectionnements essentiels faits ou mis en œuvre à l'étranger, et qui y seraient déjà brevetés, ne seront point accordés pour un plus long espace de temps que celui de la durée du droit exclusif accordé à l'étranger, et contiendront la clause expresse que les objets seront fabriqués dans le royaume.

Art. 6. — Les brevets d'invention donneront à leurs propriétaires ou ayants droit la faculté :

a. De fabriquer et débiter exclusivement, par tout le royaume, pendant le temps de durée du brevet, les objets y mentionnés, ou de les faire confectionner ou vendre par d'autres, avec leur consentement.

b. De poursuivre en justice ceux qui porteraient atteinte au droit exclusif qui leur aura été accordé, et de procéder contre eux, à l'effet d'obtenir la confiscation, à leur profit, des objets confectionnés en contravention du brevet d'invention, et non encore vendus, et du prix d'achat des objets qui seraient déjà vendus, ainsi que de diriger une action de dommages et intérêts.

Art. 7. — Toute personne qui formera une demande de brevet d'invention, sera tenue d'y joindre, sous cachet, une description exacte, détaillée et signée par elle, de l'objet ou du secret pour lequel le brevet est demandé, accompagnée des plans et dessins nécessaires; cette description sera publiée après l'expiration du brevet originaire ou prolongé, ou plus tôt, au cas où le brevet deviendrait nul pour l'un des motifs c gouvernement pourra néanmoins différer cette publication pour des raisons plausibles, s'il le juge utile.

Art. 8. — Un brevet d'invention sera déclaré nul :

a. Lorsqu'il sera reconnu que le breveté, dans la description jointe à sa demande, a, avec intention, omis de faire mention d'une partie du secret, objet de son brevet, ou l'a indiqué d'une manière fausse;

b. Lorsqu'il sera reconnu que le secret, objet d'un brevet, a été décrit, antérieurement à la concession du brevet, dans quelque ouvrage imprimé et publié;

c. Lorsque le titulaire, dans l'espace de deux années, à compter de la date de son brevet, n'en aura pas fait usage, à moins que ce retard ne tienne à des raisons majeures dont le gouvernement jugera;

d. Lorsque, après l'obtention d'un brevet, le titulaire a acquis un droit exclusif pour le même objet dans un pays étranger;

e. Lorsqu'il aura été reconnu que l'objet pour lequel un brevet a été accordé est, par sa nature, ou dans son application, dangereux pour la sûreté du royaume ou des habitants.

Art. 9. — Il sera tenu un compte des droits à payer pour l'obtention d'un brevet d'invention, et le produit en sera employé en primes ou en récompenses pour l'encouragement de l'industrie et des arts.

Art. 10. — Cessent, par la présente loi, d'avoir effet, les lois et règlements pour inventions et perfectionnements existants sur les brevets, et autres droits exclusifs de ce genre, mais néanmoins les brevets accordés jusqu'à ce jour, continueront d'avoir force, dans toute leur étendue primitive, au profit du breveté ainsi que des ayants-droit.

RÈGLEMENT DU 26 MARS 1817,

POUR L'EXÉCUTION DE LA LOI DU 25 JANVIER ET LA DÉLIVRANCE DES BREVETS DANS LES PAYS-BAS.

Art. 1er. — Quiconque voudra obtenir un brevet d'invention, d'importation ou de perfectionnement, devra remettre au greffier des états de sa province une requête au roi, contenant l'objet général de sa demande, l'indication de ses nom, prénoms et domicile, ainsi que du temps pour lequel il désire obtenir un brevet et pour lequel le même objet aurait déjà pu être breveté à l'étranger. Il y joindra sous cachet une description exacte, détaillée et signée par lui de l'objet ou du secret pour lequel le brevet est demandé, accompagnée des plans et dessins nécessaires, conformément à l'article 7 de la loi du 25 janvier 1817.

Art. 2. — Le greffier des états de la province dressera procès-verbal au dos du paquet (modèle n° 1) de la date précise du dépôt de la requête et pièces jointes, et ce procès-verbal sera signé par lui et par le demandeur, auquel il en sera délivré un double.

Art. 3. — Le gouverneur adressera de suite et au plus tard dans les dix jours à dater de celui où le dépôt aura été effectué, au commissaire général de l'instruction, des arts et

des sciences, toutes les demandes de brevet d'invention, perfectionnement, importation, etc...

Art. 4. — Le commissaire général présentera au roi,
avec son avis, les demandes de brevet d'invention, perfectionnement, importation, etc., et lorsqu'il aura reconnu
qu'une demande est de nature à être accordée, il joindra à son
rapport le brevet à signer par Sa Majesté.

Art. 5. — Lorsque le roi jugera convenable de ne point
accorder la demande, ou de renvoyer à l'avis, soit de l'Institut
royal des Pays-Bas, soit de l'Académie royale des sciences et
belles-lettres de Bruxelles, il en sera donné connaissance au
demandeur.

Art. 6. — Le brevet (modèle n° 2) contiendra la description de l'invention ; il indiquera les droits qu'il donne à l'ob-
tenteur, conformément à l'article 6 de la loi du 25 janvier
dernier, et mentionnera expressément que le gouvernement,
en accordant le brevet, ne garantit en rien, ni la priorité, ni
le mérite de l'invention, et qu'il se réserve la faculté de la
déclarer nulle pour une des causes indiquées à l'article 8 de
la loi. Le brevet d'importation pour un objet déjà breveté à
l'étranger contiendra de plus la mention expresse que le gouvernement ne garantit point la vérité de l'assertion du demandeur sur la durée du brevet accordé à l'étranger. Il contiendra aussi la clause prescrite par l'article 5 de la loi, que
les objets mentionnés seront fabriqués dans le royaume.

Art. 7. — Celui qui voudra obtenir une prolongation pour
un brevet de 5 ou 10 ans, devra en faire la demande au commissaire général de l'instruction, des arts et des sciences, qui
fera son rapport au roi. Ces prolongations seront également
signées par le roi.

Art. 8. — Tout propriétaire d'un brevet qui, par de nouvelles découvertes, aura perfectionné celle pour laquelle il est

déjà breveté, pourra obtenir, soit pour la durée du premier brevet seulement, soit pour un des termes fixés par l'article 3 de la loi du 25 janvier, un nouveau brevet pour l'exercice de ces nouveaux moyens.

Art. 9. — Pour obtenir ce brevet il faudra remplir les mêmes formalités que pour les autres. Quant aux droits à acquitter, ceux-ci seront réglés à proportion du laps de temps pendant lequel on jouira de l'octroi, et d'après l'importance du moyen de perfectionnement.

Art. 10. — Si quelque personne annonce un moyen de perfection pour une invention déjà brevetée, elle pourra obtenir un brevet pour l'exercice privatif du moyen de perfection, sans qu'il lui soit permis, sous aucun prétexte, d'exécuter ou faire exécuter l'invention principale, aussi longtemps que le brevet délivré pour cette invention ne sera pas expiré, et réciproquement, sans que l'inventeur puisse faire exécuter par lui-même le nouveau moyen de perfection.

Ne seront point mis au rang des perfections industrielles les changements de formes ou de proportions, non plus que les ornements, de quelque genre que ce puisse être.

Art. 11. — Les propriétaires de brevets qui voudraient faire la cession de leurs droits, en tout ou en partie, seront tenus d'obtenir préalablement l'autorisation du roi. Ils devront, sous peine de nullité, faire enregistrer cette cession au greffe de la province, où il en sera dressé un procès-verbal, conforme au modèle n° 3, qui sera de suite transmis au commissaire général de l'instruction des arts et sciences. Ce procès-verbal sera consigné au registre dont il sera parlé ci-après.

Art. 12. — De même celui ou ceux qui par droit de succession deviendraient propriétaires d'un brevet, devront,

avant de jouir de leurs droits, faire enregistrer cette acquisition au greffe de la province, où il en sera dressé un procès-
verbal, conforme au modèle n° 4, qui sera de suite transmis
au commissaire général de l'instruction, des arts et sciences.
Ce procès-verbal sera consigné au registre dont il sera parlé
ci-après.

Art. 13. — A l'expiration des brevets d'invention, ou
lorsqu'un brevet sera déclaré nul, pour un des cas prévus par
l'article 8 de la loi du 25 janvier, le commissaire général
de l'instruction prendra les mesures convenables pour rendre publiques les découvertes et inventions qui auront été
brevetées.

Art. 14. — Si à l'expiration d'un brevet, ou par suite
d'un des cas prévus par l'article 8, le commissaire général de
l'instruction ne jugeait point convenable, pour des raisons
politiques ou commerciales, de rendre publique la découverte
de l'invention, il en fera son rapport au roi, qui décidera.

Art. 15. — Le commissaire général de l'instruction enverra les brevets d'invention, d'importation ou de perfectionnement, accordés et signés par le roi, au gouverneur de la
province où est le domicile du demandeur, en lui indiquant
la somme à payer pour les brevets. Le gouverneur les remettra aux demandeurs, lorsque ceux-ci auront justifié avoir
versé chez le receveur de la province les droits fixés par le
tarif.

Art. 16. — Le tarif des droits à payer pour l'obtention des
brevets est réglé de la manière suivante :

Pour un brevet de 5 ans. . . . . 150 fl.

Pour un brevet de 10 ans. . . . . . 300 ou 400 »
suivant l'importance de l'invention ou du perfectionnement.

Pour un brevet de 15 ans. . . . . . 600 ou 750 fl.
suivant l'importance de l'invention ou du perfectionnement.

Pour une cession ou acquisition par droit de succession de brevet, 9 florins.

Art. 17. — Lorsque l'annulation sera prononcée pour une des causes mentionnées à l'article 8 de la loi du 25 janvier, les droits payés pour ce brevet seront restitués au prorata du temps qu'il avait encore à courir.

Art. 18. — Le ministre des finances fera passer annuellement au commissaire général de l'instruction un état exact des sommes provenant des droits payés pour l'obtention des brevets d'invention, d'importation ou de perfectionnement. Le commissaire général proposera au roi l'emploi de ces fonds, conformément au vœu de l'article 9 de la loi du 25 janvier dernier.

Art. 19. — Il sera ouvert un registre au commissariat général de l'instruction, dans lequel les brevets délivrés seront inscrits, ainsi que les certificats de concession et de translation de droits. Ce registre pourra être consulté par ceux qui se proposent de demander un brevet.

Art. 20. — Il sera fait mention dans les feuilles officielles des brevets délivrés et du nom de ceux qui les auront obtenus.

CHAPITRE III.

SOMMAIRE

SUR LES MARQUES DE FABRIQUE.

Dans le royaume des Pays-Bas, en matière d'estampille ou de marque destinée à constater l'origine des produits de l'industrie, il n'existe aucune disposition législative ou réglementaire; mais néanmoins la contrefaçon y est réprimée, en vertu du code pénal.

PÉROU.

CHAPITRE UNIQUE.

SOMMAIRE

SUR LES BREVETS D'INVENTION.

C'est le pouvoir législatif qui a mission, au Pérou, d'octroyer les brevets d'invention.

Le minimum de leur durée est de vingt-cinq ans.

Le demandeur n'est assujetti à payer aucune taxe; mais, une fois breveté, il est tenu de faire connaître le mode d'exploitation de sa découverte à un certain nombre d'habitants du Pérou, pour qu'ils puissent, comme lui, percevoir les avantages de cette exploitation.

Pour parvenir à l'obtention d'un brevet, le demandeur doit adresser au gouvernement sa requête avec une description, et déposer au musée national les modèles et dessins, quand ils sont nécessaires pour faire comprendre la découverte.

PORTUGAL.

CHAPITRE PREMIER.

SOMMAIRE

SUR LES BREVETS D'INVENTION, DE PERFECTIONNEMENT ET D'IMPORTATION.

Le gouvernement portugais délivre ces trois espèces de brevets aux nationaux comme aux étrangers, conformément à l'ordonnance royale du 16 janvier 1837.

Il brevète toute découverte nouvelle dans les arts, les sciences et l'industrie.

Aucun brevet ne peut durer plus de quinze années; et cette durée varie selon la volonté du demandeur exposée dans sa requête, sans que le premier délai fixé puisse être prolongé.

Particulièrement, quant au brevet d'importation, si l'introducteur n'est pas aussi l'inventeur, la durée ne peut excéder cinq années ; s'il est l'inventeur et a un brevet étranger, le brevet portugais ne peut durer plus que l'étranger.

La taxe annuelle est de 3,200 reis. (1)

La demande est adressée au gouvernement.

Le brevet d'importation ne peut plus être demandé après l'introduction de la découverte en Portugal.

______

(1) C'est-à-dire au total 22 fr. 63 c. de notre monnaie.

Avant toute demande ou en même temps, le postulant dépose, sous enveloppe cachetée, à l'administration centrale de la province, la spécification de sa découverte, les modèles et dessins qui seraient nécessaires, de plus l'état indicatif de ces diverses pièces et une copie authentique du brevet étranger s'il y en a un, le tout en double expédition.

Règle générale, tout brevet tombe quand la première moitié de sa durée s'est écoulée sans exploitation dans le royaume du Portugal, et il n'est accordé aucun délai de grâce à cet égard.

En outre l'inventeur ou l'importateur d'un ouvrage d'art est tenu, au moins deux fois chaque mois, de faire une exhibition ou exposition publique de ses œuvres, en la faisant précéder d'une annonce dans le journal officiel du gouvernement.

Quant aux inventeurs ou importateurs de procédés chimiques, ils sont obligés de donner un cautionnement de 1,000,000 reis, pour garantir que, le brevet une fois expiré, ils pratiqueront le procédé au moins trois fois en public après annonce dans le journal officiel du gouvernement trois jours à l'avance.

Tout acte de cession doit être authentique et notifié à l'administration des brevets.

CHAPITRE II.

TEXTE

DE L'ORDONNANCE ROYALE DU 16 JANVIER 1837.

TITRE PREMIER.

DE LA PROPRIÉTÉ DES NOUVELLES INVENTIONS.

Art. 1er. — Tous inventeurs de nouveaux produits et de nouvelles découvertes, mentionnés dans l'article 379 du code pénal, nationaux ou étrangers venant en Portugal faire connaître leurs découvertes, ont, sur elles, un droit exclusif de propriété, sous la sauvegarde de la loi.

Art. 2. — Les importateurs désignés par ledit article, jouissent d'un semblable droit de propriété, aussitôt que le gouvernement leur a délivré le brevet de privilége.

Art. 3. — Les avantages du brevet compris dans l'article 1er peuvent durer jusqu'à concurrence de quinze ans, au choix des intéressés ; ceux du brevet compris dans l'article 2 auront la durée que le gouvernement accordera.

Art. 4. — Ces droits sont transmissibles aux héritiers ou cessionnaires du propriétaire, ou à titre d'héritage par testament ou contrat officiel.

Art. 5. — L'État peut, après avoir délivré le brevet, acquérir la propriété d'une invention d'utilité publique, par convent'on avec le titulaire.

Art. 6. — La loi refuse le droit de poursuite contre les violateurs de la propriété spécifiée dans les articles précédents, si elle n'est avant la violation pourvue des pièces ci-dessous indiquées, et seulement dans le cas prévu par l'article 4 ci-dessus.

TITRE II.

DES BREVETS D'INVENTION, DE LEUR OBTENTION ET DES TAXES A PAYER.

Art. 7. — Au bureau de l'intérieur, il existera un registre destiné à l'enregistrement des brevets qui seront délivrés pour nouveaux produits et nouvelles découvertes.

Le brevet donne un caractère authentique aux déclarations de l'inventeur; mais il ne garantit point la réalité, la priorité et le mérite de l'invention.

Art. 8. — Tous auteurs de nouvelles productions de l'esprit, qui voudraient jouir de leur droit de propriété, devront payer au bureau des recettes de leur domicile, la taxe relative au nombre d'années qu'ils auront choisi, conformément à l'article 3; ils devront déposer un exemplaire de l'ouvrage, non encore livré au public, aux archives de l'administration générale de la province, et en exiger un récépissé contenant le titre et une idée de la matière de l'ouvrage. Ils devront aussi obtenir un certificat constatant qu'aucun privilége n'a été enregistré pour le même ouvrage; munis de ces documents, ils demanderont le brevet au bureau de l'intérieur.

Le récépissé leur sera délivré dans les dix jours, et le brevet dans vingt jours.

Art. 9. — Les auteurs de nouvelles découvertes auront à satisfaire aux mêmes conditions : ils déposeront leurs exemplaires, modèles et dessins, aussi bien qu'une exacte description cachetée des principes, moyens et procédés qui constituent la découverte; ils y joindront une liste signée, en double expédition, des objets contenus dans le paquet, ils en auront récépissé portant la copie exacte de la description, modèles et dessins fournis par les requérants. Porteurs de ce récépissé et des autres documents ci-dessus, ils requerront leur brevet de privilége.

Art. 10. — La loi concède à une invention déjà privilégiée et divulguée en pays étranger, un brevet pour le temps que le privilége étranger a encore à écouler, s'il ne dépasse pas le terme marqué à l'article 3 et en satisfaisant aux clauses de l'article 9.

Quand l'individu est étranger, il doit renoncer à ses priviléges.

Art. 11. — Celui qui perfectionne une découverte peut obtenir un brevet, s'il satisfait aux clauses ci-dessus.

Art. 12. — Le breveté, qui voudrait faire quelque changement dans son invention, et qui désirerait en avoir le privilége, en obtiendra le brevet, en satisfaisant auxdites clauses; mais s'il ne veut jouir de cette amélioration que pour le temps de son privilége qui reste à écouler, le gouvernement lui délivrera un simple certificat constatant sa déclaration et mentionnant la remise du paquet, comme il est dit plus haut.

Art. 13. — Les héritiers ou cessionnaires du privilégié ne sont pas obligés de prendre un nouveau brevet; ils doivent donner avis de l'acquisition qu'ils ont faite, à l'autorité administrative, qui le fera savoir au département de l'intérieur, pour qu'on fasse au registre les modifications nécessaires.

Art. 14. — Les introducteurs qui voudront jouir du droit de priorité, devront demander le brevet avant l'introduction. Le gouvernement la fera mettre au concours, y invitera ceux qui demanderaient un moindre terme, et à la fin accordera ou refusera le brevet, selon qu'il jugera convenable. En cas de concession, le terme ne pourra durer au delà de cinq ans.

Art. 15. — La taxe sera de 3,200 reis par chaque

année de privilége; les titres de brevets seront délivrés gratuitement.

Art. 16. — Un brevet ne pourra garantir qu'un seul objet.

Art. 17. — Le terme primitivement demandé par le pétitionnaire ne pourra jamais être prorogé.

TITRE III.

DES DEVOIRS DES BREVETÉS.

Art. 18. — Les inventeurs ou introducteurs privilégiés sont tenus de déposer, aux regards du public, les produits de leur industrie, au moins deux fois le mois; ils devront annoncer sur le journal du gouvernement, trois jours à l'avance, celui de l'exposition.

Art. 19. — Si l'invention concerne un procédé chimique, ils fourniront caution de la valeur de 1 million de reis, qu'à l'expiration du privilége, ils pratiqueront au moins trois fois le procédé, devant les personnes qui se présenteront après les annonces prescrites par l'article 18.

Art. 20. — L'infraction à ce qui est ordonné à l'article 18 sera punie, pour la première fois, de la moitié de la détention et de l'amende imposées pour les contraventions; pour la seconde fois, du maximum de ces peines et de la saisie du produit.

Art. 21. — L'infraction à ce qui est ordonné à l'article 19 sera punie du maximum de la détention, de l'amende imposée aux contraventions, et de la saisie des drogues et instruments destinés aux procédés, ou de celle du cautionnement dans le cas où lesdits objets auraient subi un détournement.

TITRE IV.

DE L'EXPIRATION DES BREVETS ET DE LA PRESCRIPTION DES ACTIONS INTENTÉES CONTRE LES BREVETÉS.

Art. 22. — Le privilége des brevetés s'évanouit dans les cas suivants :

1° Si la moitié du terme s'est écoulée sans que les propriétaires en aient fait usage ;

2° Par jugement qui déclare ces brevets nuls ou nuisibles ou qui en ordonne la saisie ;

3° A la fin du terme concédé.

Art. 23. — L'action contre l'inventeur ou l'introducteur est proscrite s'il a fait tranquillement usage de la moitié du terme du privilége, excepté si l'invention venait à être reconnue nuisible à toute branche du bien-être public, pour lequel cas il n'y a point prescription, et l'inventeur est passible du maximum de la prison, de l'amende des délits et de la saisie, mais la peine se réduira à l'amende et à la saisie, s'il a agi sans mauvaise intention.

TITRE V.

DES ACTIONS DES BREVETÉS OU DE CELLES INTENTÉES CONTRE EUX.

Art. 24. — Les actions criminelles et civiles, consignées dans les articles 370 à 381 du Code pénal, appartiennent aux brevetés contre les violateurs de leur privilége.

Art. 25. — Ont lieu contre les brevetés les actions prescrites par les articles 382 à 385 du code précité, et de plus celles de priorité et de divulgation.

Art. 26. — La priorité se règle par le jour où l'une des parties a satisfait à l'une ou à toutes les conditions et clauses exigées par les articles 8 et 9 ci-dessus.

Art. 27. — La divulgation existe quand un exemplaire imprimé, lithographié, dessiné ou sculpté, les modèles, moules, lames ou types d'une machine, les recettes ou descriptions de ces objets ont passé, par le fait spontané du propriétaire, au pouvoir d'une personne ne faisant pas partie de sa famille, quoique vivant dans la même habitation.

Art. 28. — La matière des actions est aussi de défense pour ceux qui sont poursuivis par les brevetés ou privilégiés.

Art. 29. — Les différends survenus entre les propriétaires et des tiers, seront décidés sommairement par arbitres nommés par les parties, ou par le juge si elles ne les nommaient pas : on pourra en appeler de leur décision aux tribunaux supérieurs. Les parties pourront compromettre en jugements arbitraux, non sujets à appel.

Art. 30. — Toutes les fois que la solution d'une cause dépendra de l'ouverture et de l'examen des paquets déposés conformément à l'article 9, les demandeurs fourniront une garantie pour assurer la répartition et la réparation des dommages qui résulteront de la divulgation des secrets de leur découverte.

Art. 31. — Quand il s'agit de la matière de l'article 384 du code pénal, on doit observer ce qui est prescrit pour les autres attentats contre la santé publique, par l'entremise des autorités préposées à ce service.

TITRE VI.

DE LA PUBLICATION DES NOUVELLES INVENTIONS.

Art. 32. — Le terme des priviléges étant expiré d'une des manières spécifiées au titre IV, le gouvernement encouragera l'exposition des inventions qu'il jugera d'une grande utilité publique, soit dans la capitale, soit dans les autres villes du royaume; il la fera porter au plus haut point de perfection et la répétera périodiquement.

Art. 33. — Cette exposition aura nécessairement lieu dans la capitale, au moins tous les deux ans. Le local et le jour où elle se fera seront annoncés d'avance.

Art. 34. — On établira un ou deux prix en faveur des auteurs ou inventeurs d'un objet d'utilité publique, qui serait jugé élevé au plus haut degré de perfection par des experts nommés par le ministre de l'intérieur.

EXTRAIT DU CODE PÉNAL.

Art. 379. — Les nouvelles inventions sont les productions de l'esprit ou du génie, manifestées par l'écriture en prose, en vers ou en musique, par le dessin, la sculpture, la peinture.

Sont aussi considérées comme nouvelles inventions ou découvertes, la construction et l'organisation d'instruments, machines, matrices, types, lames, moules, ressorts, archétypes et autres, les combinaisons nouvelles et procédés chimiques; ou toutes autres inventions ayant pour but d'améliorer quelque partie des arts industriels, de l'agriculture, de la navigation, de la guerre par terre ou par mer, des arts libéraux, et même des sciences, si ces découvertes ne sont connues dans le royaume ni en dehors.

On compte aussi, parmi les nouvelles inventions, l'introduction de quelqu'une de ces découvertes, quoique déjà connue en pays étranger.

Art. 385. — Le contrefacteur d'une production de l'esprit ou du génie, de même que celui qui fabriquera ou introduira quelqu'un des produits mentionnés dans la seconde partie de l'article 379, dont l'organisation mécanique soit semblable à celle d'une autre nouvelle découverte ou introduction, et la publiera ou les produits qu'il en aura retirés pendant le temps que durera le privilége accordé à son auteur ou introducteur, sans le consentement de ce dernier, sera puni, suivant les cas, d'une détention correctionnelle de trois à douze ans, d'une amende de 25,000 à 1 million de reis et de la confiscation des objets qui ont servi d'instrument ou de moyen ou qui ont été le résultat du délit.

Les vendeurs ou distributeurs seront passibles d'une détention correctionnelle dans un local isolé, laquelle pourra se prolonger de trois à douze jours, et d'une amende de 1,000 à 20,000 reis.

CHAPITRE III.

TEXTE (PAR EXTRAIT)

DE LA CONVENTION DU 12 AVRIL 1851, CONCLUE ENTRE LA FRANCE ET LE PORTUGAL, POUR GARANTIR DANS LES DEUX PAYS, LA PROPRIÉTÉ DES ŒUVRES D'ART ET D'ESPRIT, ET CELLE DES MARQUES DE FABRIQUE.

Les hautes parties contractantes désirant en outre protéger l'application à l'industrie manufacturière des travaux d'esprit et d'art, profitent de cette occasion pour déclarer d'un commun accord, que la reproduction, dans l'un des deux pays, des marques de fabrique apposées dans l'autre sur certaines marchandises pour constater leur origine et leur qualité, sera assimilée à la contrefaçon des œuvres d'art, poursuivie comme telle, et que les dispositions relatives à la répression de ce délit, insérées dans la présente convention, seront également applicables à la reproduction desdites marques de fabrique.

Les marques de fabrique dont les citoyens ou les sujets de l'un des deux États voudront s'assurer la propriété dans l'autre devront être déposées exclusivement, savoir : les marques d'origine portugaise à Paris, au greffe du tribunal de la Seine, et les marques de fabrique française à Lisbonne, au greffe du tribunal du commerce de première instance.

Les hautes parties contractantes s'engagent également à assurer dans les deux États respectifs, aussitôt que les circonstances le permettront, par des dispositions spéciales prises d'un commun accord, la propriété et les droits des individus qui, selon les lois de chacun des deux États, y auraient obtenu un brevet d'invention pour toute découverte faite par eux.

———

PRUSSE.

CHAPITRE PREMIER.

SOMMAIRE

SUR LES BREVETS D'INVENTION, DE PERFECTIONNEMENT ET D'IMPORTATION.

La Prusse est régie, sur cette matière, par la convention générale du Zolwerein, qui est copiée au livre XIII ci-dessus. Elle est en outre réglementée spécialement par une instruction ministérielle du 14 octobre 1815, une ordonnance royale du 17 mai 1817, et une dépêche ministérielle du 18 septembre 1828.

Ce gouvernement délivre trois sortes de brevets : pour invention, pour perfectionnement, pour importation ; mais des difficultés de fait contribuent trop souvent à faire rejeter les demandes, surtout quand elles viennent de découvertes étrangères.

Un étranger ne peut obtenir aucun de ces brevets. Toujours le brevet est délivré à un sujet prussien ; mais celui-ci est admis à déclarer que l'invention, le perfectionnement ou l'importation appartient à tel sujet étranger.

La durée d'un brevet d'invention ou de perfectionnement varie de six mois à quinze ans, au choix du demandeur, qui doit le dire dans sa requête. Celle d'un brevet d'importation ne peut excéder six années.

Le demandeur indique aussi dans sa requête s'il sollicite un brevet pour toute l'étendue du royaume, ou pour certaines provinces déterminées. Les droits et frais d'un brevet sont presque nuls, et aucune taxe n'est due.

La requête doit être adressée à la régence provinciale, et accompagnée de la description de l'invention, avec les dessins, modelès et échantillons nécessaires.

Une commission spéciale est chargée d'examiner la nouveauté et la spécialité de la découverte. Elle adresse son rapport au ministre des finances, qui, s'il accorde le brevet au demandeur, en fait la notification au titulaire.

Dans les six semaines de la délivrance, le breveté est obligé, à peine de déchéance, de faire annoncer dans les feuilles officielles de chaque province, qu'un brevet lui a été accordé, en donnant le résumé sommaire de l'invention ; mais les frais de cette publication ne tombent pas à sa charge.

Dans les six mois de la délivrance, la découvert doit être exploitée en Prusse, aussi à peine de déchéance du privilége. Cette exploitation se constate par un certificat, qui doit être adressé au ministre des finances.

CHAPITRE II.

TEXTE

DE L'INSTRUCTION SUR LA DÉLIVRANCE DES PATENTES DU 14 OCTOBRE 1815.

1. Tout bourgeois d'un État, ou électeur d'une commune, peut obtenir une patente dans les différents cas prévus ci-dessous.

2. Tout objet peut être privilégié, pourvu qu'il soit nouvellement inventé, qu'il ait réellement été perfectionné, ou, s'il a simplement été importé de l'étranger, pourvu que l'importateur ait été le premier qui l'ait fait connaître et exécuté dans le pays.

3. Quant à celui qui veut obtenir une patente, il doit joindre à sa demande au gouvernement provincial, une des-

cription et une explication exactes de l'objet brevetable. Cette description et cette explication devront être données par des modèles, dessins ou écrit, et, autant que possible, par ces trois moyens en même temps. Le pétitionnaire sera tenu de dire s'il désire la patente pour toute la monarchie, pour une partie seulement, et pour quel terme.

Le gouvernement provincial fait examiner l'invention ou le perfectionnement par des personnes expertes, et instruit le ministre des finances de son adhésion à la demande. Celui-ci ordonne une nouvelle instruction, ou statue, d'après le résultat de l'instruction opérée par les soins de l'autorité provinciale, sur la demande, sur l'étendue et la durée de la patente; il prépare ensuite et délivre le brevet, et veille avec soin à la conservation des modèles, dessins et descriptions qui ont été produits.

4. La plus courte durée d'une patente est fixée à six mois; la plus longue à quinze années.

5. Tout breveté devra, dans les six semaines de la délivrance de la patente, au plus tard, faire connaître qu'il est patenté, par la voie de la *Gazette officielle* et par les feuilles d'avis de chacune des provinces pour lesquelles le brevet est accordé; en outre il indiquera l'objet de sa patente en renvoyant à la description déposée. Partout où cette annonce n'aura pas eu lieu dans le délai indiqué, le droit accordé par la patente sera considéré comme non avenu.

6. Le breveté est tenu de faire usage du droit qui lui est accordé, au plus tard avant l'expiration de six mois; autrement son droit est périmé.

7. En vue d'encourager l'industrie, il ne sera payé aucune taxe particulière pour le brevet; les seuls frais à payer sont ceux du timbre et enregistrement, conformément aux tarifs

ordinaires. Le breveté devra, comme tous autres fabricants, acquitter l'impôt légal pour la fabrication.

8. Lorsque quelqu'un peut prouver qu'il a inventé avant e breveté, ou en même temps que lui, ou bien perfectionné de la même manière le même objet qui a été patenté, le brevet obtenu ne peut aucunement restreindre le droit qu'a le premier de profiter de l'invention qu'il a faite avant ou en même temps que le second.

9. Si le breveté se trouve lésé dans ses droits, il devra former plainte devant le gouvernement de la province où la personne qui lui a porté préjudice est domiciliée ; le gouvernement prononcera définitivement, sauf recours au ministre des finances, conformément à la disposition suivante.

10. Quiconque sera convaincu d'avoir porté préjudice aux droits d'une patente, sera tenu au paiement des frais d'enquête, et on lui interdira l'usage et l'exécution de l'objet breveté pendant tout le temps de la durée de la patente ; en cas de récidive, il sera puni de la confiscation des instruments, matériaux et produits trouvés chez lui. Si cet avis reste sans résultat, la peine de la confiscation sera appliquée, en ce que tous les objets confisqués seront remis au breveté pour qu'il en fasse usage ; il sera facultatif à ce dernier d'intenter, par la procédure civile, à celui qui l'aura lésé, une action en dommages-intérêts.

RÉSUMÉ DE L'ORDONNANCE DU 7 MAI 1817.

Le breveté ou ses héritiers sont autorisés à céder leurs droits à d'autres personnes, personnellement qualifiées à cette fin.

Quiconque sollicite une patente doit être citoyen de l'un ou de l'autre État, ou membre-électeur d'une commune, et la qualification de la personne à laquelle une patente est cédée doit être prouvée.

Celui qui désire céder son privilége est tenu d'en informer la police du lieu de son domicile. Semblable avis doit être donné par les héritiers d'un breveté lorsqu'ils ne veulent pas aliéner l'exploitation du brevet de leur auteur, mais la continuer eux-mêmes.

DÉPÊCHE DU MINISTRE DU 18 SEPTEMBRE 1828.

Pour répondre à la lettre du ministre des affaires étrangères du 29 juillet, j'ai l'honneur de faire observer que, bien qu'il ne soit fait mention que des régnicoles dans l'acte du 14 octobre 1815, au sujet de la distribution des brevets, les étrangers n'ont pas moins la faculté de s'adresser à ce sujet, soit directement, soit par l'intermédiaire des ambassadeurs, au ministère de l'intérieur; et lorsque le requérant est en droit d'obtenir le brevet demandé, il peut acquérir le droit de bourgeoisie ou céder son droit de brevet à un citoyen prussien, sous le nom duquel la patente est alors accordée.

Tous les droits d'expédition et frais d'une patente délivrée pour la monarchie entière, s'élèvent à 18 écus 26 schellins 3 deniers. Les frais d'insertion dans toutes les feuilles officielles, dépendant de l'étendue de la publication à faire, peuvent être évalués à 130 écus et plus, y compris les frais de port.

CHAPITRE III.

SOMMAIRE
SUR LES MARQUES DE FABRIQUE.

En vertu de la loi du 4 juillet 1840, tout individu qui imprime sur des enveloppes ou des marchandises le nom, la raison sociale, ou le domicile d'un autre fabricant, ou qui émet sciemment en commerce des marchandises faussement marquées, est punissable d'une amende de 50 à 1000 thalers, quelquefois même d'un emprisonnement qui peut être d'un an.

Les mêmes peines sont applicables lorsqu'un sujet prussien a contrefait la marque d'un fabricant étranger, et que la réciproque est garantie aux sujets prussiens par des traités internationaux ou les lois nationales de l'étranger.

ÉTATS-ROMAINS.

CHAPITRE PREMIER.

SOMMAIRE
DES BREVETS D'INVENTION ET DE PERFECTIONNEMENT.

L'édit du 3 septembre 1833 autorise la délivrance des brevets d'invention et d'importation aux étrangers comme aux sujets romains.

Quand même une découverte ne serait pas entièrement nouvelle, il suffit qu'elle n'ait jamais été pratiquée dans les États romains, pour qu'elle soit brevetable.

La demande est adressée au Pape avec description, dessin ou modèle, en double expédition.

La taxe nouvelle est de dix écus (1) pour un brevet d'invention, et de 15 écus pour un brevet d'importation.

Pour chaque année de prolongation du terme primitivement fixé, la taxe ordinaire augmente d'un tiers.

La totalité des taxes réunies se paye moitié lors de la délivrance du brevet, l'autre moitié dans le mois qui commence la deuxième période de cinq ans du brevet.

La durée varie de cinq à quinze ans ; néanmoins celle d'un brevet d'importation est limitée au délai restant à courir du brevet étranger ; et encore la durée varie de trois à six années, quand il s'agit de l'importation d'un procédé industriel ou agricole non breveté, mais connu à l'étranger par la voie de l'impression.

Chaque brevet peut être prolongé dans les limites de durée qui viennent d'être expliquées.

Il y a déchéance du brevet dans trois cas :

1° Lorsque la taxe n'a pas été payée dans le mois qui fait l'échéance.

(1) L'écu vaut 5 fr. 38 c. de notre monnaie.

2° Quand la découverte n'a pas été exploitée dans l'année de la concession du brevet ;

3° Quand il y a interruption de l'exploitation durant une année.

CHAPITRE II.

TEXTE

DE L'ÉDIT DU 3 SEPTEMBRE 1833.

Art. 1er. — Tout citoyen des États romains ou étranger qui découvrira ou introduira un nouveau genre de *culture* important, ou un nouvel *art* utile non connu précédemment ou non encore mis en pratique, ou un nouveau *procédé* utile de culture ou de fabrication, ou un *perfectionnement* utile dans les moyens déjà connus, aura droit à un privilége exclusif pendant le temps et suivant les conditions expliqués dans les articles ci-après.

Art. 2. — Ceux qui inventeront un nouveau produit naturel, une nouvelle branche de culture ou de fabrication ; ceux qui découvriront un nouveau moyen d'application ou de perfectionnement utile dans une industrie déjà connue, obtiendront un droit exclusif pour un temps qui ne sera pas moindre de cinq années et qui ne pourra excéder quinze.

Art. 3. — Les premiers importateurs dans les États romains de nouvelles méthodes ou de nouveaux perfectionnements utiles, non encore pratiqués ni connus dans ces États, jouiront du droit exclusif pour tout le temps restant à courir sur la durée du privilége étranger.

Art. 4. — Ceux qui importeront dans les États romains

de nouveaux moyens ou perfectionnements utiles pour l'agriculture ou les arts, si ces moyens ont déjà été publiés par la
voie de l'impression, obtiendront un privilége de trois à **six**
années.

Art. 5. — L'importance de l'invention, le chiffre plus ou
moins élevé du capital pour la mettre en pratique, le plus ou
moins d'avantages à retirer du privilége, seront pris en considération pour étendre le privilége à tous les États romains,
ou pour le restreindre à quelques-uns seulement.

Art. 6. — Tout individu ayant obtenu un privilége **de**
moins de quinze ou de moins de six ans, suivant le cas, pourra
obtenir une prolongation proportionnée de durée, pour cause
d'utilité publique, ou lorsqu'il justifiera de dommages importants et imprévus éprouvés dans sa jouissance.

Art. 7. — La demande de brevet devra nous être présentée
à Rome directement ou par les cardinaux, prélats, légats et
présidents du commerce ; la requête contiendra la désignation
de la découverte, invention, méthode ou perfectionnement
faisant l'objet de la demande ; elle indiquera l'utilité que l'État
peut en attendre, et, s'il y a lieu, les dommages qui peuvent
en résulter pour le public ou pour les intérêts particuliers.

Art. 8. — Cette requête sera accompagnée d'une description en double expédition de l'invention, etc., assez claire et
assez complète pour pouvoir être mise à exécution par tout
cultivateur ou artisan ; elle sera accompagnée des plans, dessins, coupes, modèles ou échantillons qui seraient nécessaires ; le tout placé dans une enveloppe marquée du cachet
particulier du demandeur, et indiquant la date du jour de la
présentation avec sommaire de l'objet auquel elle se rapporte.

Art. 9. — La priorité de la découverte sera déterminée
par la date indiquée sur l'enveloppe de la description et des
objets annexés, après avoir été contre-signée par l'autorité

locale, qui ne pourra, dans aucun cas, refuser ou retarder ce contre-seing.

Art. 10. — La durée du privilége une fois déterminée conformément à l'article 5, il sera délivré au réclamant une patente de propriété qui, après avoir été publiée dans le *Diario di Roma*, sera notifiée aux cardinaux délégués, et prélats présidents du commerce.

Art. 11. — Le brevet de privilége fera foi en justice tant pour le fait de la concession du privilége que pour la date de sa délivrance, mais il ne garantira le mérite, l'utilité, la propriété, la priorité de l'invention ou de l'introduction, que dans les conditions formellement décrites aux articles ci-dessus.

Art. 12. — Toute personne qui, pour défaut de priorité ou toute autre cause, voudra contester au breveté son droit de privilége, pourra le faire en introduisant une instance devant les tribunaux compétents; mais cette instance devra être introduite dans les six mois de la date de la patente; toute réclamation postérieure serait rejetée.

Art. 13. — A dater du jour de la publication de la patente, le breveté aura le droit exclusif de mettre en usage sa découverte; il ne sera permis à personne, pendant la durée du privilége, de le troubler dans sa jouissance ou de lui contester en aucune manière l'objet désigné dans son brevet.

Art. 14. — Le privilégié pourra, en outre, pendant la durée de son brevet, et sous les conditions imposées par la présente loi, user de son droit comme de tout autre droit de propriété, le vendre, s'associer pour son exploitation, en accorder l'usage partiel.

Art. 15. — Le breveté aura d'ailleurs le droit de poursuivre devant les tribunaux compétents tout individu qui entreprendra de le troubler dans sa jouissance ou contestera la découverte mentionnée dans son brevet.

Art. 16. — Ce brevet cessera d'avoir son effet, tant à l'égard du patenté que vis-à-vis des tiers :

1° S'il est évident que la découverte peut nuire à la sécurité publique ;

2° S'il est jugé par les tribunaux que d'autres que le breveté avaient, avant lui, introduit ou mis en pratique dans les États romains l'invention, objet de la patente ;

3° Si l'invention, l'importation ou le perfectionnement était déjà connu par l'impression, ou avait été l'objet d'un brevet, sans que ce fait ait été déclaré dans la demande ;

4° Si dans la description présentée, le pétitionnaire se trouve avoir dissimulé ou altéré quelqu'un des moyens nécessaires, utiles ou plus économiques d'appliquer la découverte ;

5° S'il s'est écoulé une année depuis la publication de la patente sans que la découverte ait été mise en pratique, ou si, pendant la durée du privilége, la pratique en a été interrompue durant le même temps ;

6° Si le breveté a laissé écouler un mois après l'échéance sans acquitter les droits mentionnés aux articles précédents ;

7° Si l'examen des échantillons levés chaque année par les autorités sur les produits du breveté, fait reconnaître une altération dans la culture ou la fabrication de ce dernier.

Art. 17. — Après l'expiration du privilége, ou dans le cas de déchéance, la description sera publiée dans le *Diario di Roma* par les soins des légations et délégations, et il demeurera libre à tout le monde d'exploiter la découverte qui en faisait l'objet.

Art. 18. — La taxe pour l'obtention d'une patente sera proportionnée au nombre d'années de sa durée, et comprendra désormais tous les paiements qui, jusqu'à ce jour, s'étaient faits à des titres différents.

Art. 19. — Cette taxe, pour nouvelles découvertes, inventions, méthodes ou perfectionnements inconnus précédemment, sera de dix écus par an ; elle sera de quinze écus par an pour les importations de culture, art, méthode ou perfectionnements déjà connus, mais non pratiqués dans les États romains.

Art. 20. — La taxe d'une prolongation de brevet sera payée à raison d'un tiers en sus de la taxe qui précède pour chaque année.

Art. 21. — Le paiement de la taxe sera fait en deux parties égales : la première en recevant la patente, et la seconde dans le premier mois de la seconde moitié de sa durée.

Art. 22. — La somme de ces taxes pourra, suivant les circonstances, être employée en encouragements à l'agriculture et aux arts.

Nota. Il n'y a pas d'articles 23, 24 et 25.

Art. 26. — Tous ceux qui contreviendront à l'article 13 seront assujettis à la confiscation des objets contrefaits, moitié au bénéfice du patenté, moitié au bénéfice du plaignant ou de l'action publique, sans préjudice des dommages et intérêts envers le patenté, s'il en est dû.

CHAPITRE III.

SOMMAIRE

SUR LES MARQUES DE FABRIQUE.

Cette matière est régie par trois édits ou ordonnances des 27 septembre 1826, 3 septembre 1833 et 12 septembre 1844.

Les États romains ont deux sortes de marques,

un timbre à vernis pour les objets fabriqués par le gouvernement, et la marque particulière que chaque manufacturier appose sur les marchandises qui sortent de sa fabrique.

Cette marque particulière du fabricant consiste dans son nom, ses initiales, un chiffre, une étiquette, etc... Cependant il y a quelques fabriques autorisées à se servir du *timbre camerale*, qui est celui du gouvernement.

Pour garantir l'origine nationale des peaux et des tissus, le fabricant peut spontanément présenter ces objets à un office de douane qui, sur la présentation d'un certificat de l'autorité communale, leur applique un timbre à plomb, sec ou à vernis, suivant la qualité de la marchandise.

On munit d'un plomb, apposé sur la trame, les produits qui reçoivent une prime ou qui sont fabriqués dans les ports francs, tels que les draps de laine et les cotonnines.

RUSSIE.

CHAPITRE PREMIER.

SOMMAIRE

SUR LES BREVETS D'INVENTION OU DE PERFECTIONNEMENT
ET SUR LES BREVETS D'IMPORTATION.

Deux lois régissent les brevets en Russie ; elles sont datées du 22 novembre 1833 et du 23 octobre 1840.

Le gouvernement russe délivre deux sortes de brevets : l'un est un brevet d'invention ou d'un perfectionnement industriel ; le deuxième est un brevet d'importation, qui se donne à celui qui, Russe ou étranger, introduit, le premier, en Russie, une invention qui est déjà brevetée à l'étranger. C'est toujours sans garantie du gouvernement.

Lorsqu'une invention nouvelle connue et publiée à l'étranger, n'y a pas encore été brevetée, si elle offre un caractère d'utilité générale, l'importateur peut, par cette considération, obtenir du gouvernement russe un privilége spécial, qui a la même valeur et les mêmes avantages que ceux octroyés pour les découvertes faites en Russie.

La durée d'un brevet d'invention ou de perfectionnement est de trois, cinq ou dix années, à partir du jour de la délivrance du certificat qui constate la demande en concession du privilége.

Quant au brevet d'importation, sa durée ne peut dépasser celle du brevet étranger, et jamais plus de six années. Par exception, quand le propriétaire du brevet étranger est l'inventeur, lui-même peut obtenir un brevet d'importation de dix années, et toujours dans la limite de la durée du brevet étranger.

En Russie on ne peut obtenir une prolongation de la durée primitive d'un brevet.

La taxe d'un brevet d'invention ou de perfectionnement est de 90 roubles d'argent pour trois années (1), de 150 roubles pour cinq années, de 450 roubles pour dix années.

Celle d'un brevet d'importation est de 360 roubles pour six années.

Celui qui désire se faire breveter doit déposer au ministère des manufactures et du commerce intérieur : 1° sa requête indiquant la durée qu'il désire pour son privilége ; 2° la description complète de la découverte avec les dessins et modèles qui peuvent être nécessaires à l'intelligence de l'invention, de manière à mettre les personnes de l'art à même de pouvoir l'exécuter à l'aide de ces deux documents ; 3° le récépissé du paiement anticipé de la taxe entière. Un pouvoir authentique est nécessaire toutes les fois que le pétitionnaire se fait représenter par un intermédiaire.

Le Conseil des manufactures examine la demande et les pièces ; puis il émet son avis sur la nouveauté

(1) Le rouble d'argent vaut 4 fr. 05 c. en monnaie de France.

et sur l'accomplissement des autres conditions de brevetabilité. Quand la délivrance a lieu, elle est publiée dans les journaux. Quand la demande est rejetée, la taxe est remboursée au demandeur.

Il y a déchéance du brevet, notamment quand le breveté est convaincu d'avoir produit comme sienne la découverte d'autrui, ou bien quand il n'a pas mis la découverte en pleine activité d'exploitation avant l'expiration du quart du temps de la concession du brevet.

Tout brevet ou privilége peut être cédé en tout ou partie, à la charge de publier la cession par la voie des journaux. Mais il n'est permis ni de céder à une compagnie par actions, ni de s'associer avec une telle compagnie pour l'exploitation d'un privilége ou d'un brevet.

CHAPITRE II.

TEXTE

DES LOIS SUR LES BREVETS.
(Extrait du Code des lois de l'empire Russe.)

DES PRIVILÉGES

POUR LES NOUVELLES INVENTIONS ET DÉCOUVERTES.

SECTION PREMIÈRE.
De la nature des brevets pour les inventions et découvertes.

116. Toute invention, découverte, ou perfectionnement dans les arts et métiers, appartient à la personne qui l'a faite ;

mais cette personne ne peut s'assurer un droit légal à cette propriété que par la demande d'un privilége exclusif.

117. Le privilége accordé par le gouvernement est un acte qui constate que l'invention qui y est mentionnée a été présentée au gouvernement comme propriété de la personne nommée dans ledit certificat.

118. En accordant ce privilége, le gouvernement ne garantit ni le succès, ni le mérite de la découverte, ni qu'elle appartient réellement à la personne qui l'a présentée ; mais il témoigne seulement de l'état de l'invention, du nom du titulaire et de la durée du privilége.

119. Le privilége accordé par le gouvernement n'enlève à personne le droit de prouver en justice que la découverte n'appartient pas au titulaire, ou bien qu'elle était déjà introduite à l'époque de la concession du privilége,

120. Mais tant qu'un tel droit n'aura pas été annulé en justice, le breveté jouira des droits suivants :

1° Lui seul pourra, pendant la durée du privilége, profiter de la découverte ou du perfectionnement, sans aucune restriction ni exception, et par conséquent l'employer, vendre, donner, léguer, et de toute autre manière céder à d'autres, conformément aux lois ;

2° Lui seul pourra poursuivre devant les tribunaux toute contrefaçon, et demander la réparation du dommage causé.

121. Devra être considérée comme contrefaçon l'exécution exacte et conforme dans toutes les parties essentielles de l'invention, de la découverte ou du perfectionnement pour lequel le brevet a été accordé, quand bien même le contrefacteur aurait apporté dans la construction quelques changements peu importants et étrangers à la partie essentielle.

122. Un brevet peut encore être accordé pour des inventions et perfectionnements provenant d'autres pays, mais dont

la description n'a pas été publiée et dont l'usage n'a pas été encore introduit en Russie.

La durée de ce brevet ne pourra pas s'étendre au delà du terme pour lequel la découverte est privilégiée dans le pays étranger.

La délivrance d'un brevet pour les inventions nouvelles non privilégiées à l'étranger, ni connues, ni publiées, ne pourra avoir lieu que par exception, et sur la prise en considération spéciale du gouvernement, en ayant égard à l'avantage qu'on en attend et à la dépense qu'elles exigent. Les priviléges accordés pour de telles nouvelles introductions ont la même force que ceux concédés pour les inventions faites en Russie.

123. Suivant les règles établies, des priviléges ne seront pas concédés pour des principes théoriques abstraits, mais seulement pour de nouveaux moyens, procédés et appareils propres à les réaliser industriellement.

124. Il n'y a pas de privilége concessible pour des découvertes qui paraissent seulement une application ou une invention de l'esprit, et qui, d'ailleurs, ne présentent aucun avantage essentiel, non plus que pour les inventions qui peuvent nuire à la société ou au trésor public.

125. Les sujets russes et les étrangers qui ont l'intention de construire des fabriques et des manufactures sans être obligés de devenir sujets, ont également droit d'obtenir un brevet.

SECTION II.

Des dispositions sur la délivrance des brevets.

126. Celui qui sollicite un privilége pour découverte ou perfectionnement quelconque dans les arts, les manufactures et le commerce, doit adresser à cet effet au département des

manufactures et du commerce intérieur les documents suivants :

1° Sa requête avec mention de la durée qu'il désire assigner à son privilége, et une indication des avantages de l'invention ;

2° Une description exacte et complète, et les dessins qui s'y rattachent; en cas de besoin, les modèles nécessaires à l'intelligence de l'invention, sans rien cacher de ce qui peut avoir rapport à l'exactitude de l'opération, de telle sorte que les personnes de l'art puissent, avec ces documents seuls, exploiter la découverte, sans avoir besoin de recourir à des conjectures ou d'y suppléer par leur propre savoir ;

3° La justification du paiement de la taxe fixée pour le privilége.

127. En recevant la demande avec toutes les pièces annexées, il en sera délivré le même jour au pétitionnaire un certificat signé du directeur du département et revêtu du cachet de la caisse, lequel désignera l'an, le mois, le jour et l'heure de la présentation de la demande du privilége.

128. Toute demande en délivrance de privilége est communiquée au conseil des manufactures, à la séance duquel assiste le directeur du département auquel la requête est nécessairement soumise, suivant la nature de l'objet. Cet examen a lieu seulement dans le but de savoir s'il n'a pas été concédé déjà de privilége pour le même objet à une autre personne, et pour constater si la description est suffisamment claire, exacte et complète, et si, en général, on peut tirer quelque avantage de l'objet du privilége. L'attention particulière du conseil des manufactures portera ensuite sur le point de savoir si l'invention ne renferme pas en elle-même quelque chose de préjudiciable à la santé et à la sécurité publiques, ou au trésor

public. Pour en juger avec exactitude, le conseil des manu-factures s'adressera au conseil médical, s'il est besoin.

129. Après qu'un examen sérieux lui a donné satisfaction sur ces divers points, le conseil des manufactures en fait son rapport au ministre des finances, auquel revient la mission de délivrer les priviléges ; le conseil fait cette communication, en indiquant en même temps la durée du privilége, au départ-tement ou à la branche d'administration à laquelle se rap-porte le privilége, afin que les ordres ultérieurs soient rendus conformément aux règlements établis.

Mais si, en sens contraire, le conseil des manufactures de-meure convaincu, par cet examen, que l'invention a déjà été décrite ou a été employée communément quelque part, il refu-sera la demande ; puis encore, si ladite invention est reconnue préjudiciable à la santé et à la sécurité publiques, il engagera le requérant, par écrit, à ne pas la mettre à exécution sous les peines portées par les lois. En même temps les causes du re-fus de privilége seront publiées dans les journaux des deux capitales.

130. Celui à qui l'on refuse un brevet pour description in-suffisante et incomplète, peut présenter ultérieurement des éclaircissements, et, s'ils sont trouvés satisfaisants, on pro-cédera à la délivrance du privilége suivant les règles établies ci-dessus.

131. Si deux ou plusieurs personnes différentes deman-dent en même temps un privilége pour le même objet, le privilége ne sera pas accordé, sauf le cas où l'un des requé-rants prouvera en justice que l'autre lui a ravi la décou-verte.

132. Dans le cas de refus d'un privilége, la taxe déposée par le pétitionnaire lui sera remboursée sans retard.

Nota. Pour la concession de priviléges pour inventions et

perfectionnements dans l'industrie agricole, les formes et les règles à suivre sont les mêmes que celles établies par les articles précédents, sauf que l'examen en sera fait par les autorités du département de l'agriculture.

SECTION III.

De la durée des brevets et des droits à payer.

133. Les priviléges pour des découvertes, inventions et perfectionnements réels sont concédés suivant le désir du pétitionnaire, d'accord avec le gouvernement, pour 3, 5 et 10 années, mais pas davantage. Les priviléges pour importation d'inventions déjà garanties dans d'autres pays ne peuvent être donnés pour plus de 6 années, ou bien ils sont concédés pour le terme fixé par l'article 122, ci-dessus.

134. En aucun cas, la durée des priviléges ne peut être prolongée.

135. La durée des brevets commence du jour où ils sont signés, et l'action en contrefaçon date du jour de la délivrance du certificat et de la remise de la demande en concession de privilége. C'est pourquoi les certificats délivrés à chacun seront insérés dans les journaux publics des deux capitales de l'empire.

136. Les droits sur les priviléges sont fixés d'après la taxe suivante :

Pour inventions et perfectionnements. — Brevet de 3 années, 90 roubles argent ; brevet de 5 années, 150 argent ; et de 10 années, 450 argent.

Pour importations. — Brevet de 6 années, 360 roubles argent.

137. Une fois le privilége accordé, le droit payé ne sera jamais remboursé, que l'action du privilége cesse avant l'ex-

piration du terme, ou que celui qui l'a obtenu ne mette pas
sa découverte à exécution.

138. La taxe payée appartient au département qui délivre
le privilége ; sur cette somme il pourvoit à toutes les dépenses
de délivrance et de publication, et le restant est employé à différentes acquisitions utiles, telles que modèles, imprimés.

SECTION IV.

Forme dés brevets et publication.

139. Le titre du brevet porte, savoir :

1° Le nom du sollicitant ;

2° Le jour de la présentation ;

3° La description de la découverte, avec tous ses détails ;

4° La durée du privilége ;

5° La taxe payée ;

6° L'attestation qu'il n'a pas été donné précédemment de
privilége pour cet objet ;

7° Que le gouvernement ne garantit ni le mérite de l'invention, ni qu'elle appartient à la personne qui l'a présentée
comme sienne ;

8° La signature et le sceau du ministre et du directeur du
département d'où ressortit le brevet.

140. Les priviléges sont écrits sur parchemin, suivant la
taxe perçue.

141. Chaque brevet, aussitôt après sa délivrance, est publié dans toute son étendue, sur les deniers de la taxe,
dans le journal du ministère dont il dépend ; il est imprimé
également dans les Nouvelles du sénat et dans les feuilles publiques des deux capitales. En outre, les départements qui délivrent les brevets sont tenus de communiquer à qui les demande les registres des nouvelles découvertes.

SECTION V.

Obligations de celui qui reçoit le brevet.

142. Quiconque reçoit un brevet est tenu , avant l'expiration du temps accordé, de mettre en pleine activité sa découverte, et d'en informer le département *ad hoc*.

143. L'acte de cession totale ou partielle d'un privilége doit être dressé dans les termes voulus par la loi ; mais en même temps le titulaire devra en donner connaissance au département, qui ensuite le publiera dans les journaux officiels.

144. Celui qui obtient un brevet ou privilége ne peut entrer pour ce brevet dans une compagnie par actions, ni le céder à une telle compagnie sans l'autorisation spéciale de l'administration gouvernementale.

145. Le breveté qui apporte ultérieurement un perfectionnement essentiel et avantageux peut obtenir un autre privilége pour ce changement ; mais, dans tous les cas où cela se présente, il est tenu d'en donner connaissance au département compétent, avec une description particulière de ce perfectionnement.

146. Tout autre que le breveté venant à perfectionner une invention pour laquelle un privilége a été concédé, ne pourra pas obtenir un privilége spécial pour ce perfectionnement, à moins que préalablement il ne justifie qu'il a fait un arrangement avec le propriétaire du premier privilége ; mais , à l'expiration du terme du premier privilége, il pourra lui être accordé un privilége particulier pour la partie perfectionnée de la première découverte.

147. Quand un brevet sera délivré dans les cas indiqués aux articles 145 et 146, on observera :

1° Que, pour le perfectionnement par l'inventeur même, la durée du privilége doit être plus courte que pour l'invention elle-même ;

2° Que l'action de ce privilége est indépendante de celle concédée pour l'invention principale ;

3° Que la durée de cette dernière ne peut être prolongée, bien que le privilége accordé pour le perfectionnement ne soit pas fini ; que pour un perfectionnement fait par une autre personne, le temps du privilége ne commence pas avant la moitié du temps dont jouit l'inventeur primitif.

148. Il y a déchéance du brevet :

1° Par l'expiration légale du terme concédé ;

2° S'il est établi judiciairement que l'objet du privilége était déjà connu en Russie avant la concession, ou que la découverte était décrite dans des ouvrages à l'étranger, sauf toutefois l'exception concernant les importateurs d'industries étrangères, laquelle est posée par les considérations particulières développées à l'art. 122 ;

3° S'il est prouvé en justice que celui qui a demandé le brevet a donné la découverte d'un autre comme sienne, et si le véritable inventeur forme une demande en revendication ;

4° S'il est reconnu que les descriptions et documents ne sont pas complets, qu'on y a omis des parties essentielles et indispensables à la production de l'effet annoncé ;

5° Enfin si le privilégié ne met pas à exécution sa découverte dans le terme marqué par l'article 142 ci-dessus.

149. Dans tous les cas énoncés ci-dessus, le département qui aura délivré le privilége publiera immédiatement la déchéance dans les feuilles publiques des deux capitales en annonçant que chacun a le droit d'exploiter librement l'invention déchue.

CHAPITRE III.

SOMMAIRE

DES MARQUES DE FABRIQUE.

Dans l'empire de Russie, chaque fabricant a la libre faculté de faire timbrer les produits de son industrie. Ses produits timbrés jouissent de divers avantages :

D'abord ils échappent à la confiscation, lorsqu'ils sont joints à des marchandises étrangères non munies du timbre de la douane ;

Ensuite les produits indigènes timbrés, qui sont réimportés pour n'avoir pu être placés à l'étranger, rentrent en franchise de droits, tandis que ceux non timbrés sont, dans ce cas, considérés comme marchandises étrangères, et alors assujettis aux droits de douane. Chaque timbre doit indiquer les nom et prénoms du fabricant et la situation de sa fabrique.

Le fondateur d'une nouvelle fabrique doit, s'il veut timbrer ses produits, en faire la déclaration au département des manufactures, et lui remettre un modèle de son timbre ; s'il vend sa manufacture, s'il suspend ses travaux, il doit également en instruire ce département.

SARDAIGNE.

CHAPITRE PREMIER.

SOMMAIRE

**SUR LES BREVETS INDUSTRIELS, LES CERTIFICATS COMPLÉMENTAIRES
ET LES BREVETS D'IMPORTATION.**

Cette matière est régie, dans les États sardes, par la loi du 12 mars 1855, qui a été suivie d'un décret royal du 17 avril de la même année.

Le gouvernement de la Sardaigne délivre, sans garantie, trois sortes de brevets, savoir :

1° Un *brevet industriel* pour toute invention ou découverte industrielle nouvelle ;

2° Un *certificat complémentaire* pour toute modification à une invention ou découverte garantie par un brevet encore en vigueur en Sardaigne ; mais pendant les six premiers mois de la durée des brevets, ce certificat n'est délivré qu'à l'inventeur ou à ses ayants cause.

3° Un *brevet d'importation* pour une invention ou découverte industrielle nouvelle, quoique brevetée à l'étranger, pourvu qu'un certificat soit demandé avant l'expiration du brevet étranger et avant que cette invention n'ait été introduite et exploitée par d'autres dans les États sardes.

La durée d'un brevet commence toujours le dernier

jour de l'un des mois de mars, juin, septembre ou décembre qui suivent la date du dépôt de la demande de certificat.

Le minimum de cette durée est d'une année ; le maximum de quinze années. Cependant la durée du brevet pour une découverte déjà brevetée en pays étranger ne peut dépasser celle du brevet étranger.

Tout brevet inférieur en durée peut être prolongé jusqu'à quinze années, y compris celles du certificat complémentaire, et toujours la prolongation du brevet principal emporte prolongation de tous les certificats complémentaires.

Voici comment se calcule la taxe. Elle est double pour chaque certificat de brevet, quel qu'il soit.

La taxe *proportionnelle* se compose d'autant de fois dix francs que la demande renferme d'années, plus une fraction de dix francs pour le temps qui sépare le jour de la demande du dernier jour du trimestre à dater duquel la durée du brevet commence à compter.

La taxe *annuelle* est de 30 francs pour chacune des trois premières années ; de 50 francs pour chacune des trois années suivantes ; de 70 francs pour chacune des septième, huitième et neuvième ; de 90 francs pour chacune des dixième, onzième et douzième ; et de 110 francs pour chacune des trois dernières années. En outre la première annuité comprend une fraction de 30 francs correspondant au temps qui sépare le jour de la demande du dernier jour du trimestre à dater duquel la durée du brevet commence à compter.

La taxe proportionnelle et la première annuité se payent au moment de la demande du brevet ; les autres doivent être payées par anticipation le premier jour de chaque année de la durée du brevet.

Enfin un certificat complémentaire donne lieu au payement anticipé d'un somme unique de 20 francs ; et pour les certificats de prolongation, il doit être aussi payé d'avance une somme de 40 francs, indépendamment de la taxe proportionnelle et des annuités.

Toute demande en délivrance de brevet, de complément ou de prolongation , doit être adressée; à Turin, au ministre des finances, et ailleurs aux intendances.

Elle doit indiquer : 1° le nom, les prénoms, le nom du père et le lieu de naissance tant de son inventeur que de son porteur de pouvoir; 2° un *titre* qui précise brièvement les caractères et l'objet de l'invention, 3° la durée proposée pour le privilége.

Cette demande doit être accompagnée des pièces suivantes : 1° une description de la découverte en trois originaux ; 2° les dessins et modèles, aussi en trois originaux, que le demandeur juge nécessaires pour l'intelligence de l'invention ; 3° l'original ou une copie authentique du brevet étranger, s'il y en a ; 4° un pouvoir authentique, si le demandeur a un mandataire ; 5° le récépissé de la taxe payable d'avance; 6° un bordereau de ces diverses pièces.

Le breveté est déchu de son privilége : 1° s'il ne fait pas le paiement anticipé de la taxe annuelle dans les trois mois de l'échéance ; 2° si la découverte n'est pas exploitée en Sardaigne dans l'année de la délivrance du brevet, ou que l'exploitation en soit suspendue durant une année entière, lorsque le brevet a été concedé pour cinq ans ; 3$_0$ si la découverte n'a pas été exploitée dans les deux ans, ou qu'elle ait été suspendue durant le même laps de temps, lorsque le brevet a plus de cinq ans de durée. Néanmoins la déchéance n'est pas prononcée, quand le breveté prouve que le défaut ou la suspension de l'exploitation provient d'une cause indépendante de sa volonté ; pourvu que cette cause ne soit pas une absence de ressources pécuniaires.

Les cessions de brevet n'ont d'effet à l'égard des tiers qu'à partir de la date de l'enregistrement au ministère des finances.

CHAPITRE II.

TEXTE

DE LA LOI SARDE DU 12 MARS 1855 SUR LES BREVETS D'INVENTION.

TITRE PREMIER.

DES DROITS DÉRIVANT DES INVENTIONS OU DÉCOUVERTES INDUSTRIELLES ET DE LEURS TITRES.

CHAPITRE Ier.

Des droits de l'inventeur.

Art. 1er. — L'auteur d'une invention ou découverte industrielle nouvelle a le droit de l'exploiter et d'en retirer le bénéfice exclusivement, pendant le temps, dans les limites et sous les conditions que prescrit la présente loi.

Ce droit exclusif constitue un *brevet industriel*.

Art. 2. — Une invention ou découverte est dite *industrielle* lorsqu'elle a directement pour objet :

1° Un produit ou un résultat industriel ;

2° Un instrument, une machine, un outil, un engin ou une disposition mécanique quelconque ;

3° Un procédé ou une méthode de production industrielle ;

4° Un moteur ou l'application industrielle d'une force déjà connue ;

5° Enfin l'application technique d'un principe scientifique, pourvu qu'elle donne des résultats industriels immédiats.

Dans ce dernier cas, le brevet est limité aux seuls résultats expressément indiqués par l'inventeur.

Art. 3. — Une invention ou découverte industrielle est considérée comme *nouvelle*, si elle n'a jamais été connue auparavant, ou même lorsque déjà on en avait quelque connaissance, mais que l'on ignorait les détails nécessaires pour sa mise en activité.

Art. 4. — Une invention ou découverte industrielle nouvelle, déjà brevetée à l'étranger, donne, bien que publiée par suite du brevet étranger, à son auteur ou à ses ayants cause, le droit d'obtenir pour cet objet un brevet dans cet État, pourvu qu'il en soit demandé une attestation avant l'expiration du brevet étranger et avant que d'autres n'aient librement importé et mis en activité dans le royaume cette même invention ou découverte.

Art. 5. — Toute modification apportée à une invention ou découverte protégée par un brevet encore en vigueur, donne droit à une attestation de brevet, sans préjudice de celui qui existe déjà pour l'invention principale.

Art. 6. — Ne peuvent constituer l'objet d'un brevet :

1° Les inventions ou découvertes concernant des industries contraires aux lois, à la morale et à la sûreté publique;

2° Les inventions ou découvertes qui n'ont *pas* pour but la production d'objets *matériels;*

3° Les inventions ou découvertes *purement théoriques;*

4° Les *médicaments de toute espèce.*

CHAPITRE II.

Des attestations de brevet, de leur efficacité, de leur durée et de leur taxe.

Art. 7. — L'exercice d'un brevet industriel a pour titre légal une attestation délivrée par l'administration publique.

L'attestation de brevet ne garantit *pas l'utilité ou la réalité* de l'invention ou découverte qui a été affirmée par la personne qui en a fait la demande; elle ne prouve *pas* non plus l'existence des caractères que la loi exige dans une invention ou découverte pour que le brevet en soit valide et efficace.

Art. 8. — Le brevet pour un objet nouveau comprend la vente et la fabrication exclusive de l'objet même.

Le brevet pour l'application à une industrie d'un agent chimique, d'un procédé, d'une méthode, d'un instrument, d'une machine, d'un outil, d'un engin ou d'une disposition mécanique quelconque, inventés ou découverts, donne la faculté d'empêcher qu'un autre ne les emploie.

Mais quand celui qui jouit du brevet fournit lui-même les préparations ou les moyens mécaniques dont l'application exclusive constitue l'objet du brevet, il est présumé qu'il a en même temps concédé la permission d'en faire usage, pourvu qu'il n'existe pas de conventions qui s'y opposent.

Art. 9. — L'auteur d'une invention ou d'une découverte brevetée et ses ayants cause peuvent demander une *attestation complémentaire* pour toute modification par eux apportée à la découverte ou invention principale. Cette attestation étend à la modification qui en fait l'objet les effets du brevet principal pendant tout le temps de la durée de ce brevet.

Art. 10. — Les effets d'une attestation de brevet à l'égard des tiers commencent à partir du *moment où la demande* en a été faite.

La durée d'un brevet ne sera pas de plus de *quinze ans*, ni de moins d'un an, en commençant toujours à compter du dernier jour de l'un des mois de mars, juin, septembre ou décembre, le plus rapproché du jour où ladite attestation a été demandée; et elle ne pourra jamais comporter de fraction d'année.

Art. 11. — La durée d'un brevet, pour une invention ou découverte déjà brevetée à l'étranger, ne dépassera pas celle du *brevet étranger* concédé pour le terme le plus long; et en aucun cas elle ne dépassera quinze ans.

Art. 12. — Une attestation de brevet concédée pour moins de quinze ans pourra être prolongée d'une ou de plusieurs années, de telle sorte cependant que la durée de la prolongation, ajoutée à celle de la première attestation, ne dépasse jamais lesdits quinze ans.

Art. 13. — La prolongation d'une attestation de brevet comprend celle de toutes les attestations complémentaires.

Art. 14. — Pour chaque attestation de brevet, il sera payé deux taxes : l'une proportionnelle, lors de la demande du brevet, et l'autre annuelle.

La taxe proportionnelle consistera en une somme d'autant de fois dix francs qu'il y a d'années comprises dans la demande de brevet, et en outre, une fraction de dix francs correspondante à l'intervalle entre le jour de la demande et le dernier jour du trimestre, à partir duquel on commence à compter la durée du brevet.

La taxe annuelle sera de trente francs pour chacune des trois premières années; de cinquante francs pour la quatrième, la cinquième et la sixième année; de soixante-dix francs pour la septième, la huitième et la neuvième année; de quatre-vingt-dix francs pour la dixième, la onzième et la douzième, et de cent dix francs pour chacune des années restantes.

La première annuité contiendra en outre la portion de trente francs qui correspondra à l'intervalle de temps indiqué au second alinéa du présent article.

Art. 15. — La première annuité et la taxe proportionnelle seront payées au moment où l'on produira la demande de l'attestation.

Les autres annuités seront payées d'avance le premier jour

de chaque année de durée du brevet, et elles suivront l'augmentation triennale, même dans le cas où le brevet serait prolongé.

Art. 16. — La taxe d'une attestation complémentaire consistera dans le paiement unique de vingt francs seulement.

Art. 17. — Pour une attestation de prolongation, il sera payé quarante francs, outre la taxe proportionnelle et les annuités, dont la première, c'est-à-dire celle correspondante à la première année de la prolongation, sera versée au moment où la demande sera présentée, et les autres d'avance, comme il est dit à l'art. 15.

Art. 18. — Si on demande une attestation de brevet d'importation devant durer jusqu'à l'expiration du brevet étranger, toute fraction d'année sera comptée comme une année entière, quant au paiement de la taxe.

TITRE II.

CONDITIONS ET MARCHE A SUIVRE POUR OBTENIR UNE ATTESTATION DE BREVET.

CHAPITRE Ier.

Demande et ses conditions.

Art. 19. — La direction de tout ce qui concerne les brevets industriels appartient au ministère des finances.

Art. 20. — Quiconque désire obtenir une attestation de brevet doit en adresser la demande au chef de celui des bureaux dépendants du ministère des finances qui en sera chargé.

Cette demande sera présentée par l'inventeur ou par son mandataire spécial ; elle contiendra :

1º Le nom, le prénom, le nom du père et la patrie, tant de l'impétrant que de son mandataire, s'il en a un ;

2° L'indication de la découverte ou de l'invention, sous forme de *titre*, qui en exprime brièvement, mais avec précision, les caractères et l'objet ;

3° L'indication de la durée que l'on désire assigner au brevet dans les limites prescrites par la loi.

On ne pourra jamais, dans une seule demande, demander plus d'une seule attestation, ni une attestation pour plusieurs inventions ou découvertes.

Art. 21. — Il devra être ajouté à la demande :

1° La description de l'invention ou découverte ;

2° Les dessins, s'il est possible, en outre les modèles que l'inventeur juge nécessaires pour l'intelligence de l'invention ou de la découverte ;

3° Le reçu d'où il appert avoir été versé dans une des caisses publiques la taxe correspondante à l'attestation que l'on demande ;

4° Le titre original ou la copie légale du titre constatant le brevet concédé à l'étranger, quand on demandera une attestation d'importation ;

5° S'il y a un mandataire, l'acte de procuration en forme authentique ou sous seing privé, pourvu, dans ce dernier cas, que la signature du mandant soit légalisée par un notaire public ou par le maire de la commune où demeure le mandant ;

6° Un bordereau des papiers et objets présentés.

Art. 22. — La description dont il est fait mention dans l'article précédent sera faite en langue italienne ou en langue française, et elle contiendra l'énonciation complète et précise de tous les détails qu'il est nécessaire de connaître par une personne experte pour pratiquer l'invention ou la découverte décrite.

Il sera joint à la pétition *trois* originaux, tant de la description que de chacun des dessins; celui qui demandera l'attestation répond seul de leur identité.

Dans le cas d'ailleurs où un modèle serait joint à la description, l'impétrant ne sera pas dispensé d'y joindre deux originaux identiques d'un ou de plusieurs dessins qui retracent le modèle entier ou au moins celles de ses parties dans lesquelles consiste l'invention.

Art. 23. — Dans le courant des six premiers mois de durée d'un brevet, en commençant à les compter du dernier jour de mars, juin, septembre ou décembre, postérieur à la demande et qui en est le plus rapproché, celui auquel l'attestation appartient peut demander qu'elle soit réduite seulement à quelques-unes des parties de la description jointe à la première demande, en indiquant avec précision celles qu'il entend exclure du brevet.

Les parties exclues sont considérées comme si elles n'avaient jamais été comprises auparavant dans l'attestation du brevet réduit.

Art. 24. — A ces demandes en réduction, on devra joindre :

1° Le bulletin de reçu ou la pièce justifiant du versement de 40 fr.;

2° Trois originaux identiques de la description que l'on se propose de substituer à celle qui a déjà été produite;

3° Et trois originaux des nouveaux dessins qu'il pourrait y avoir lieu de substituer aux précédents.

Art. 25. — Les attestations délivrées en conséquence de semblables demandes seront nommées attestations de réduction et auront la même durée qu'avaient les attestations réduites.

Art. 26. — Dans l'intervalle des six mois mentionnés à l'art. 23, il ne sera délivré d'attestations de modifications qu'à l'auteur de l'invention ou de la découverte brevetée, ou à son ayant cause. Les demandes produites par des tiers pour de semblables attestations, et les documents qui y seront joints, seront présentés dans une enveloppe cachetée par eux, dont le dépôt sera fait de la manière qui sera indiquée ci-après.

A l'expiration des six mois susmentionnés, le paquet sera décacheté, et l'on procédera à accorder l'attestation, si la partie intéressée ne déclare pas vouloir retirer la demande, auquel cas la taxe lui sera restituée.

L'attestation ainsi accordée commencera à avoir effet relativement aux attestations complémentaires, à partir du premier jour après l'expiration du terme des six mois ; mais vis-à-vis des personnes étrangères au brevet principal et des attestations demandées par elles, il aura effet du moment où le dépôt de la demande a eu lieu.

Art. 27. — La demande d'une attestation complémentaire ne contiendra pas d'indication de durée ; quant au reste, on observera les prescriptions des art. 20 et suivants.

Art. 28. — A la demande en prolongation de brevet seront joints :

1° Le titre d'où il appert que le requérant est possesseur du brevet dont il désire la prolongation ;

2° Le reçu de la taxe indiquée dans l'art. 17 ;

3° L'acte et le bordereau qui sont mentionnés dans les §§ 5 et 6 de l'art. 21.

CHAPITRE II.

Du dépôt des demandes et des autres papiers et objets qui y sont joints.

Art. 29. — Les demandes de toute espèce, et les documents et autres objets qui y peuvent ou doivent être ajoutés, seront présentés, à Turin, au bureau qui en sera chargé par le ministre, ailleurs aux intendances.

Art. 30. — L'officier chargé d'en recevoir la présentation, dressera un procès-verbal dans lequel il marquera le jour et l'heure où la présentation a été exécutée, et il fera mention de l'objet de la demande.

Dans le procès-verbal sera indiqué le domicile réel ou élu de l'impétrant ou de son mandataire dans la ville où le dépôt sera exécuté; à défaut de quoi le domicile sera entendu de droit comme élu à la maison communale.

Art. 31. — S'il s'agit du dépôt indiqué à l'art. 26, le procès-verbal contiendra la déclaration du déposant qu'il désire qu'en temps voulu on lui confère une attestation de brevet pour une modification spécifiée dans la description renfermée dans l'enveloppe, et concernant l'invention ou la découverte principale, dont il indiquera le titre dans ledit procès-verbal.

Art. 32. — Chacun desdits procès-verbaux sera inscrit sur un registre à ce destiné, et y sera signé par l'impétrant ou par son mandataire.

Une copie en sera délivrée à la partie, sans autres frais que celui du papier timbré sur lequel elle sera écrite.

Art. 33. — Dans les cinq jours suivants, les papiers et objets déposés tous au secrétariat des intendances, seront expédiés au ministère des finances.

A cet envoi on ajoutera une copie sur papier libre du procès-verbal.

Art. 34. — Les procès-verbaux transmis des provinces seront transcrits sur les registres du ministère des finances.

Art. 35. — Si les prescriptions de la loi ont été exécutées, les demandes seront enregistrées sous la date de leur présentation, et on délivrera les attestations demandées.

Art. 36. — Toutes les attestations seront écrites sur un registre à ce destiné, et y seront signées par le chef de bureau commis à cet effet.

Une copie signée de cette attestation sera délivrée à l'intéressé, conjointement avec un des originaux des dessins, de la description et du bordereau, numérotés sur chaque feuille par ledit employé. Cette première copie de l'attestation sera gratuite ; pour chacune des autres qui portera le numéro d'ordre de l'expédition, il sera payé 15 francs.

Art. 37. — S'il s'agit d'inventions ou de découvertes concernant des boissons ou des comestibles de toute nature, le bureau qui en sera chargé enverra la description et tout ce qu'il appartiendra au conseil supérieur de santé pour avoir son avis avant d'accorder d'attestation d'aucune sorte.

Art. 38. — Si le conseil sanitaire opine que l'invention ou la découverte est nuisible à la santé, ou qu'il y a le moindrement à en douter, la demande d'une attestation sera rejetée.

Si l'avis est favorable, on insérera dans l'attestation qui sera accordée, la clause suivante : le conseil supérieur de santé entendu.

L'attestation de brevet ainsi accordée n'affranchira pas les personnes qui en jouiront et qui mettront en pratique l'objet nouvellement trouvé, de l'observation de toutes les autres prescriptions des lois sanitaires.

Art. 39. — L'attestation de brevet sera refusée :

1° Si l'invention ou la découverte pour laquelle on la demande, rentre dans une des quatre catégories marquées dans l'art. 6 ;

2° Si la demande écrite manque, ou si dans la demande il manque le *titre* de l'invention ou découverte ;

3° Si la description manque ;

4° Si l'on demande une attestation pour diverses inventions ou découvertes, ou si on demande, par une seule pétition, plusieurs attestations de la même espèce ou d'espèce différente ;

5° Si la taxe versée ne correspond pas à l'espèce d'attestation que l'on demande.

Art. 40. — La concession de l'attestation de brevet sera suspendue, s'il manque l'accomplissement de quelque autre des conditions établies par cette loi, ou si la description ne présente pas tous les caractères voulus.

Art. 41. — La communication du refus ou de la suspension, ainsi que de leurs motifs, sera faite aux postulants ou à leurs mandataires par l'entremise des huissiers attachés aux intendances et par des actes aux domiciles élus et réels indiqués dans les procès-verbaux de dépôt.

Art. 42. — Dans les quinze jours qui suivront l'intimation, l'impétrant ou son mandataire pourront pourvoir à ce qui manque ou réclamer contre le refus ou la suspension.

Les papiers destinés à suppléer à ce qui manque, ou la réclamation, seront déposés, soit au secrétariat de l'intendance, soit au bureau du ministère qui en sera chargé, et il sera dressé de ce dépôt un procès-verbal, dont il sera donné copie à l'intéressé contre le paiement seulement du papier timbré sur lequel elle sera dressée.

Après l'expiration des quinze jours, sans qu'aucun dépôt ait été exécuté et qu'aucune réclamation se soit produite, la demande en attestation sera considérée comme n'ayant pas été faite, sauf pour l'inventeur le droit de la reproduire.

Art. 43. — Le ministre confiera l'examen des susdites réclamations à une commission composée de quinze membres, savoir : de trois personnes appartenant à la magistrature inamovible, ou à la faculté de droit de l'Université royale de Turin, et de douze autres choisies :

1° Parmi les membres de la classe des sciences physiques et mathématiques de l'Académie des sciences ;

2º Parmi les professeurs et les docteurs des facultés des sciences physiques et mathématiques à l'Université royale;

3º Parmi les professeurs des écoles industrielles.

Les membres de ladite commission seront nommés tous les ans par le ministre.

La commission se divisera en trois sections (mécanique, physique, chimie), dont chacune sera composée d'un des trois membres jurisconsultes et de quatre membres scientifiques.

Toute réclamation sera examinée par la section indiquée par la nature du brevet demandé.

Dans le cas où l'avis de la section ne serait pas prononcé à l'unanimité, il sera revu par la commission tout entière.

S'il s'agit d'une invention que l'on croit contraire aux lois, à la morale ou à la sécurité publique, on consultera en outre l'avocat fiscal, et son avis sera communiqué à la commission chargée de l'examen de la réclamation.

Art. 44. — La réclamation sera considérée comme non avenue si l'on n'y joint pas le dépôt de 50 francs.

Art. 45. — Si l'avis dont il est fait mention à l'art. 43 est favorable à l'impétrant, l'employé qui en sera chargé délivrera l'attestation en rendant le dépôt mentionné dans l'article précédent.

Dans le cas contraire, l'attestation sera définitivement refusée, et le dépôt sera acquis au trésor.

TITRE III.

DU TRANSFERT DES BREVETS.

Art. 46. — Tout acte de transfert d'un brevet devra être enregistré au ministère et publié dans la Gazette officielle du royaume aux frais du pétitionnaire.

Le transfert n'a d'effet vis-à-vis des tiers qu'à partir de la date de l'enregistrement.

Art. 47. — Pour opérer cet enregistrement, celui en faveur de qui la transmission a eu lieu, devra présenter ou faire présenter le titre d'où elle résulte, et deux notes sur papier timbré contenant :

1° Les nom, prénoms et domicile dudit, ainsi que ceux de celui qui lui transmet les droits dont il est fait mention dans le titre ;

2° La date et la nature du titre que l'on présente, et, dans le cas où il a été fait par acte public, le nom du notaire qui l'a reçu ;

3° La date de l'insinuation (1) quand elle a eu lieu ;

4° La déclaration précise des droits transmis ;

5° La date de la présentation de ces notes, qui sera celle de l'enregistrement.

Art. 48. — Cette présentation aura lieu à l'un des secrétariats des intendances, ou au bureau qui en sera chargé.

Dans les deux cas, le titre sera restitué à la partie après qu'on y aura apposé le vu pour enregistrement, signé soit par l'intendant, soit par le chef de bureau qui en sera chargé.

Le contenu des notes prescrites par l'article précédent sera transcrit sur un registre à ce destiné au secrétariat de l'intendance où la présentation a eu lieu ; et une de ces notes sera conservée, tandis que l'autre sera envoyée sans retard au susdit bureau.

Là toutes les notes, soit exhibées directement, soit transmises par les intendances, seront transcrites et conservées.

Art. 49. — Si les droits provenant d'une attestation sont transférés en entier à une seule personne, elle est subrogée à

____

(1) *Insinuation*, dans le Piémont, correspond précisément à *l'enregistrement* en France. (*Note du traducteur.*)

l'obligation de payer la taxe ; si c'est à plusieurs personnes collectivement, elles sont subrogées solidairement à une semblable obligation. S'ils sont transmis partiellement à plusieurs personnes, ou seulement aliénés en partie, le titre de transmission ne sera pas admis à être porté au registre, si l'on ne présente pas, en même temps que le titre, le reçu d'où résulte qu'une somme égale au restant des paiements annuels de taxe a été versée dans les caisses publiques.

TITRE IV.

DE LA CONSERVATION ET DE LA PUBLICATION DES DOCUMENTS QUI CONCERNENT LES ATTESTATIONS DE BREVET.

Art. 50. — Les registres où sont transcrites les attestations, délivrées et marquées les mutations successives, ainsi que les annulations, déclarations de nullité et de déchéance des attestations, et ceux où sont enregistrés les transferts des droits qui en procèdent, sont des registres publics.

Art. 51. — Quiconque désirera qu'il en soit extrait quelques renseignements, en fera la demande sur papier timbré, et le renseignement qui sera extrait sera aussi transcrit sur timbre aux frais du pétitionnaire.

Art. 52. — Un exemplaire de la description et des dessins sera déposé au bureau qui en sera chargé ; mais il ne sera permis à personne de les voir avant l'expiration des trois mois après la concession de l'attestation.

Les modèles, ou un des exemplaires de la description des dessins, seront conservés dans une salle destinée à cet effet par le gouvernement, où ils seront exposés au public, aussi trois mois après la concession de l'attestation.

Après le susdit terme de trois mois, chacun pourra prendre connaissance des descriptions des dessins et des modèles et en faire exécuter à ses frais une ou plusieurs copies, de la manière et sous les conditions qui seront fixées par les règlements.

Art. 53. — Tous les trois mois la Gazette officielle publiera la liste des attestations délivrées dans le trimestre précédent.

Art. 54. — En outre, tous les six mois, les descriptions et les dessins concernant les inventions ou découvertes munies de brevet dans le semestre précédent, seront textuellement publiées.

Le chef de bureau, commis par le ministre, peut ordonner que quelques-unes des descriptions soient seulement publiées par extraits revus par lui et jugés suffisants pour l'intelligence de l'objet inventé qui y est décrit. Les dessins pourront semblablement être réduits à quelques parties essentielles.

Art. 55. — Un exemplaire des listes ordonnées suivant les matières des descriptions et des dessins publiés, sera envoyé à chaque intendance et à chaque chambre de commerce, au secrétariat desquelles il pourra être consulté par tout le monde.

TITRE V.

DE LA NULLITÉ ET DE LA DÉCHÉANCE DES ATTESTATIONS.

CHAPITRE Ier.

Des causes de nullité et de déchéance.

Art. 56. — Les examens et les jugements préliminaires ne couvrent pas les nullités d'une attestation.

Art. 57. — Une attestation est *nulle :*

1° Si elle concerne une des inventions ou découvertes comprises dans l'art. 6 ;

2° Si, concernant l'une des inventions ou découvertes indiquées dans l'art. 37, le brevet a été accordé par erreur sans consulter l'autorité sanitaire ou contre son avis.

3° Si, par la fraude de celui qui a obtenu l'attestation de brevet, le titre ou la rubrique de l'invention ou de la découverte ne correspond pas à son véritable objet ;

4° Si la description jointe à la demande de brevet est *insuffisante* ou si elle *dissimule* ou néglige quelques-unes des indications qui sont nécessaires pour la pratique de la découverte ou invention qui a été munie de l'attestation.

5° Si la découverte ou l'invention n'est pas nouvelle ou n'est *pas industrielle*.

6° S'il a été concédé un brevet à un tiers pour modification d'une invention dans les six mois réservés à l'auteur et à ses ayants cause.

7° Toute attestation complémentaire est aussi nulle, quand en réalité la modification pour laquelle elle a été demandée ne concerne pas l'invention principale.

8° Et enfin, une prolongation demandée est nulle après l'expiration du terme du brevet ou après que l'annulation absolue du brevet a été prononcée.

Art. 58. — Une attestation cesse d'être valide :

1° Si l'on n'effectue pas, même une seule fois, le paiement d'avance de la taxe annuelle dans les trois mois du jour de l'échéance.

2° Si, dans le cas où le brevet a été conféré pour cinq ans ou pour moins, l'invention ou la découverte qu'elle concerne n'a pas été mise en pratique dans le courant de la première année, ou si l'exercice en a été suspendu pendant une année entière.

3° Si elle n'a pas été pratiquée ou si elle a été suspendue pendant deux années, dans le cas où la durée du brevet est de plus de cinq ans.

Dans l'une et l'autre hypothèse, l'annulation n'aura pas lieu si l'inaction est provenue de causes indépendantes de la volonté de celui ou de ceux auxquels appartient l'attestation. Parmi ces causes n'est pas compris le défaut de moyens pécuniaires.

CHAPITRE II.

Des actions en nullité ou en déchéance.

Art. 59. — L'action tendant à ce qu'une attestation quelconque soit déclarée nulle ou annulée sera portée devant les tribunaux provinciaux.

La cause sera instruite et jugée par voie sommaire.

Les actes seront communiqués au ministère public.

Art. 60. — Si déjà deux fois, sur l'instance et dans l'intérêt de particuliers, la nullité ou l'annulation partielle d'une attestation quelconque a été prononcée, le ministère public du lieu ou de l'un des lieux où l'invention ou découverte munie de brevet doit être mise en pratique, peut *directement* demander qu'elle soit annulée ou déclarée nulle d'une manière absolue et péremptoire.

Il peut aussi le faire sans attendre qu'aucune action privée ne soit portée dans les cas prévus par les §§ 1, 2, 3 et 8 de l'art. 57 et par l'art. 58.

Dans les deux annulations dont il est fait mention dans le premier alinéa du présent article, ne sera pas comprise celle qui aura eu lieu pour les parties de l'invention ou découverte qui ont été postérieurement éliminées par une demande en réduction dans le délai de six mois accordé dans ce but par la loi actuelle.

Art. 61. — Dans chacune des deux hypothèses précédentes, tous ceux qui sont légalement intéressés à l'exercice du brevet, et dont les noms se trouvent sur les registres du bureau central, doivent être cités en justice.

Art. 62. — Excepté le cas prévu par le § 8 de l'art. 57 précité, le tribunal, avant de prononcer sur la nullité, devra entendre l'avis de trois personnes expertes, dès qu'une des parties en fera la demande; et en appel, on devra ordonner la révision du susdit avis dans la même hypothèse que l'une des parties en fasse la demande.

Cependant, dans tous les cas, le tribunal ou la cour d'appel, avant de prononcer, pourra ordonner d'office une expertise ou une révision d'expertise.

Art. 63. — Le ministère public fera parvenir au ministère des finances, par l'entremise du ministère de la justice, un extrait *sur papier libre* des jugements qui déclarent la nullité ou prononcent l'annulation d'une manière absolue. Le dispositif de ces jugements sera transcrit sur un registre à ce destiné et publié dans la gazette officielle.

TITRE VI.

DE LA VIOLATION DES DROITS DE BREVET ET DES ACTIONS QUI EN DÉRIVENT.

Art. 64. — Ceux qui, en fraude et en contravention d'un brevet, fabriquent des produits, emploient des machines et d'autres moyens et expédients industriels, ou qui achètent pour les revendre, expédient, exposent en vente ou introduisent dans l'État des objets contrefaits, commettent un délit punissable d'une amende qui peut aller jusqu'à 500 francs.

Art. 65. — Dans le cas où l'action civile est exercée conjointement à l'action pénale, ou dans le cas où elle est exercée séparément, les machines et les autres moyens industriels employés en contravention du brevet, les objets contrefaits ainsi que les instruments destinés à leur production, seront enlevés au contrefacteur et remis en propriété au possesseur du brevet.

La même chose sera pratiquée contre les personnes qui achètent pour les revendre, qui expédient, qui vendent ou qui introduisent des objets contrefaits.

Art. 66. — La partie lésée aura en outre droit à des dommages et intérêts.

Si le possesseur des objets mentionnés dans l'article précédent est *exempt de dol* et de faute, il sera soumis seulement à la perte des susdits objets au bénéfice de la partie lésée.

Art. 67. — L'action civile sera exercée dans les formes de la procédure sommaire.

L'action correctionnelle contre les délits mentionnés dans l'art. 64 ne peut pas être exercée sans une plainte de la part de la partie lésée.

Art. 68. — Le président du tribunal provincial peut, sur la demande du propriétaire d'une attestation de brevet, ordonner le séquestre ou la simple description des objets que l'on prétend être contrefaits ou employés en contravention au brevet, pourvu qu'ils ne soient pas appliqués à un usage purement personnel.

Par la même ordonnance, le président déléguera un huissier pour l'exécuter, et il pourra y ajouter la nomination d'un ou de plusieurs experts pour la description des objets.

Il imposera en outre au demandeur une caution qui devra être fournie avant de procéder au séquestre.

Art. 69. — Le demandeur peut assister à l'exécution du séquestre ou de la description, s'il y est autorisé par le président du tribunal ; il peut, dans tous les cas, convertir le séquestre en simple description, pourvu qu'il en fasse constater la volonté, soit dans le procès-verbal de l'exécution, soit dans un acte distinct intimé par voie d'huissier, tant à la partie contre laquelle il est procédé, qu'à l'huissier instrumentant.

Art. 70. — Il sera laissé au détenteur des objets séquestrés ou décrits, copie de l'ordonnance du président, de l'acte prouvant le dépôt de la caution, et du procès-verbal du séquestre ou de la description.

Art. 71. — Le séquestre ou la description perdront toute efficacité, si dans les huit jours subséquents ils ne sont pas suivis d'une instance judiciaire, et celui au détriment duquel il a été procédé au séquestre ou à la description susdite, aura droit à recouvrer des dommages-intérêts.

TITRE VII.

DISPOSITONS TRANSITOIRES.

Art. 72. — Les attestations de brevet (dites précédemment brevets ou priviléges) concédées avant la publication de la présente loi, continueront à être réglées par les lois précédentes quant à leurs effets, leur durée et la taxe.

Art. 73. — Les procédures judiciaires pendantes seront aussi conduites à terme suivant les lois antérieures.

Mais pour les actions non encore intentées, la présente loi sera appliquée sans distinction.

Art. 74. — Il sera, par un décret royal, pourvu au règlement nécessaire pour l'exécution de cette loi, et pour la concession des attestations déjà demandées et non encore concédées.

CHAPITRE III.

SOMMAIRE

SUR LES MARQUES DE FABRIQUE.

D'après la nouvelle loi sarde du 11 mars 1855, quiconque adopte une marque ou tout autre signe pour distinguer les produits de son industrie, les marchandises de son commerce, et les animaux d'une race à lui appartenant, en aura l'usage exclusif, pourvu qu'il fasse le dépôt légalement prescrit.

Les étrangers peuvent obtenir en Sardaigne les mêmes avantages que les sujets sardes, à l'égard de leurs noms, marques et désignations de produits, pourvu qu'ils aient en Sardaigne des dépôts, magasins et succursales et qu'ils se conforment aux prescriptions légales sur le dépôt des marques.

D'un autre côté, les étrangers, sans avoir d'établissement en Sardaigne, y jouissent du bénéfice de la loi sur les noms, marques et désignations de produits, si la réciproque est garantie aux sujets sardes par la loi étrangère.

CHAPITRE IV.

TEXTE

DE LA LOI DU 12 MARS 1855, SUR LES MARQUES ET AUTRES SIGNES DISTINCTIFS DES MARCHANDISES.

CHAPITRE Ier.

Marques et autres signes distinctifs, et leur usage.

Art. 1er. — Quiconque adopte une marque ou tout autre signe pour distinguer les produits de son industrie, les marchandises de son commerce et les animaux d'une race à lui appartenant, en aura l'usage exclusif, pourvu qu'il fasse le dépôt prescrit par cette loi.

Art. 2. — Toute marque ou signe distinctif, 1° doivent être différents de ceux déjà employés par d'autres; 2° et en indiquant d'une manière générale le lieu d'origine, la fabrique, le commerce ou la race, ils doivent contenir aussi le nom de la personne, la raison sociale ou la dénomination de l'établissement d'où proviennent les produits, les marchandises ou les animaux.

Art. 3. — La signature commerciale du producteur, du commerçant ou du propriétaire, apposée sur ses produits et empreinte de son sceau, ou de toute autre manière, ou écrite de sa main, peut constituer une marque ou signe distinctif.

Art. 4. — Le successeur industriel ou commercial, ou même l'héritier qui voudra conserver la marque de son auteur, devra renouveler le dépôt, et y comprendre l'indication de successeur ou héritier de N. N.

Art. 5. — Le commerçant ne peut pas supprimer ou altérer la marque ou le signe distinctif du producteur de ses mar-

chandises sans le consentement exprès de celui-ci, bien qu'il
puisse y mettre séparément sa propre marque ou signe distinctif de son commerce.

CHAPITRE II.

Du dépôt, de sa conservation et de ses effets.

Art. 6. — Le bureau des affaires privées dépendant du
ministère des finances conservera les marques ou signes distinctifs de quiconque aura déposé.

Art. 7. — Quiconque veut s'assurer de l'usage exclusif
d'une marque ou signe distinctif doit en former la demande
au chef du bureau susdit, soit directement, soit par un mandataire spécial, et y joindre 1° deux exemplaires de la marque
ou signe distinctif qu'il a l'intention d'adopter ; 2° la description de l'un et de l'autre, dans le cas où une figure ou un
emblème y serait contenu ; 3° l'indication de l'espèce d'objet
sur lequel il veut l'apposer et de l'usage qu'il veut en faire,
déclarant s'il veut l'apposer sur des objets de son propre produit ou sur des marchandises de son commerce ; 4° le récépissé constatant qu'il a été versé dans l'une des caisses publiques la somme de vingt francs ; 5° si cela se fait par
mandataire l'acte de procuration sous forme authentique, ou
même sous seing privé, pourvu que dans ce second cas le
consentement du déposant soit souscrit par-devant notaire,
ou par-devant le syndic de la commune où le déposant réside.

Art. 8. — Le dépôt de la demande et des exemplaires des
autres papiers et documents dont il est parlé dans l'article
précédent sera fait soit près de l'officier central, soit près de
l'un des secrétaires des intendances. L'officier public qui recevra le dépôt en dressera le procès-verbal dans lequel il
marquera la date du dépôt. Ce procès-verbal sera signé du

déposant, auquel il en sera donné copie authentique sans autres frais que ceux de la feuille timbrée sur laquelle on l'écrit.

Art. 9. — Dans les cinq jours qui suivront, les papiers et autres objets déposés seront expédiés à l'office central, avec une copie sur papier libre du procès-verbal. Là seront transcrits sur les registres publics les procès-verbaux de dépôt, les descriptions de marques ou signes distinctifs, ainsi que l'indication de leur usage donnée par le déposant ; là seront gardés les exemplaires des marques ou signes déposés. — Quiconque désire prendre connaissance des registres ainsi faits en fera la demande sur papier timbré, et il lui en sera donné une copie transcrite également sur papier timbré, sans autres frais que ceux du timbre.

Art. 10. — De la date du dépôt commence, pour celui au nom duquel il a été fait, l'usage exclusif de la marque ou signe distinctif déposé.

Art. 11. — Est considéré comme non avenu le dépôt d'une marque ou d'un signe distinctif, dans lequel il manque une des dispositions requises indiquées dans l'art. 2., ou contenant l'indication d'un lieu d'origine différent de celui d'où provient l'objet, et qui en constitue le caractère distinctif.

CHAPITRE III.

Des marques et signes employés à l'étranger.

Art. 12. — Les marques et signes distinctifs employés à l'étranger, sur des produits et des marchandises de fabrique ou de commerce étranger, par des personnes qui ont des magasins, des dépôts ou des succursales dans l'État, ou sur des animaux de race étrangère répandus dans le royaume, sont reconnus et garantis, pourvu que le dépôt en soit fait de la manière et sous les conditions indiquées dans les articles précédents.

Art. 13. — Pour les autres marques ou signes distinctifs employés à l'étranger, il sera appliqué la disposition de l'article 26 du Code civil aux alinéas 2 et 3 (1).

CHAPITRE IV.

Do la violation des marques et signes distinctifs et des actions contre qui de droit.

Art. 14. — Les actions civiles concernant la propriété des marques et autres signes distinctifs industriels ou commerciaux seront exercées par-devant les tribunaux des provinces, lesquels procéderont sommairement. — Les actions pénales, par-devant le juge criminel; pour les susciter, l'instance privée n'est pas nécessaire.

Art. 15. — La disposition de l'article 406 du Code pénal sera applicable à ceux 1° qui auront contrefait une marque ou signe distinctif déposé, ou qui en auront sciemment fait usage; 2° qui auront sciemment acheté, vendu ou introduit de l'étranger, et pour le compte du commerce, des produits avec des marques ou signes contrefaits; 3° qui auront contrevenu à la disposition de l'article 5. — Les marques ou signes contrefaits seront détruits, et ceux qui auront été supprimés ou altérés seront réintégrés aux frais du délinquant. — Enfin, la sentence de condamnation sera publiée à ses frais dans cinq journaux de l'État, au choix de la partie lésée.

(1) Cet article est ainsi conçu :

« L'étranger qui voudra jouir de tous les droits civils appartenant au sujet devra fixer son domicile dans les États, obtenir le privilége de sa naturalisation, et prêter serment de fidélité au roi.

« A défaut, il ne jouira que de ceux de ces droits qui sont accordés aux sujets du roi dans l'État auquel appartient cet étranger, sauf les exceptions portées par des traités ou conventions diplomatiques.

« Néanmoins, l'étranger ne pourra jamais invoquer la réciprocité pour jouir de droits plus étendus ou autres que ceux dont les sujets jouissent dans les États ; et cette réciprocité ne pourra s'appliquer aux cas pour lesquels la loi a spécialement disposé d'une autre manière. »

Art. 16. — Dans le cas où la partie lésée opte pour l'action civile, le tribunal statuera sur les dommages et intérêts et pourra ordonner la vente des objets séquestrés, pour en ajouter la valeur à la réparation desdits dommages et intérêts. — Dans tous les cas, il condamnera le contrevenant à la destruction des marques contrefaites, à la réintégration à ses frais des marques supprimées ou altérées, à la perte des instruments ayant servi à la contrefaçon ou altération, et à la publication, comme il est dit dans l'article précédent.

Art. 17. — Sera ordonnée la modification ou destruction de toute marque ou signe distinctif semblable à une marque ou signe déjà déposé, même quand cette marque ou ce signe aurait été employé sans dol ni fraude.

Art. 18. — Le président du tribunal de la province, sur la demande de la partie lésée, et sur la production du procès-verbal de dépôt de sa marque ou signe distinctif industriel, pourra, avec une caution préalable, ordonner le séquestre ou la description des objets sur lesquels est prétendue être apposée la marque contrefaite, pourvu que ces objets ne soient destinés qu'à un usage purement personnel. — Par la même ordonnance, le président déléguera un huissier chargé de la mettre à exécution et pourra y joindre la nomination d'un expert pour l'assister.

Art. 19. — Le demandeur pourra assister à l'exécution du séquestre ou de la description, s'il y est autorisé par le président du tribunal. — Le demandeur pourra, dans tous les cas, convertir le séquestre en simple description, pourvu qu'il en fasse constater la volonté, soit dans le procès-verbal de l'exécution, soit dans un acte distinct intimé par main d'huissier, aussi bien à la partie contre laquelle on procède, qu'à l'huissier exécuteur.

Art. 20. — Il sera laissé au détenteur des objets séquestrés et décrits copie de l'ordonnance du président, de l'acte approuvant le dépôt, de la caution et du procès-verbal du séquestre et de la description.

Art. 21. — Le séquestre ou la description perdront toute vigueur si, dans les huit jours qui s'ensuivront, ils ne sont pas suivis d'instance judiciaire, et celui au préjudice duquel il a été procédé au séquestre ou à la description susdite aura droit à des dommages et intérêts.

CHAPITRE V.

De l'emploi des noms, raisons, dénominations, etc., et autres dispositions générales.

Art. 22. — Il ne sera pas permis d'usurper la devise commerciale, le nom ou la raison d'une société ou d'un individu, ou même la dénomination ou le titre d'une association ou d'un corps moral soit national, soit étranger, et de les porter sur des objets d'industrie ou de commerce, ou sur des œuvres de génie, lors même que la devise, le nom ou la dénomination, ou le titre susdit ne font pas partie d'une marque ou d'un signe distinctif, et que la raison individuelle ou sociale n'a pas été déposée à tel effet dans les formes prescrites par la présente loi. — Une telle usurpation sera punie d'une amende qui pourra s'étendre à deux cent cinquante livres, outre la réparation des dommages et intérêts et la publication de l'arrêt dans cinq journaux, aux termes des articles 15 et 16, sauf toujours l'action en faux, s'il y a lieu.

Art. 23. — Par décret royal, il sera plus spécialement pourvu à l'ordonnance du dépôt et de la conservation des marques et autres signes distinctifs.

SAXE.

CHAPITRE PREMIER.

SOMMAIRE

SUR LES BREVETS D'INVENTION ET D'IMPORTATION.

Dans le royaume de Saxe, cette matière est régie par les dispositions générales de la convention du Zollwerein, qui est rapportée au livre XIII ci-dessus. Elle est en outre soumise à des règles particulières, et spécialement à un règlement ministériel du 31 juillet 1843.

L'étranger qui n'est pas sujet d'un des Etats du Zollwerein doit élire domicile chez un sujet saxon, au nom de qui le brevet se délivre comme titulaire.

La durée d'un brevet d'invention est de cinq, dix ou quinze années ; celle d'un brevet d'importation est ordinairement limitée à cinq années.

La taxe varie de 20 à 30 thalers (1), suivant l'importance de l'objet brevetable.

Le demandeur doit joindre à sa requête la description, les dessins, modèles ou échantillons nécessaires à l'intelligence de la découverte, avec l'indication des avantages que l'industrie et le commerce pourront en retirer.

____

(1) Le thaler vaut 3 fr. 75 c. en monnaie française.

Le ministre de l'intérieur, à qui ces pièces sont adressées sous enveloppe scellées et cachetées, n'accorde le brevet qu'après examen de la nouveauté et de l'utilité de la découverte. En cas de refus, le pétitionnaire en est averti, et il peut rectifier les causes du refus qui seraient erronées.

Enfin le brevet doit être mis en exploitation dans l'année de sa délivrance, à peine de déchéance.

CHAPITRE II.

TEXTE

DU RÈGLEMENT MINISTÉRIEL, DU 31 JUILLET 1843, SUR LA DÉLIVRANCE DES BREVETS D'INVENTION.

Art. 1. — Désormais il ne sera concédé de patentes que pour des objets joignant la nouveauté à l'originalité. Par conséquent on n'en accordera jamais pour des objets qui, avant l'obtention, auraient été en circulation ou en activité, ou connus de quelque manière que ce soit dans l'étendue de l'Union. Il en sera de même de tous les objets qui ont déjà été publiés par description ou plans, dans quelque ouvrage ou bien dans quelque feuille indigène ou étrangère, de manière qu'une personne à ce connaissant puisse les exécuter ou imiter avec cette connaissance seule.

La question de nouveauté ou d'originalité d'une patente est toujours laissée à la décision de chaque pays.

Si quelque objet est dû à l'invention d'un sujet du Zollwerein, et que l'inventeur ait obtenu une patente dans l'un des royaumes de l'Union, il ne sera accordé de patente pour cet objet dans aucun des autres royaumes, excepté à l'inventeur.

Art. 2. — Suivant l'art. 1er, il peut être délivré une patente pour l'amélioration d'un objet déjà connu ou patenté, pourvû que cette amélioration contienne quelque propriété nouvelle et originale ; mais, dans ce cas, l'amélioration ne peut préjudicier au premier patenté, et le droit d'employer la première patente doit être acquis préalablement par le modificateur.

Art. 3. — Une patente ne confère pas le droit :

a. D'importer des objets semblables à ceux pour lesquels le privilége a été accordé ;

b. D'en empêcher la vente ;

c. D'empêcher l'emploi d'objets semblables qui ne sont pas vendus par le patenté ou avec son consentement.

On fait exception si la patente est accordée pour machines, instruments et manufactures ; mais il n'y en a point pour les articles de commerce en général, ou les articles de consommation générale ou publique.

Art. 4. — Chaque gouvernement du Zollwerein peut accorder des patentes dans son étendue, savoir :

1° Pour la fabrication exclusive d'un objet ;

2° Pour l'emploi exclusif de fabrication ;

a. Pour l'emploi exclusif d'une méthode nouvelle ;

b. Pour de nouvelles machines ou instruments de fabrication, de manière que le patenté puisse interdire l'application de son procédé, ou l'usage de l'article patenté, à tous ceux qui ne lui ont pas acheté ce droit.

Art. 5.— Les sujets de chaque État du Zollwerein jouiront des mêmes priviléges dans tous les Etats de l'Union, tant pour l'obtention des patentes que pour la protection des droits qui en dépendent.

Une patente dans un État du Zollwerein ne garantit nullement le droit d'obtenir une patente dans un autre. Chaque gouvernement se réservant le droit de refuser ou d'accorder, à son gré, une patente dans l'un des pays du Zollwerein, la patente ne confère pas non plus un droit plus étendu pour un sujet de ce pays de former des établissements indépendants dans un autre pays, et d'y transporter le métier ou le commerce de l'espèce de l'article patenté, le privilége, à cet effet, devant être obtenu suivant les règles particulières à l'autre Etat.

Art. 6. — Après la délivrance d'une patente, s'il advient que la nouveauté ne soit pas prouvée, elle sera immédiatement annulée. Mais dans le cas où l'invention n'est connue que d'un petit nombre d'individus qui en gardent le secret, la patente sera valable, pourvu qu'il n'y ait pas d'autre motif de l'annuler, et encore sera-t-elle sans effet à l'égard des personnes qui connaissaient auparavant cette invention.

Art. 7.—Tout brevet accordé dans l'un des Etats de l'Union sera promulgué et publié dans les journaux officiels du gouvernement, avec désignation de l'objet, du nom et du domicile du breveté, de la date et de la durée pour laquelle il a été privilégié. On publiera de la même manière la prolongation de la patente ou son annulation avant l'expiration du terme fixé primitivement.

Art. 8.—A la fin de l'année, chaque gouvernement de l'Union fera connaître à tous les autres les patentes par lui concédées dans le cours de cette année.

CHAPITRE III.

SOMMAIRE
SUR LES MARQUES DE FABRIQUE.

En Saxe, il n'y a ni loi ni règlement qui prescrive l'estampillage des produits de l'industrie nationale. Cependant, lorsqu'on veut exporter ces produits dans certaines contrées, par exemple en Amérique, ils doivent être accompagnés d'un certificat d'origine, que délivre l'agent consulaire du pays où ils sont interdits.

Bien que les marques de fabrique ne soient ni obligatoires ni officielles, les manufacturiers peuvent poursuivre les contrefacteurs de la marque qu'ils ont choisie et qu'ils emploient.

DEUX-SICILES.

CHAPITRE PREMIER.

SOMMAIRE
SUR LES BREVETS D'INVENTION OU DE PERFECTIONNEMENT ET D'IMPORTATION.

Cette matière est régie, dans le royaume des Deux-Siciles, par deux décrets royaux, l'un du 2 mars 1810, l'autre du 18 mars 1844.

Le brevet d'invention ou de perfectionnement se délivre à toute personne, sicilienne ou étrangère, qui le demande pour une invention nouvelle ou pour amélioration d'une fabrication ou d'une branche d'industrie déjà connue. Mais au lieu de solliciter un brevet, l'auteur d'une découverte industrielle peut demander une récompense sur les fonds destinés à l'encouragement de l'industrie.

Le brevet d'importation peut être demandé par quiconque introduit dans le royaume des Deux-Siciles une découverte qui est l'objet d'un privilége dans un autre pays.

Toute demande est adressée au ministre de l'intérieur et déposée à l'intendance du domicile du pétitionnaire ou de son mandataire. Elle doit être accompagnée d'une description complète et suffisante de la découverte, avec les dessins, en double expédition. Le tout, rédigé en langue italienne, est mis sous enveloppe cachetée.

Le demandeur est, en outre, tenu de déposer à l'Institut royal d'encouragement les modèles en nature, échantillons ou dessins de l'invention.

En principe, la durée d'un brevet est de cinq années; mais elle peut être prolongée jusqu'à dix ou quinze ans, pour cause d'utilité publique appréciée par l'administration. La durée du brevet d'importation ne peut jamais dépasser celle qui reste à courir du brevet étranger.

La taxe est fixée par le gouvernement à raison de la nature et de l'importance de l'objet brevetable. Le

brevet peut être cédé en tout ou partie, à la charge
de faire enregistrer le transfert à l'intendance respective du cédant et du cessionnaire.

Enfin il y a déchéance du brevet : 1° Si l'exploitation n'a pas été commencée dans l'année de la concession du brevet, à moins de motifs légitimes, ou si elle
vient à être interrompue une fois commencée ; 2°
si, durant le brevet, le titulaire n'a pas successivement
connaissance, par des dépôts, des perfectionnements
et changements à son invention ; 3° si le breveté dans
les Deux-Siciles a pris postérieurement un brevet en
pays étranger pour la même découverte.

<hr>

CHAPITRE II.

TEXTES.

DÉCRET DU 2 MARS 1810.

Art. 1ᵉʳ. — Toute nouvelle découverte ou invention dans
tout genre d'industrie appartient à son auteur, et constitue sa
propriété. En conséquence, l'entière jouissance lui en est
garantie pendant le temps et de la manière établis ci-
après.

Seront également considérés comme propriétés toutes les
méthodes qui rendent plus parfaite une fabrication ou branche
quelconque d'industrie.

Art. 2. — Celui qui introduira le premier dans le royaume
une invention jouissant d'un privilége exclusif dans le pays où
elle est née, aura dessus les mêmes avantages que ceux dont

il jouirait s'il en était l'inventeur, sauf les conditions de l'article 10 du présent.

Art. 3. — Tout individu qui voudra s'assurer une propriété industrielle indiquée ci-dessus, devra :

1. Déclarer par écrit à l'intendance de la province où il est domicilié, si l'objet qu'il veut faire breveter est une invention, un perfectionnement ou une importation ;

2. Déposer sous cachet une description exacte des principes et procédés qui constituent la découverte, le perfectionnement ou l'industrie, ainsi que le dessin et les modèles, avec deux exemplaires de cette description et des dessins, dont un restera à l'intendance, et l'autre sera remis à notre ministre de l'intérieur.

Art. 4. — Si la découverte présente un caractère d'utilité générale, mais que, par la simplicité de son exécution, ou parce que l'imitation en serait facile, elle ne puisse pas donner lieu à une spéculation commerciale, ou si l'inventeur aime mieux entrer en négociation avec le gouvernement, il pourra, par l'entremise des intendants, s'adresser au ministre de l'intérieur pour lui confier la découverte, en prouver les avantages, et demander une récompense sur les fonds d'encouragement à l'industrie.

Art. 5. — La propriété temporaire des inventions industrielles sera assurée par un brevet, que l'on délivrera à l'inventeur.

Art. 6. — Ces brevets seront délivrés par nous, sur le rapport fait par le ministre de l'intérieur sur les demandes qui lui parviendront des intendances ; ils conféreront aux inventeurs, perfectionneurs ou importateurs, le droit d'en jouir pendant cinq années ; puis cette durée pourra être prolongée jusqu'à dix ans et quinze ans pour cause d'utilité publique.

Art. 7. — Les demandes de brevet seront remises par les

intendants à notre ministre de l'intérieur, accompagnées du duplicata de la déclaration et de la description. Cette description et les dessins seront revêtus de la signature et du cachet du pétitionnaire. Sur le pli sera inscrit un procès-verbal signé par l'intendant et le requérant.

Art. 8. — Il ne sera accepté nulle demande de brevets qui contiennent plus d'un objet principal, outre ceux de détail. Les demandes, avec les plis annexés, devront être remises par les intendants à notre ministre de l'intérieur dans les six jours de leur présentation. Il sera tenu un registre des procès-verbaux indiqués par l'article précédent, tant dans les intendances qu'au ministère.

Art. 9. — Après avoir été décrétés par nous, les brevets seront aussitôt, par l'entremise du ministre, transmis à l'intendance d'où la demande a été expédiée.

Art. 10. — Un brevet concédé pour l'introduction d'une industrie née en pays étranger pendant la durée du privilége accordé au premier inventeur, ne pourra être prolongé au delà du terme fixé pour la durée du privilége étranger.

Art. 11. — Les brevets en faveur de quiconque voudra exécuter ou faire exécuter dans le royaume des objets industriels jusqu'alors inconnus, pourront être concédés sans examen préalable; mais, dans ce cas, le gouvernement ne garantit en aucune manière la priorité, le mérite ni le succès de l'invention.

Lorsque l'objet brevetable intéresse la santé ou la sécurité publiques, l'examen préliminaire est indispensable.

Art. 12. — Tous les brevets octroyés seront enregistrés dans les différentes intendances du royaume, après avis du ministre de l'intérieur. On en tiendra ensuite, au ministère, un registre qui indiquera les mémoires descriptifs des différents brevets actuellement en cours. Ce registre pourra être consulté par toute personne domiciliée dans le royaume. Quant aux descriptions, elles ne seront pas communiquées, si l'inventeur, par ordonnance particulière, a obtenu de nous qu'elles soient tenues secrètes. Alors le ministre pourra nommer des délégués qui veillent à la ponctuelle exactitude de l'exécution, après avoir pris connaissance des méthodes et procédés spécifiés dans la description.

Art. 13. — Le breveté jouira exclusivement des bénéfices de la découverte ou du perfectionnement. Il pourra demander la saisie des objets contrefaits, et citer les contrefacteurs en justice. Lorsque le délit sera prouvé, ils seront condamnés, outre la confiscation des objets illégitimes, à payer à l'inventeur les dommages et intérêts causés par la contrefaçon. Si l'action en contrefaçon est dénuée de preuves, le plaignant sera condamné envers le prévenu à des dommages égaux au préjudice occasionné à ce dernier par l'effet de l'action.

Art. 14. — Les brevetés auront le droit de fonder dans toute l'étendue du royaume des établissements se rapportant à l'application des découvertes ou importations privilégiées à son profit, et d'y autoriser d'autres particuliers à les exploiter à leur place ; ils disposeront, en un mot, du privilége comme de toute autre propriété mobilière.

Mais quiconque achètera le droit d'exploiter une découverte brevetée sera soumis aux mêmes obligations que l'inventeur ; et, en cas d'inexécution, le brevet sera rapporté, la découverte sera publiée, et l'usage en deviendra libre.

Art. 15. — Si un breveté cède son droit en tout ou partie, les parties seront tenues, à peine de nullité, de faire enregistrer ce transfert dans leur intendance respective, qui en informera immédiatement le ministre de l'intérieur, pour qu'il puisse en instruire les autres intendances.

Art. 16. — Le titulaire sera déchu du brevet, s'il est convaincu d'avoir celé dans la description ses véritables moyens d'exécution, ou si, pendant le cours du brevet, il néglige de déclarer ceux qu'il y aura ajoutés. Le breveté sera aussi déchu si, dans l'année du jour de son obtention, la découverte n'a pas été mise à exécution, et que cette inaction ne soit pas justifiée par un juste motif ; de même, s'il y a interruption de l'exécution pendant une année, sans motifs légitimes, ou bien encore si le breveté est convaincu d'avoir pris un brevet postérieurement pour le même objet en pays étranger, ou enfin si sa découverte a déjà été décrite et publiée dans des ouvrages imprimés.

Art. 17. — Quand le terme du brevet sera expiré, l'invention ou l'importation appartiendra au domaine public. La description en sera alors rendue publique, et l'usage permis dans tout le royaume, sauf le cas où la durée du brevet aurait été prolongée par décret particulier, ou que le secret en aurait été ordonné, conformément à l'article 12 ci-dessus.

Art. 18. — Tous les priviléges d'invention et d'importation concédés avant la publication du présent décret, devront, dans les quatre mois, être présentés aux intendances respectives, qui les enverront au ministère de l'intérieur, en y joignant leur rapport. Des dessins et descriptions conformes à ceux que prescrit l'article 3, seront joints à ces priviléges, qui seront convertis en brevets, conformément au présent décret, s'ils ont été octroyés légalement.

Dans le cas où la durée restant à courir de l'ancienne concession est moindre que celle accordée par le présent décret, le privilége sera converti en brevet pour le temps de reste. Si, au contraire, cette durée est plus longue, la concession ancienne sera réduite au maximum de durée du présent décret.

Art. 19. — Les modèles joints au présent décret sont approuvés.

Art. 20. — Notre ministre de l'intérieur est chargé de l'exécution du présent décret.

DÉCRET DU 18 MARS 1844.

Art. 1ᵉʳ. — Les pétitionnaires de priviléges ou de récompenses pour inventions nouvelles, ou introduites nouvellement dans le royaume, dans les domaines royaux en deçà du détroit de Messine, comme au delà, devront, à compter de la date du présent décret, déposer à l'Institut royal d'encouragement les modèles et dessins de machines ou autres objets pour lesquels ils demandent un privilége ou une récompense, avec la description de ces objets, et si l'accomplissement de cette condition n'est pas constaté au préalable par un certificat de l'Institut royal, il ne sera délivré ni récompense ni privilége.

Art. 2. — Notre ministre secrétaire d'Etat de l'intérieur, et le lieutenant général de nos domaines royaux au delà du Phare, sont chargés de l'exécution du présent décret.

SUÈDE ET NORWÉGE.

CHAPITRE PREMIER.

SOMMAIRE

SUR LES PATENTES D'INVENTION, DE PERFECTIONNEMENT
ET D'IMPORTATION.

Deux ordonnances du roi régissent cette matière dans le royaume de Suède, l'une du 13 décembre 1834, l'autre du 30 décembre 1841.

Il y a trois sortes de patentes ou brevets qui peuvent être obtenus par toute personne, même étrangère, pour l'industrie et les arts ; mais l'étranger qui se fait breveter doit, dans le cours de la première année de la délivrance du brevet, s'établir dans le royaume, ou désigner une personne résidant dans ce royaume à laquelle la patente sera transférée.

La durée des brevets est en général de 15 ans pour une invention, de 10 ans pour un perfectionnement, de 5 ans pour une importation ; mais ce dernier brevet peut être prolongé jusqu'à 10 années par le gouvernement, en considération de l'importance de la découverte.

Pour demander un brevet, il faut adresser au Collége royal du commerce une requête indiquant la durée qu'on désire, avec une description exacte et les dessins ou échantillons nécessaires à l'intelligence.

Le brevet concédé prend date de l'affiche qui en est faite à la porte de la salle du Collége du commerce. Outre cette affiche, le titulaire doit faire insérer à ses frais son brevet trois fois dans le journal du gouvernement, et cela dans les soixante jours de la concession.

Pendant les cent soixante jours qui suivent la troisième insertion, toute personne peut s'opposer à la délivrance du brevet demandé, en adressant l'opposition au Collége du commerce ; cette opposition est jugée par cinq arbitres, qui sont choisis, deux par l'opposant, deux par le breveté, l'autre par ces quatre premiers.

Le brevet tombe dans chacun des trois cas suivants : 1° Si le breveté n'a pas fait les trois insertions voulues par la loi; 2° si, dans le délai de deux ans de la délivrance du brevet, il n'a pas justifié de son exploitation au Collége du commerce; 3° s'il laisse passer une année sans faire savoir à ce collége que l'exploitation est toujours en cours.

Spécialement pour la Norwége, le roi concède des brevets d'invention pour l'industrie et les arts, pour une durée de dix ans au plus. Le demandeur doit déposer une requête avec une description assez complète pour qu'à l'examen toute personne de l'art puisse exécuter la découverte.

Dans le cas où deux ou plusieurs personnes ont fait conjointement une découverte, elles peuvent toutes obtenir le privilége de son exploitation, mais la renonciation à ce privilége par l'une d'elles entraînerait la renonciation des autres personnes.

En Suède comme en Norwége, les brevets ne sont soumis à aucune taxe ; il est seulement perçu quelques droits en chancellerie pour l'expédition de la patente.

CHAPITRE II.

TEXTE

DE L'ORDONNANCE ROYALE DU 13 DÉCEMBRE 1834.

Art. 1ᵉʳ. — Une patente garantit au titulaire ou à ses ayants-droit le droit exclusif, pendant sa durée, de fabriquer l'objet privilégié et de le vendre, après avoir été dûment estampillé, et de céder à d'autres personnes le droit de fabriquer et de vendre les mêmes objets, produit ou procédés.

Art. 2. — Jamais un brevet ne sera accordé pour un principe abstrait, mais seulement pour l'emploi de ce principe conformément au mode indiqué par le sollicitant.

Art. 3. — Peuvent être patentés :

1° Les objets de manufacture ou d'art ;

2° Les perfectionnements d'anciennes inventions, pourvu qu'ils soient distincts et ne portent pas atteinte à des priviléges déjà concédés ;

3° Les inventions importées de pays étrangers et non en usage dans ce royaume, à moins que la découverte ne soit excessivement simple ; et aussi, dans tous les cas, pourvu que cette découverte n'ait pas été publiée dans quelque ouvrage d'une manière suffisante pour qu'elle puisse être exécutée.

Art. 4. — La durée des patentes est :

De quinze ans, pour des inventions nouvelles et originales;

De dix ans, pour le perfectionnement d'une invention ;

De cinq ans, pour une patente d'importation.

Mais ces délais, pour les patentes d'invention, peuvent être restreints ou étendus en proportion de l'importance de l'objet patentable. De même pour les patentes d'importation, qui peuvent être prolongées de dix ans, si l'on prouve que l'importation a coûté des dépenses considérables et que l'objet consiste en un mécanisme compliqué.

Art. 5. — Toute personne citoyenne ou étrangère peut obtenir une patente dans le royaume de Suède; mais quand elle est étrangère, elle doit, dans l'année de la date de l'obtention, s'établir dans le royaume, ou désigner une personne résidant dans le royaume à laquelle la patente sera transmise.

Art. 6. — Si l'invention patentable est originale ou un perfectionnement, et que le pétitionnaire n'ait pas préparé ses plans et descriptions, il peut mentionner cette circonstance dans sa pétition; alors le collége du commerce lui accordera un mois pour fournir les documents nécessaires; mais s'il ne produisait pas ces documents dans le terme fixé, la priorité de sa première demande serait perdue, sauf à lui à fournir une seconde pétition.

Art. 7. — Le collége peut examiner la pétition et les plans; il peut charger d'autres personnes de les examiner pour voir s'il y a des causes d'opposition aux lettres patentes; l'opposition doit être faite dans les six mois de la date de cette patente et de sa troisième insertion dans la Gazette du gouvernement.

Art. 8. — Si deux personnes font en même temps une demande de patente pour découverte ou importation semblable, celle qui a adressé la première demande aura la priorité.

Art. 9. — Une patente doit être affichée à la porte de la cour du Collége du commerce le jour où elle est accordée, et c'est de ce jour qu'elle a date légale.

Art. 10. — Le patenté est tenu de faire insérer trois fois sa spécification dans le journal du gouvernement, dans les deux mois (60 jours) à dater de la patente.

Art. 11. — Quand on veut s'opposer à une patente, et prouver que l'invention était connue et employée avant la demande du brevet, ou que, pour obtenir un plus long temps, le pétitionnaire a faussement déclaré l'invention comme sienne, tandis qu'il s'agissait d'un perfectionnement ou d'une invention étrangère, cette opposition doit être formée dans les six mois qui suivent la troisième insertion de la spécification dans le journal du gouvernement, faite comme il est expliqué plus haut.

Art. 12. — S'il est fait quelque opposition, elle est soumise à un arbitrage, et les arbitres sont au nombre de cinq, deux choisis par le patenté, deux par l'autre partie, et le cinquième par les quatre premiers.

La décision de ces arbitres est sans appel (1).

Art. 13. — La partie qui fait opposition, si elle gagne sa cause, doit communiquer la décision au président de la chambre de commerce dans les deux mois de sa date ; autrement cette décision sera nulle, et le bénéfice en sera perdu pour l'opposant.

Art. 14. — Le patenté jouit de tous les avantages de la patente pendant l'arbitrage.

Art. 15. — Toute opposition faite après le terme fixé dans l'article 11 sera sans effet.

Art. 16. — Dans les deux ans, le patenté doit prouver au Collége du commerce qu'il a mis son invention en activité; si néanmoins, par suite de la complication du mécanisme, il éprouve des difficultés à s'en procurer les diverses pièces, ou, par d'autres événements imprévus, ne peut la mettre en exploitation dans ce délai, il est libre de demander au collége une prolongation. En outre, le patenté, pendant le terme de sa patente, est tenu de donner une fois par an au collége la preuve de l'exploitation continue de l'objet privilégié.

(1) Cet article a été modifié par l'ordonnance royale du 30 décembre 1841.

Art. 17. — Si quelqu'un empiète sur les droits du breveté, celui-ci peut en référer à l'une des cours, soit en ville, soit à la campagne, et l'individu qui lui a porté ainsi préjudice paiera pour la première fois cents rixdalers, et pour chacune des autres fois trois cents rixdalers, moitié au profit du breveté, moitié pour les pauvres, avec confiscation des articles contrefaits, au profit dudit breveté.

Art. 18. — La patente est à tous égards comme une autre propriété ; elle peut être vendue et transférée à volonté, à la seule condition d'en informer le Collége du commerce.

Art. 19. — La déchéance est encourue :

1° Si le brevet n'a pas été publié par les journaux de l'État dans le temps prescrit ;

2° Si, en cas de contestation, les arbitres déclarent que l'objet du brevet était connu, publié ou exploité dans le royaume, avant la concession du privilége ;

3° Si le breveté a indiqué inexactement les qualités ou la source de l'invention, dans le but d'obtenir une durée de concession plus longue ;

4° S'il néglige de justifier au Collége du commerce de la mise en exploitation de l'objet privilégié, dans le délai de deux ans de la délivrance du brevet, et, chaque année, de la continuation de cette exploitation ;

5° Si l'étranger breveté n'a pas, dans l'année de la délivrance du privilége, exploité dans le royaume ou cédé ce privilége à un citoyen suédois.

Art. 20. — Lors de la délivrance et à l'expiration du privilége, le Collége du commerce doit en donner avis dans les journaux de l'État et renvoyer aux journaux qui , à l'époque de la concession, ont reproduit la description de la découverte.

Art. 21. — Nous fixons à trente jours la durée de chacun

des mois dans lesquels doivent être accomplies spécialement les formalités ci-dessus dictées.

Art. 22. — Notre ordonnance doit être mise à exécution en 1835, et tous devront s'y conformer.

CHAPITRE III.

SOMMAIRE

SUR LES MARQUES DE FABRIQUE.

En Suède la marque de fabrique est obligatoire; les produits de l'industrie nationale doivent être revêtus du timbre du fabricant, et marqués en outre du timbre blanc de l'autorité publique, pour distinguer ces produits de ceux importés de l'étranger.

Pour prévenir leur confiscation, les produits importés de l'étranger doivent être revêtus du timbre de la douane, qui constate que les droits ont été acquittés. S'il en est quelqu'un qui ne soit pas susceptible d'être estampillé, on le marque d'un sceau en cire, sur lequel on appose le timbre noir de l'autorité.

Un brevet seul peut garantir la propriété privilégiée des dessins, ornements et formes applicables aux principaux produits industriels.

WURTEMBERG.

CHAPITRE PREMIER.

SOMMAIRE

SUR LES BREVETS D'INVENTION ET D'IMPORTATION.

Bien que le Wurtemberg soit soumis aux règles générales de la convention du Zollverein sur les brevets d'invention, un règlement particulier sur l'industrie, revisé le 5 août 1836, renferme certaines règles spéciales sur ce sujet.

Ainsi le gouvernement wurtembergeois accorde deux sortes de brevets, l'un d'invention, l'autre d'importation.

Pour être brevetable, une découverte directe ou importée a besoin d'exister comme application pratique et d'avoir été mise en exploitation.

Le demandeur dépose, lui-même ou par un procureur authentique, au bailliage du district de son domicile, une requête avec description, dessins, plans ou échantillons nécessaires. Si le demandeur est étranger, il fait le dépôt au bailliage du lieu qu'il a choisi pour établir son industrie. Dans tous les cas, la requête et les autres pièces, placées dans une enveloppe cachetée, sont adressées au ministre de l'intérieur. Il ne suffirait pas que la description indiquât les moyens propres à obtenir un résultat ; elle doit encore donner à l'appui la preuve de la réalisation de ces moyens.

La taxe annuelle varie de 5 à 20 florins. La première doit être acquittée au moment de la délivrance du brevet, la deuxième à la fin de l'année qui suit cette délivrance, et les autres ainsi de suite et par avance à la fin de chaque année.

Le brevet d'invention ne peut durer au delà de dix ans ; la prolongation d'un brevet plus court peut être demandée avant le commencement de la dernière année de jouissance. Le brevet d'importation finit toujours avec le brevet étranger, sans pouvoir dépasser la durée de dix années ; et sa prolongation, quand il n'a pas été concédé pour la plus longue durée légale, peut être sollicitée avant l'expiration de la première moitié de la durée accordée.

Tout brevet délivré par le gouvernement wurtembergeois est frappé de nullité, lorsque la découverte avait été exploitée dans le royaume ou publiée à l'étranger avant la concession pour le Wurtemberg.

Il en est de même si ce brevet a été délivré à un autre que l'inventeur ou ses ayants-droit, lorsque cet inventeur est sujet de l'un des États du Zollverein et patenté dans un desdits États.

De plus, un brevet est en déchéance, si l'objet breveté vient à être fabriqué hors du royaume, si le breveté ne met pas son brevet en exploitation dans le royaume de Wurtemberg avant l'expiration des deux années de la concession, ou même si cette exploitation vient à être interrompue pendant deux années, le tout sans motif légitime.

CHAPITRE II.

TEXTE

DE L'ORDONNANCE GÉNÉRALE SUR LES MÉTIERS, REVISÉE LE 5 AOUT 1836.

SECTION PREMIÈRE.

Des inventions et brevets.

Art. 1er. — Le gouvernement accorde des brevets pour un nouveau produit fabriqué, pour un nouveau moyen de fabrication ou une nouvelle méthode de fabrication, ainsi qu'au premier importateur d'une invention, pourvu qu'elle se trouve encore sous la protection d'un brevet étranger.

Art. 2. — Durant le brevet d'invention ou d'importation, le droit exclusif qu'il confère ne peut pas être attaqué par un tiers.

Art. 3. — Celui qui sollicite un brevet d'invention ou d'importation, doit remettre sa demande à cet effet au bailliage du district où il demeure, s'il habite dans le pays, ou bien au bailliage du lieu qu'il a choisi pour y établir l'industrie qu'il se propose d'exercer, en joignant à sa demande une description exacte et complète de l'objet pour lequel il demande un brevet, et les dessins, modèles ou échantillons nécessaires à l'intelligence ; la description devra surtout développer les moyens et les propriétés par lesquels l'objet de la demande se distingue de ce qui est déjà en usage ou introduit.

La description peut être sous cachet, et alors elle ne sera pas ouverte par le bailliage districtif.

Art. 4.—Le bailliage remet à celui qui dépose la demande, un certificat constatant le jour et l'heure du dépôt; puis la demande, la description qui l'accompagne et les autres pièces qui en dépendent sont envoyées au ministre de l'intérieur avec la mention de la date du dépôt.

Art. 5. — Quand la demande est faite conformément à ces prescriptions, le brevet s'accorde dans les cas suivants :

1° Si la découverte ou les procédés ne sont pas incompatibles avec les lois en vigueur ;

2° Si un brevet n'a pas déjà été délivré pour le même objet.

Mais le privilége sera refusé, si la prétendue invention est déjà notoirement employée dans le pays.

Art. 6. — La durée d'un brevet ne peut pas dépasser dix années. Un privilége exclusif pour un plus long espace de temps ne peut être concédé que par voie législative.

Toute concession sera rendue publique.

Art. 7. — Pendant la durée du brevet, la description de l'objet breveté pourra être communiquée sans l'assentiment du propriétaire du brevet :

1° En cas de procès relatif au brevet, à l'autorité, pour la mettre en état de prononcer sa décision ;

2° A un tiers, mais pour que ce dernier puisse en prendre connaissance, on devra observer les conditions suivantes :

a. Le brevet, s'il s'agit d'une invention, devra n'avoir plus qu'une année à courir, et, s'il s'agit d'une importation, la première moitié de sa durée devra être expirée.

b. Celui qui demandera à en prendre connaissance devra être citoyen wurtembergeois, et domicilié dans le pays.

c. Il devra indiquer quel intérêt il a à cette communication.

d. Il devra présenter garant qu'il ne fera pas usage de l'objet breveté pendant la durée du brevet sans le consentement du breveté, et qu'il ne donnera pas à un tiers, dans le pays ou à l'étranger, les moyens d'en faire usage.

Avant d'autoriser la communication d'un brevet, on informera le breveté de la demande faite, et il lui sera accordé un délai déterminé pour présenter les objections qu'il aurait à opposer.

Art. 8. — Pendant la durée d'un brevet il sera acquitté annuellement un impôt de 5 à 20 florins, dont le premier se paiera à la délivrance du brevet, et les versements continueront à se faire au commencement de chaque année, à partir du jour de la concession. La déchéance du brevet qui surviendrait avant l'expiration de la durée accordée, dégagera le propriétaire de l'obligation d'acquitter l'impôt annuel pour les années suivantes.

Art. 9. — Celui qui est breveté pour moins de dix ans peut demander une prolongation, de façon à compléter cette durée, pourvu qu'il en fasse la demande avant que la dernière année ne commence à courir, s'il s'agit d'un brevet d'invention, ou avant l'expiration de la première moitié de la durée du brevet, s'il s'agit d'un brevet d'importation. Les années de prolongation seront soumises à l'impôt conformément aux prescriptions de l'article 8. La prolongation sera, comme la concession, mise à la connaissance du public.

Art. 10. — Le breveté peut, en se conformant aux lois générales existantes, monter tous les établissements qu'il voudra pour y employer son invention, sans être tenu de se borner au lieu où il a droit de cité ou de domicile, et transporter à d'autres le droit que lui donne son brevet, pour le reste du temps qu'il a à courir, ou bien admettre d'autres personnes à en jouir avec lui. Si un breveté meurt avant l'expiration de la durée du privilége, son droit passe à ses héritiers pour le temps restant.

Art. 11. — Quiconque aura contrefait une invention brevetée, sans y être autorisé par le propriétaire, ou qui mettra en vente sciemment des objets contrefaits, sera, sur la plainte du breveté et à son profit, puni de la confiscation des objets contrefaits qu'il aura en magasin, et devra lui restituer la valeur des objets déjà vendus ou déjà fabriqués, au prix auquel ce dernier les vend. Il sera agi de même sur la plainte du breveté contre celui qui introduira un objet breveté en Wurtemberg et contrefait à l'étranger.

Art. 12. — Les prescriptions ci-dessus seront modifiées s'il s'agit d'importation, en ce sens que, comme un tel brevet ne donne droit exclusif qu'à la fabrication et non à la vente de l'objet fabriqué d'après l'invention importée, le propriétaire du brevet n'a droit de saisie et d'indemnité que contre le contrefacteur et contre celui qui met en vente sciemment des objets contrefaits dans l'intérieur du pays.

Art. 13. — Après la publication de la concession du brevet, si quelqu'un emploie de bonne foi un procédé analogue à l'invention brevetée, ou si, de bonne foi, il a mis en vente ou importé de l'étranger des objets contrefaits, la vente des objets non encore vendus et la fabrication ultérieure des mêmes seulement pourront, sur la plainte du breveté, lui être interdites jusqu'à l'expiration du brevet.

Art. 14. — Le brevet pour perfectionnement d'une invention déjà brevetée se borne au perfectionnement suivant les marques distinctives indiquées dans la description, et ne donne au propriétaire aucun droit au reste des parties de l'invention déjà brevetée.

En sens inverse, le principal inventeur breveté ne peut pas

non plus employer le perfectionnement breveté d'un autre sans l'autorisation de cet autre privilégié.

Art. 15. — Le brevet sera nul :

1° Si, avant l'époque où la description a été remise au bailliage du district, un autre a déjà fait la demande d'un brevet pour la même invention dans la forme prescrite par l'article 3, ou si l'objet du brevet est déjà employé dans le pays ou dans un État étranger, sans être protégé par un brevet de privilége, ou s'il a été décrit dans un ouvrage imprimé d'une manière assez claire pour que toute personne de l'art puisse en faire usage à la lecture ;

2° Si la description a dissimulé une partie essentielle de l'invention, dont dépendrait son emploi, ou bien si ce que l'on fait valoir comme fond et objet de la concession du brevet a été présenté inexactement ;

3° Si un autre citoyen du pays prouve qu'il a fait l'invention et que le breveté se l'est appropriée par une infidélité.

Mais cette nullité est soumise à une restriction, si l'invention était employée par un tiers avant la demande du brevet, tenue secrète par lui. Dans ce cas le brevet demeure en vigueur, mais son action ne s'étend pas sur ceux qui ont fait usage de l'objet breveté avant la demande du privilége.

Art. 16. — Le breveté qui, dans le but de conserver son secret, procède même après l'expiration de la durée du privilége, aura, dans la description, omis une partie essentielle de son invention ou l'aura représentée d'une manière inexacte, subira la peine de sa fausseté, et, en outre, si son procédé est dangereux, la peine qu'il aura méritée.

Art. 17. — Un brevet d'invention cesse d'exister :

1° Par l'expiration du temps concédé ;

2° Par la renonciation du titulaire ;

3° Si deux ans après que le brevet a été concédé, son objet

n'a pas encore été mis en usage dans le pays, ou si l'exploitation déjà commencée est interrompue pendant deux ans sans que, dans l'un ou l'autre cas, le titulaire puisse faire valoir des motifs d'empêchement suffisants;

4° Si l'exploitation de l'industrie brevetée se fait hors du pays;

5° Si la préparation brevetée ou les moyens employés paraissent incompatibles avec la législation du pays;

Art. 18. — Un brevet d'importation cesse d'exister :

1° Par les mêmes motifs que le brevet d'invention;

2° Si le brevet ou l'un des brevets sous la protection duquel l'invention se trouvait à l'étranger quand le brevet d'importation a été délivré, vient à cesser d'être en vigueur.

Art. 19. — La déclaration de nullité, l'expiration du brevet, en tant que cette dernière arrive avant l'expiration fixée primitivement, sont portées à la connaissance du public.

Art. 20. — Après l'expiration du brevet, tout citoyen a droit de prendre connaissance de sa description. Le gouvernement peut la faire connaître par l'impression, s'il le juge à propos.

SECTION II.

Du mode de procéder judiciairement dans les procès industriels.

Art. 21. — Tous différends sur des objets de métiers qui se rapportent au sens et à l'application d'une des prescriptions de la présente loi ou à d'autres règlements de police ou administratifs, seront portés devant les autorités administratives compétentes, sous la réserve des voies de droit pour les réclamations des particuliers, et ils seront décidés par ces autorités en suivant l'ordre des degrés de juridiction.

Art. 22. — La partie qui élève un recours doit présenter ses conclusions écrites à l'autorité du district qui a publié le jugement : 1° dans les quinze jours, s'il est dirigé contre le jugement d'un bailliage de district; 2° dans les 30 jours, si le jugement a été rendu par une autorité administrative d'un ordre plus élevé.

Ce délai étant compté à partir de la publication du jugement, si les règlements existants le permettent, la partie présentera verbalement ses conclusions, pour qu'elles soient insérées au procès-verbal, dans les mêmes délais.

On perd le droit de recours si l'on néglige ces délais ou qu'on ne fasse pas cette remise à l'autorité qui a publié le jugement. Les intéressés devront en être instruits lors de la publication du jugement.

La remise de la cause en l'état primitif n'est permise qu'en cas d'empêchement de force majeure.

Art. 23. — Lorsque des causes relatives aux métiers sont portées devant les autorités administratives, s'il ne s'agit que de prétentions entre particuliers, d'unions de métiers ou de corporations les unes contre les autres, il ne sera accordé à chaque partie qu'un seul recours.

Art. 24. — Toutes lois et ordonnances antérieures, ainsi que toutes ordonnances spéciales sur les métiers qui seraient en contradiction avec les dispositions ci-dessus, sont abrogées.

CHAPITRE III.

SOMMAIRE

SUR LES MARQUES DE FABRIQUE.

D'après le règlement général sur l'industrie, du 5 août 1836, dans le royaume de Wurtemberg, chaque fabricant est tenu d'apposer sur ses produits une marque indicative de son nom, de ses armoiries ou de la forme de sa fabrique.

L'empreinte de cette marque doit être déposée à l'administration du lieu de sa résidence ou de la situation de son établissement industriel.

Et toute contrefaçon d'une marque de fabrique est assimilée au crime de faux.

FIN.

TABLE DES MATIÈRES

Pages.

APPENDICE.

DEUXIÈME APPENDICE.

LIVRE DEUXIÈME.

LÉGISLATIONS ÉTRANGÈRES.

FIN DE LA TABLE.

CORBEIL, typographie de CRÉTÉ.

www.ingramcontent.com/pod-product-compliance
Lightning Source LLC
Chambersburg PA
CBHW051528060726
47597CB00001B/195